歴史文化ライブラリー

520

平安貴族の住まい

寝殿造から読み直す日本住宅史

藤田勝也

吉川弘文館

目　次

寝殿造の通説と問題点

寝殿造の虚像と実像——プロローグ

寝殿造の通説

寝殿造《しんでんづくり》は、日本の住宅の様式名として、書院造《しょいんづくり》とともによく知られていることと思う。ご承知のように寝殿造とは、平安時代の平安京で成立した貴族の住宅に与えられた様式名である。主人や家族の住まいであり、儀式の主会場にもなった、もっとも中心的な建物が「寝殿《しんでん》」であることから、そのように呼ばれている。そこまではよいのだが、より具体的にどのような特徴をもつ住宅を寝殿造というのか、また寝殿造の住宅はいつ頃まで存在したのかいうことになると、これまでの説、いわゆる通説とされるものには問題があるといわざるを得ない。

たとえば、寝殿を中心に複数の建物を左右対称に配置するというのが、寝殿造の大きな特徴であると説かれる。信頼性が高く権威があるとされる事典・辞書類はもとより、学術書から一般の啓蒙書《けいもうしょ》の類《たぐ》いにいたるまで、巷間《こうかん》の書物をひもとけば、そのように記されているのを新旧問わず容易に見つけ出すことができる。しかしほんとうにそうなのか。実のところ何も実証されてはいないし、史実として確認もされてはいない。読者にはなんだか奇妙なことと思われるかもしれないが、それが実情である。寝殿造の〈虚像《きょぞう》〉といってもよいだろう。

寝殿造の本質

冒頭から少々こむずかしい話になってしまった。では、いったいどのような特徴をもった住宅を指して寝殿造というのだろうか。

1　寝殿を中心に建物が前庭《ぜんてい》を取り囲み、寝殿と前庭が一体的な空間をつくる。

2　表門《おもてもん》をはいって寝殿にいたるまで、定型化したアプローチの建物構成をもつ。

3　母屋《もや》、庇《ひさし》、孫庇《まごひさし》といった空間の序列《じょれつ》に強くこだわる。

4　大空間を適宜《てきぎ》、間仕切《まじき》り、家具・調度を置いて、用途・機能に応じた小空間をつくるという「室礼《しつらい》」によって、建物内を飾り整える。

1と2は建物の配置構成に関することがら、3と4は建物の内部空間に関することがらである。文献とくに文字史料をもとに進められてきたのが寝殿造の研究であるが、そのような寝殿造の〈実像〉は、絵画や図などの史料からもうかがうことができる。あるいはすでに見慣れたよくご存じのものが、本書で取り上げた中に含まれているかもしれない。

3については補足的な説明が必要である。寝殿造の歴史全体に深く関わるからである。寝殿造の住宅は平安時代の終焉《しゅうえん》とともに消えるというわけではなく、江戸時代の末期、近代に入る頃も存在していた。したがって寝殿造＝平安貴族の住宅の様式、というのは半分正しいが、半分は正しくないのである。一般にはほとんど知られていないこの事実について、本書ではいくつかの図をもとに紹介している。ひるがえって3について、母屋、庇、孫庇であるが、それらはとくに古代には、建物の構造と密接にかかわっていた。しかしその進化にともない三者の境界はあいまいになり、やがて消滅してゆく。ところが貴族たちは一貫してそれらにこだわり、空間の呼称として用いている。江戸時代にみられる寝殿造の住宅の図によって、この事実を示すことにした。

寝殿造の〈虚像〉の流布

いっぽう、それでは寝殿造の〈虚像〉はいつ生まれ、また流布《るふ》し、定着したのはいったいなぜか、というのも気になるところであろう。すでによく知られているように、日本の住宅の沿革を説くのに、「寝殿造」（ならびに「書院造」）という語がはじめて用いられたのは、江戸時代後期の会津藩士で、国学者であった沢田名垂《さわだなたり》（一七七五―一八四五）が著した『家屋雑考《かおくざっこう》』（天保《てんぽう》十三年〈一八四二〉）においてである。この書の中で名垂が描いた「寝殿全図」と題する図（以下、本書では「寝殿造鳥瞰図《ちょうかんず》」と記す）は後に、寝殿造をめぐる住宅史の研究に大きな影響をおよぼすることになる。しかし名垂が図の根拠として用いた史料は信頼性に欠けるものであった。この史料も含め、寝殿造の〈虚像〉を生み定着させた背景や要因がうかがえる史料が伝えられている。しかし取り上げられることはこれまでほとんどなく、一般にはあまり知られていないと思われるので、本書ではやや詳しく紹介することにした。

寝殿造の伝統

さて、寝殿造の住宅の成立は九〇〇年代、すなわち十世紀に推定される。そして右に記した通り、近世末、近代初頭にも寝殿造は確認できる。危機的状況に見舞われた中世末の戦乱期もなんとか乗り越え、短く見積もってもおよそ九百年間もの星霜《せいそう》をへて寝殿造は存続してきたことになる。かくも長期間にわたる寝殿造は、歴史時代以降におけるその期間の長さからして、日本の住宅史上、もっとも代表的な様式であるばかりでなく、世界史的に見ても類《たぐ》い希《まれ》な存在であったといえるだろう。

ただ、個々の建物については、永続性、継続性が求められた寺社などと比べた場合、住まいの場である住宅の大半は儚《はかな》く短命である。どの程度短命だったのか、貴族住宅の寿命については具体的に詳しく調べる必要があり、いま現在、筆者は鋭意調査中なのだが、ともかく平安時代はもとより近世・近代まで見られた寝殿造の建物を実際に見ることはできない。古い建物にこよなく惹《ひ》かれる筆者のような同好の士がいくら望んでも、リアル「寝殿造」との出会いは叶《かな》わないのである。とはいえ幸いなことに、寝殿造をイメージさせる建物は寺社の中に見いだせる。また絵画史料などをもとに、寝殿造の建物を再現した立派な施設もある。さらに現代の建築家が、寝殿造に着想を得て優れた住宅を「作品」としてのこすこともあった。そのような実例もあわせて取り上げ紹介したい。

変容する平安貴族住宅

寝殿造の伝統は平安時代から近代明治まで維持・継承され、その後、現代にいたるまで脈々と息づいてきた。それとは別に、日本の住宅がこれまで大きな変容を遂げてきたこともまた、紛《まぎ》れもない事実である。平安貴族の住宅もむろん例外ではない。とりわけ変容著しいのは、時代の転換期にあたる、平安時代末・鎌倉時代初頭の院政期である。寝殿造の伝統は継承しつつ、住宅はこの時期どのように変わったのか。変容のあり方に目を転じると、興味深い事実が浮かび上がる。はじまりは周辺部にあったということである。寝殿造という様式の不変性と表裏一体の関係にあるともいえるこの現象について、院政期における具体の事例をもとに確認する。

日本住宅史の原理

さらに我が国の住宅史を俯瞰《ふかん》すると、変容のはじまりは周辺部にあるという現象が、実は院政期に限らず時代を超えた普遍性をもつことに気づかされる。後に成立する新しい空間、新しい建物、新しい様式の萌芽《ほうが》は周辺部にある。変わらない様式の一方で、周辺部から変容ははじまる。それは住宅の歴史を通底《つうてい》する原理であり、あるいは住宅にとどまらず、より広く建築の歴史にもあてはまる原理の可能性があるのではないかと筆者は考えている。

これまでそうであったように、私たちの住まい、住まいをとりまく空間、空間をかたちづくる社会は、これからもさらに大きく変わってゆくだろう。いったい何がどのように変わるのか。またそれでも変わらないものとは何なのか。寝殿造という様式、平安貴族の住宅が示唆を与えてくれているとすれば、しばし立ちどまって日本の住宅の歴史に思いをはせ、あらためて振り返ってみることは、我々はもとより未来に生きる我々の子や孫たちにとっても、少なからず意味はあり、きっと、ためにもなるはずである。本書を通して、そのことにいささかでも共感していただければ幸いである。

平安京の貴族住宅とは

平安貴族の住宅と寝殿造——東三条殿

平安貴族が生活する住まいとは、どのような敷地にたつ、どのような建物だったのだろう。

東三条殿の立地と規模

有名無名の貴族住宅が数多くたてられた中でも、今日《こんにち》までとくに多くの史料をのこしているのは東三条殿《ひがしさんじょうでん》という屋敷である。東三条殿は寝殿造《しんでんづくり》の様式をもつ邸《てい》宅《たく》として、まず例外なく挙げられる。九世紀から十二世紀まで藤原氏嫡流《ちゃくりゅう》の住まいであり、十一世紀の後半以降はとくに儀式の場として重要な役割を担っていたことが知られている。その呼び方については、末尾が「院」「殿《でん》」「第《てい》」「亭《てい》」と様々である。藤原氏という有力な貴族とはいえ、天皇家による宮廷の施設ではないから、九世紀末に上皇の後院《ごいん》（離宮の一種）として用いられることはあったにせよ、「殿」よりは「第」などの方がふさわしく、実際、そのように項をたてる事典類もある。しかし本書では住宅史の分野で広く使われてきた「東三条殿」と記す。

さて、平安京の中央北寄りを占める平安宮《へいあんきゅう》（大内裏《だいだいり》）には、天皇の住まいである内裏や、政務や儀式の場である朝堂院《ちょうどういん》（八省院《はっしょういん》）のほか朝廷の多くの施設が設けられていた。貴族をはじめとする都の住人たちが居住したのは平安宮を除く京域で、中央を南北に通る朱雀大路《すざくおおじ》を境にして、東半は左京、西半は右京であった。ただし平安時代の中期以降、左京での人口の集中・過密化、都市化が顕著となり、とくに上級の貴族たちの多くは、勤務先のある平安宮（大内裏）から至近距離の左京北方に居を構える傾向にあった。

東三条殿が立地したのも平安京の左京、その東北部である。東三条殿の東は町小路《まちこうじ》、西は西洞院大路《にしのとういんおおじ》に面し、南は三条坊門小路《さんじょうぼうもんこうじ》、そして北は二条大路に面していた（図1）。二条大路は平安宮の南面が接する街路で、平安宮の正門である朱雀門はここに開き、朱雀門から朱雀大路を南進すると、平安京の正門で南端中央にたつ羅城門《らじょうもん》へといたった。平安京の街路の幅は、一般の大路が八丈《じょう》、小路が四丈で、もっとも幅広い朱雀大路は二八丈（約八四メートル）もあり、二条大路はこれに次ぐ一七丈（約五一メートル）あった。二条大路に北面して、東三条殿の西隣には閑院《かんいん》、さらにその西に堀河院《ほりかわいん》とつづき、いずれも著名な南北一町を超える大規模な邸宅が複数ならんでいた。東三条殿は平安宮から至近のいわゆる高

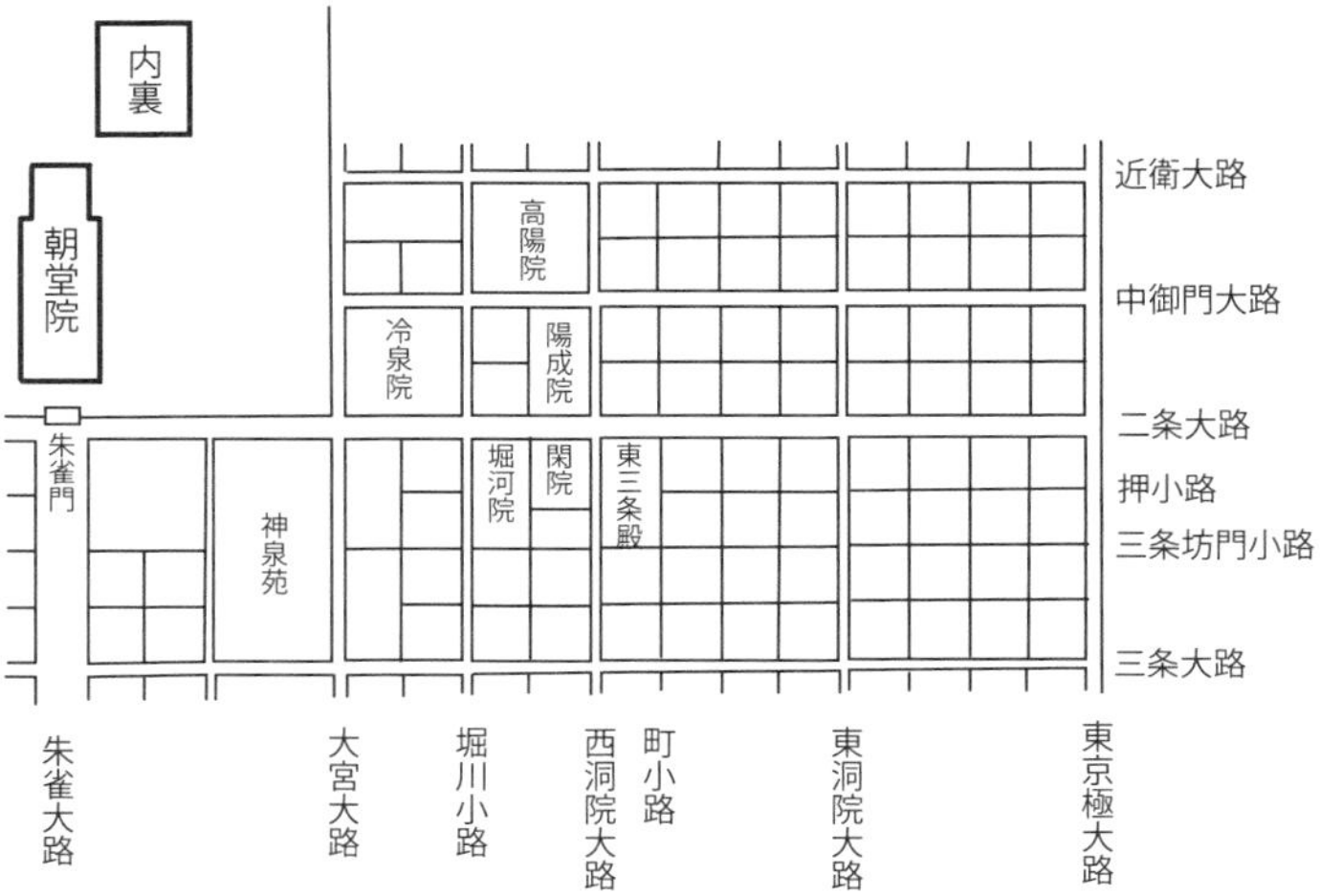

図１　平安京と東三条殿周辺の条坊図

級住宅地の一角を占めていたのである。現在では元離宮二条城の東方にあたるこの地域に、はたして大邸宅があった往《い》にし方《え》の面影《おもかげ》を見いだすことは難しく（図２a・b）、石碑《せきひ》がその場所を伝えているに過ぎない（図２c）。東三条殿址《あと》の石碑は中京区押小路《おしこうじ》通が釜座《かまんざ》通りと交わる交差点の西側北面に、閑院址の石碑はそれより西方、二筋目の小川通りとの交差点の西北角にある。

　左京・右京の京域内には、碁盤《ごばん》の目のように大路・小路の街路が縦横に走り、それらによって囲まれる最小の街区の規模が方《ほう》一町《いっちょう》（東西一町×南北一町）であった。平城京の場合、街区が面する大路・小路の路幅によって、街区の規模はまちまちであっ

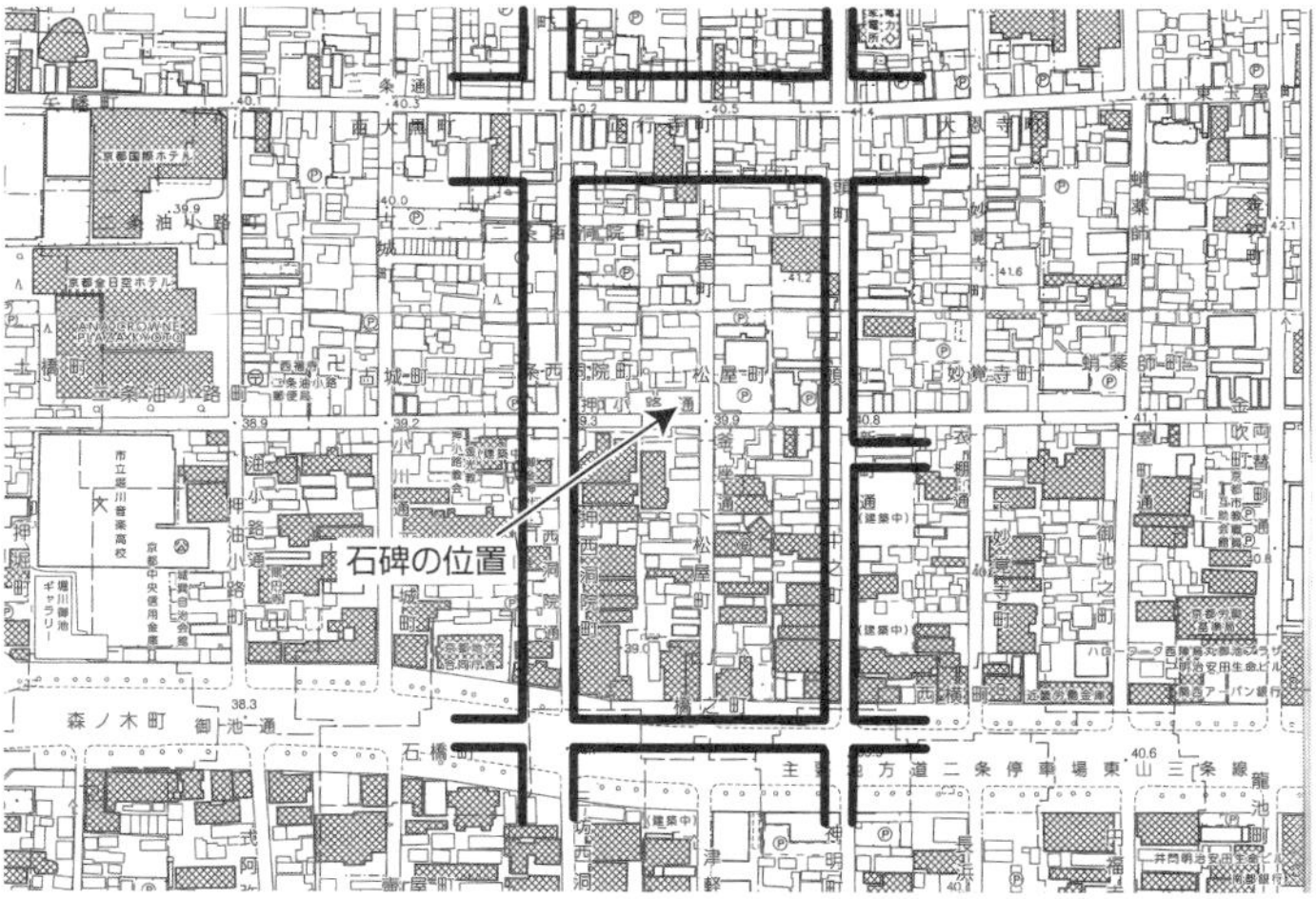

図２a　東三条殿と現代

図２c　東三条殿址の石碑
（筆者撮影）

図２b　東三条殿址の周辺
（筆者撮影）

たが、平安京ではどこでも等しく方一町であった。そして上級の貴族、いわゆる公卿の屋敷の規模は、この方一町が基本であった。一町は四〇丈、一丈は約三メートルなので、方一町は約一二〇メートル四方、面積にして約一万四四〇〇平方メートルという広大な宅地である。東三条殿の敷地規模は、右に記したように、東は町小路、西は西洞院大路に面する東西一町（約一二〇メートル）、北は二条大路から南は三条坊門小路まで、押小路を取り込んで南北二町強（約二五〇メートル）あったから、上級貴族の基本である方一町の約二倍を誇っていたことになる。

東三条殿と寝殿造と町屋

都市平安京という時空間を寝殿造の住宅と共有したのは町屋《まちや》である。町屋は平安京の庶民の住まいであり、十世紀後半から十一世紀にかけて登場する。寝殿造の貴族の屋敷は街路にそって築地塀《ついじべい》をきづくのに対し、町屋は街路に面するという相違がある。しかしいずれも方形の街区と街路によって規定される敷地を前提とした都市住宅であり、都市平安京における住宅の二大類型を形成する。町屋の特徴は街路への接道性にあるが、いっぽうで街区を取り囲むことから、門と塀と小屋の複合建築である（藤田勝也「平安京の変容と寝殿造・町屋の成立」、『シリーズ　都市・建築・歴史2　古代社会の崩壊』東京大学出版会、二〇〇五年）。

当時の町屋はむろん今に遺《のこ》らない。しかしその初期の姿は、平安京右京七条二坊十二町（京都市下京区七条佐井東通上る西七条北衣田町、現在はライフ西七条店）での十世紀中頃以降における多数の柱穴や井戸などの発掘成果からうかがえる（図3）。小さな建物が野寺《のでら》小路《こうじ》沿いに密接してたつのとは対照的に、背後には空閑地《くうかんち》がひろがり、井戸を設けている。建物内部には土間（トオリニワ）の存在も推定されている。そして、町屋が街路に直接する十二世紀の様子は『年中行事絵巻《ねんじゅうぎょうじえまき》』巻一二の祇園御霊会《ぎおんごりょうえ》の「馬長《うまおさ》の行列」に描かれ（図4）、現代もみられる京都の町屋へと継承される。

図3に描かれる縦横の破線を見てほしい。この線は、最小の街区である方一町をさらに東西に四分割、南北に八分割、すなわち全体を三十二分割するもので、これによってできる南北五丈×東西一〇丈（約一五×三〇メートル）の、東西に長い長方形の区画（一戸主《へぬし》）が最小の宅地規模であった（四行八門制《しぎょうはちもんせい》）。しかし図ではこの宅地割りに縛《しば》られることなく、建物三棟がたちならんでいて（さらに北側にも建物はたっていたと推定され）、しかも全体で一戸主の南北分（約五丈）に相当するから、各住戸の敷地規模と建物規模の狭小さが一層きわだつ。東西一町、南北二町という大規模な東三条殿（図1・図2a）と比べて、規模の大小の著しい違いは一目瞭然《いちもくりょうぜん》である。

そのこと自体、重要な点ではあるのだが、ここでとくに注目しておきたいのは、東三条殿には数多くの建物が敷地内にあって、しかもそれらの複合体として住宅は存在したこと。さらにあえていえば、個々の建物の外観にきわだった特徴があったわけでも、著しく特異

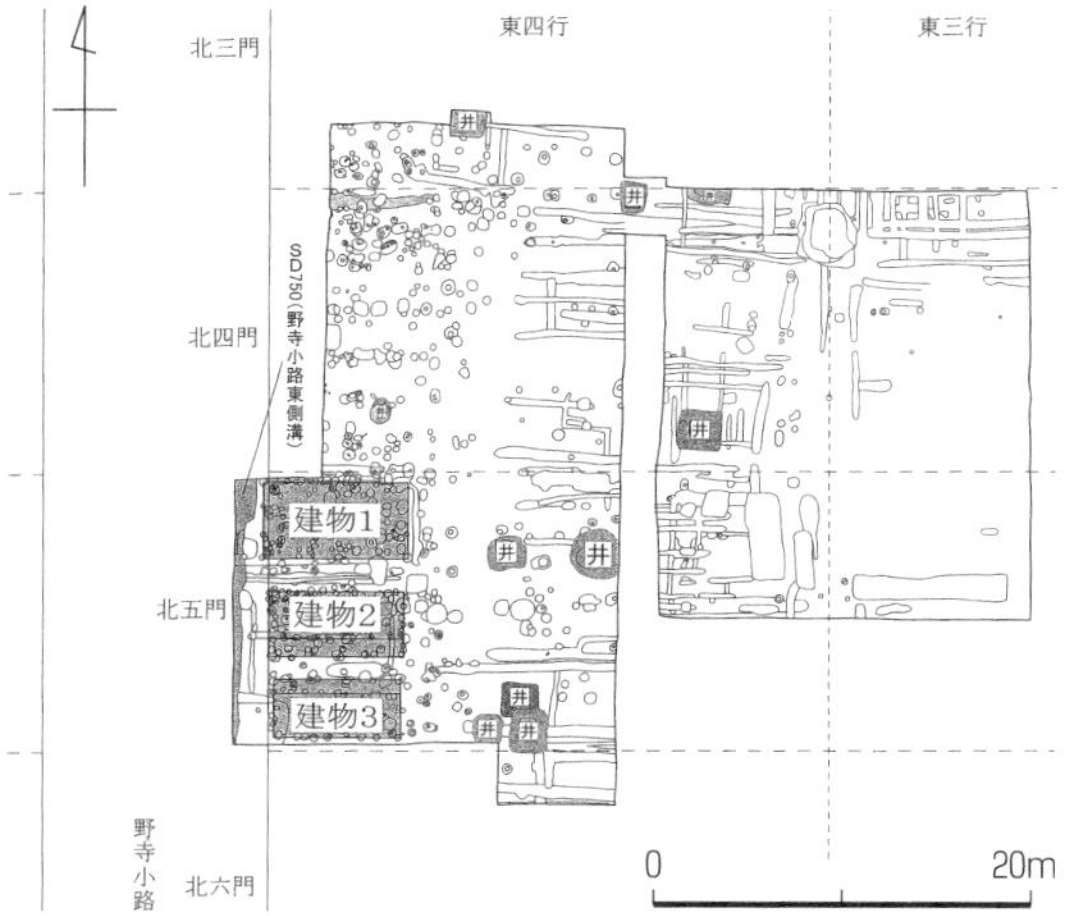

図3　平安京右京七条二坊十二町の遺跡図
（南孝雄「平安京の住まい」，菅野成寛監修・及川司編『平泉を掘る』吉川弘文館，2020年）

図4　『年中行事絵巻』巻12に描かれる町屋（個人蔵）

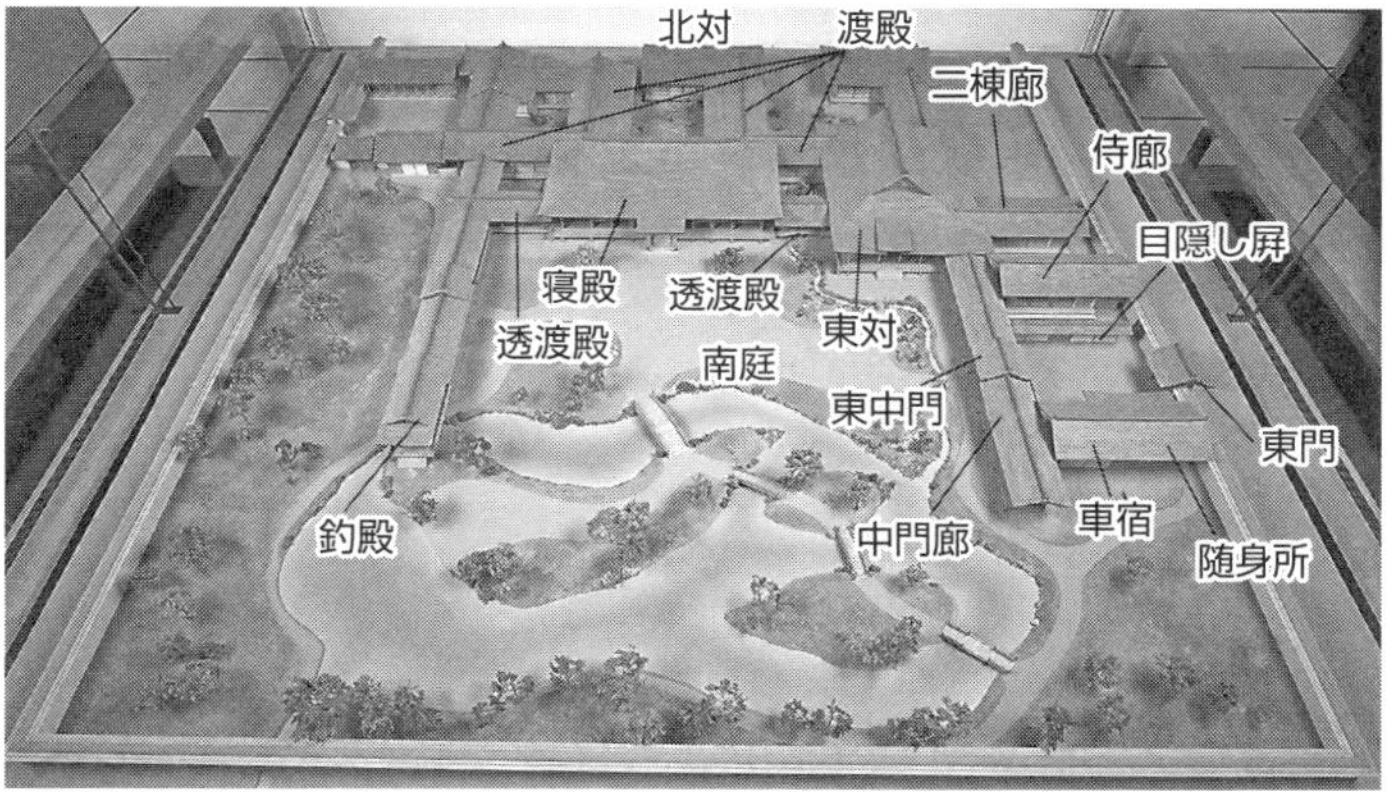

図５　東三条殿模型（国立歴史民俗博物館蔵）

な形態をもっていたわけでもないということである。一見《いっけん》したところ均質にみえる京都の町屋も、建物のデザインは全体から細部にいたるまで彩り豊かであるし、敷地規模では東三条殿にかなわないながら、施主《せしゅ》や、ときには設計者の個人的な嗜《し》好《こう》を色濃く反映して、現代の住宅の方がよほど多種多様であり、「個性的」な建物が見られるであろう。

寝殿造という様式の本質に、このことは実は深くかかわる。建物単体としての特徴、空間のあり方ももちろん見過ごせないのだが、しかし建物の構成と相互の関係、複数の建物が形成する配置のあり方こそが寝殿造の様式を第一義的に規定するものと考えられるのである。とすると方一町（東三条殿では南北は二町）というきわめて広大な敷地でなければならない、というわけでは必ずしもないにせよ、やはり一定の広さとゆとりをもった敷地が寝殿造を担保《たんぽ》したともいえるだろう。

東三条殿は儀式場として重要な屋敷であったことから、貴族の日記に多くの記事があり、記事中に図も描かれ、また『年中行事絵巻』などの絵巻物にも描写されている。そのような史料をもとにした復元研究は、江戸時代にはすでに確認できる（本書八一―八三ページ参照）。近代以降の住宅史研究では、より精緻《せいち》な分析にもとづく復元図が作成され、復元模型も複数製作されてきた（図5）。いっぽう時代をさかのぼって奈良時代、平城京にたてられた、これも平城宮から至近の一等地で、広大な敷地規模をもつ長屋王《ながやおう》（六八四―七二九）の屋敷の復元模型が、発掘成果などをもとに製作されている（図6）。長屋王は祖父が天武《てんむ》天皇、妻が吉備内親王《きびないしんのう》という有力貴族であったが、聖武《しょうむ》天皇の即位とともに右大臣になった五年後、国家転覆の容疑をかけられ妻子とともに自害している（長屋王の変）。

東三条殿と長屋王の復元模型を見比べてみると、いずれも個々の建物の向きは南北や東西の正方位を意識していて、建物をただ雑然と敷地内にたてならべていたわけではないのは明らかである。ただし建物の配置と構成、建物間の関係などにきわめて強い規範性《きはんせい》が見られるのは東三条殿の方である。広大な敷地が塀によって複数の区画にわけられているため、用途や性格を異にする複数の区画の、集合体のような印象が拭《ぬぐ》えない長屋王の屋敷に対して、東三条殿では全体が特定の意図をもって計画されたものであることが一目見てわかる。寝殿造という様式が奈良時代ではなく、平安時代に平安京で成立したとされるゆえんである。

図６　長屋王邸模型（奈良文化財研究所蔵）

ここでは平安貴族の住宅内にはどのような建物があり、またそれらがどのように構成され組み立てられていたのか、今後、頻繁《ひんぱん》に登場することもあるので、東三条殿の模型写真（図５）をもとにごく簡単に見ておくことにしよう。

南庭に正面をむける中心的な建物が寝殿で、その東脇に寝殿と棟を直交させて東対《ひがしのたい》がたつ。両者は渡殿《わたどの》で結ばれるが、南側の渡殿は建具や壁がない吹き放ちの透渡殿《すきわたどの》である。渡殿は寝殿の北側にも接続し、女房の事務所や食事の配膳にあてられ、さらにその北方には北対《きたのたい》があった。東対から南にのびる細長い建物は中門廊で、その途中に中門が開く。中門廊と築地塀の間にも、細長い建物が南北に軒を連ねる。東対に直接する二棟廊《ふたむねろう》は、主人の接客あるいは用務の場所である。その南にたつのは侍廊《さぶらいろう》で、屋敷の家政を担う事務所がはいる（本書一七〇―一七五ページ参照）。表門を出入りする人々からの視線を遮《さえぎ》るため、その前に目隠し屏《へい》（格子に薄板を貼った立蔀《たてじとみ》など）がたつ。それに向き合って南側にある建物の右方（表門側）は随身所《ずいじんどころ》、左方は車宿《くるまやどり》である。前者は外出時に同行する随身の詰め所、後者は牛車《ぎっしゃ》の格納庫すなわち邸内の屋根付き駐車場である。東の町小路《まちこうじ》に開く表門の形式は四足門《よつあしもん》（門扉《もんぴ》をつる二本の主柱の前後に各二本の控え柱を配した門の形式で、控え柱が計四本あるのでそのように呼ぶ）で、もっとも格上の門である。南庭をはさんで東の中門廊と反対側にも廊が南にのび、その先端に釣殿《つりどの》が池にのぞんでたつ。

絵巻物にみる寝殿造の建物の構成と配置

絵巻物などの絵画史料は、平安貴族の住宅の詳細を視覚的に示してくれる。復元研究や模型の製作でも絵画史料が果たしてきた役割は小さくない。実際、十八世紀末の寛政《かんせい》度の内裏造営では、平安の古制の再

『年中行事絵巻』の貴族住宅

現に裏松固禅《うらまつこぜん》（一七三六—一八〇四）が著した『大内裏図《だいだいりず》考証《こうしょう》』が参照されたが、固禅が用いた史料には絵巻物が含まれていたし、古制の参考とすべく内裏造営の大工に絵巻物が直接貸し与えられてもいる。そうした絵巻物の中でもとくに重宝されたのは、『年中行《ねんじゅうぎょう》事《じ》絵巻《えまき》』である。

『年中行事絵巻』は十二世紀の後半、後白河《ごしらかわ》上皇（一一二七—九二）の命によって制作された絵巻物で、先にも紹介したように（図4参照）、宮廷の行事とともに民間の風俗を描

く。図7は、『年中行事絵巻』巻三に描かれる、貴族邸での闘鶏《とうけい》（鶏合わせ）の場面である。寝殿を中心に南方から俯瞰《ふかん》した構図をとっていて、建物のほか庭の遣り水や樹木、仮設の幄舎《あくしや》、門前の牛車《ぎつしや》、多くの人物や鶏がみえる。右にも記した、住宅研究に豊かな業績をのこした江戸時代後期の学者裏松固禅は、絵巻物から建物だけを抜き出した図を描いて一書にまとめている（藤田勝也編・著『裏松固禅「宮室図」詳解』中央公論美術出版、二〇一八年）。先学固禅にならい、絵巻の場面図7をもとに作成したのが図8である。あわせて図中に建物の呼称を記した。

寝殿の左右の渡殿《わたどの》（透渡殿《すきわたどの》）そして中門《ちゆうもん》、中門廊が寝殿前庭《ぜんてい》を取り囲み、建物と庭を一体的に用いる様子や、東面（画面右端）の街路に開く表門《おもてもん》を入って、中門から中門廊、透渡殿をへて寝殿にいたるというアプローチのための建物群が描かれる。前記したように（本章一三―一五ページ）、個々の建物にきわだった特徴があるわけではない。特徴的なのは、複数の建物によって形成される組み立てと構成で、そのことがよくわかる描写である。寝殿造の住宅として間々《まま》、紹介されるのもそのためであろう。

なお、大臣の邸の表門には四足門《よつあしもん》がふさわしく、棟門《むなもん》（門扉をつる二本の主柱の上部を冠木《かぶき》でつなぎ屋根をかけた門の形式）は四足門より格下に見られていた。ここでは東面する街路に開く表門が棟門の形式なので、大臣に任官する前の上級貴族が住む屋敷を描いたものかとも考えられるが、居住者は特定できず、平安京内のどこにあったのかも定かではない。

『年中行事絵巻』の法住寺殿

『年中行事絵巻』の巻一は、朝覲行幸《ちょうきんぎょうこう》の場面である（図9a・b）。朝覲行幸とは、天皇が上皇の御所に行幸、拝賀《はいが》する儀式で、この巻一には後白河上皇の御所、法住寺《ほうじゅうじ》南殿《みなみどの》が描かれる。現在の京都市東山区、鴨川東岸の七条大路（の延長線）を中心とする地域に、法住寺殿が後白河上皇の御所として創建されたのは永暦《えいりやく》二年（一一六一）である。その後、南殿は仁安《にんあん》二年（一一六七）にたて替えられている。絵巻が描くのは創建時の南殿であり、この場面は長寛《ちょうかん》元年（一一六三）の二条天皇（一一四三―六五）による朝覲行幸に推定されている。前項の図7（図8）の貴族邸では場所や居住者が不明で、時期も特定できていない。しかしここに描かれる屋敷は、十二世紀後半の後白河上皇の御所、法住寺殿であることが判明しているのである。

絵巻の三六～四三紙(a)と五三～六二紙(b)の二ヵ所に法住寺南殿が繰り返しみえる。いずれも寝殿を中心に南方から俯瞰した構図である。ただし前者(a)は寝殿から西面の表門にいたる範囲、後者(b)は寝殿より東方に位置した東釣殿《ひがしつりどの》から、西は西中門廊《にしちゅうもんろう》までの範囲を描く。両者は重複しつつ描写の範囲は異なる。そこで両者を重ね、つなぎ合わせれば、東釣殿から西面の表門にいたる、より広い範囲が一望できることになる（とはいって

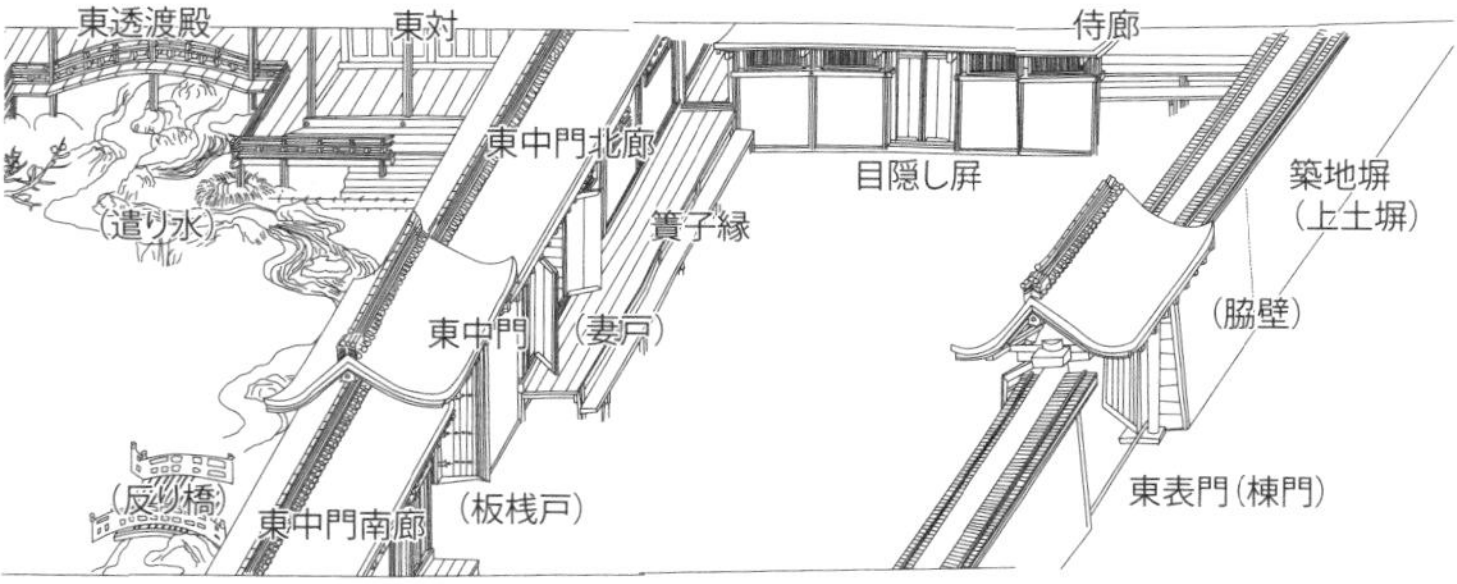
東透渡殿
東対
侍廊
東中門北廊
目隠し屏
簀子縁
築地塀
（上土塀）
（遣り水）
（脇壁）
東中門
（妻戸）
東表門（棟門）
（反り橋）
東中門南廊
（板桟戸）

図７　『年中行事絵巻』巻３に描かれる貴族邸（個人蔵）

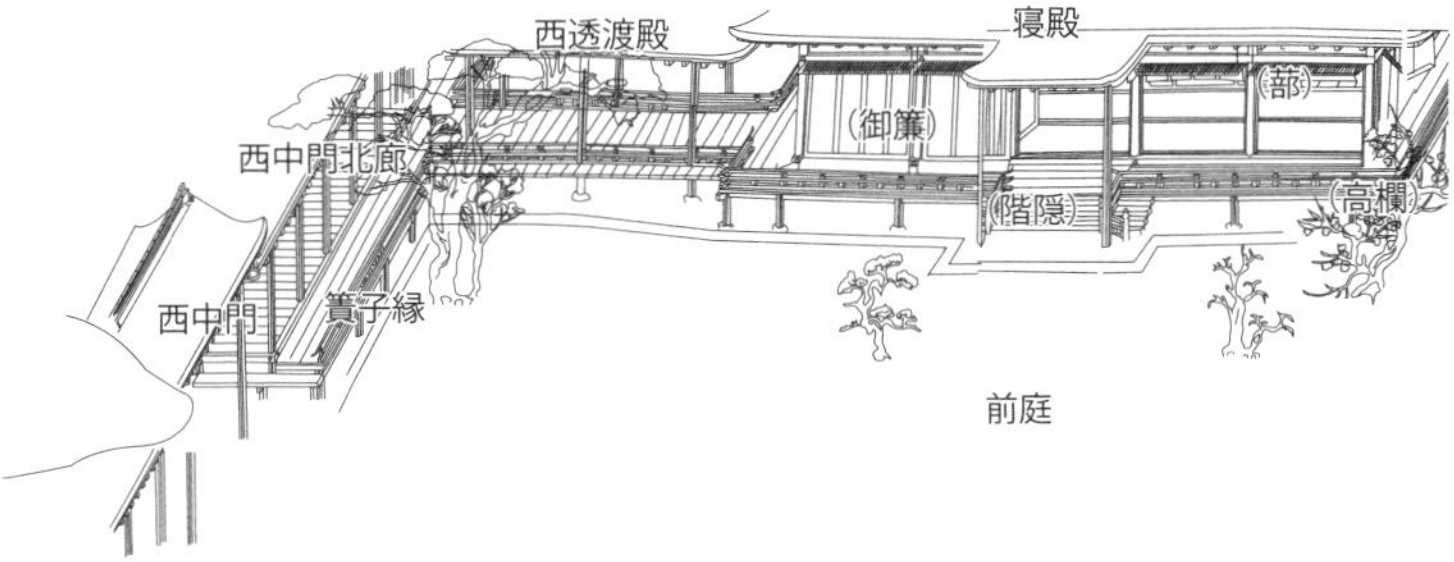

図８　『年中行事絵巻』巻３に描かれる貴族邸（図７をもとに前田寛江作図，筆者監修）

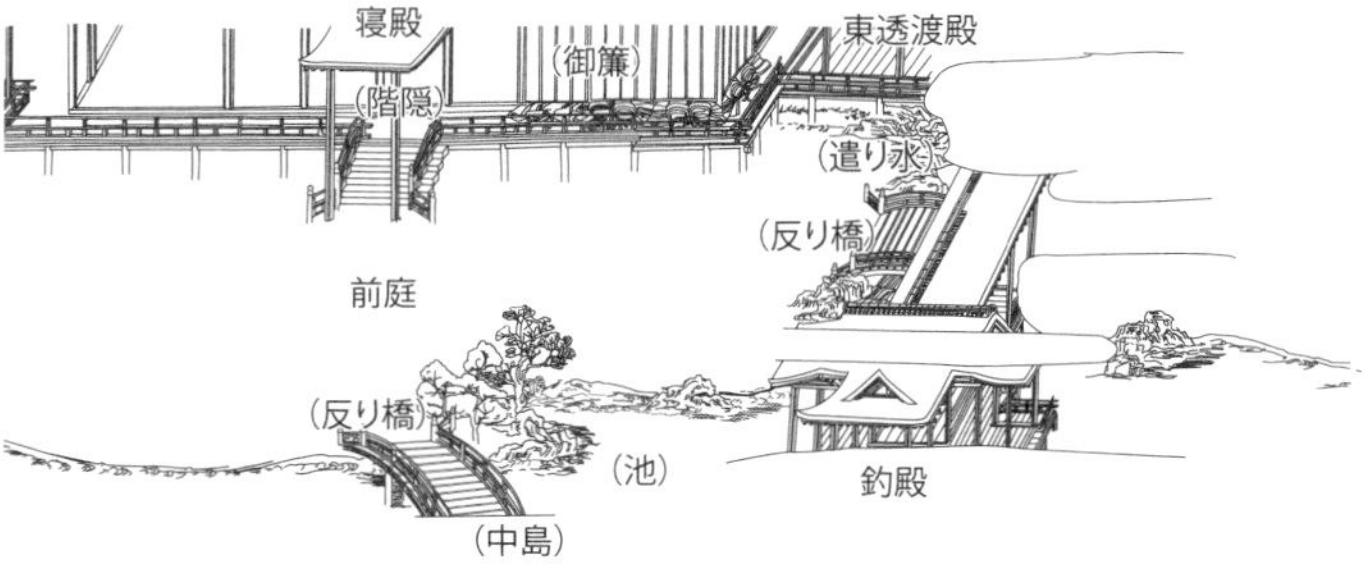
寝殿
(御簾)
東透渡殿
(階隠)
(遣り水)
(反り橋)
前庭
(反り橋)
(池)
釣殿
(中島)

図９a・b　『年中行事絵巻』巻１に描かれる後白河上皇の御所法住寺殿（個人蔵）　a：左図，b：右図

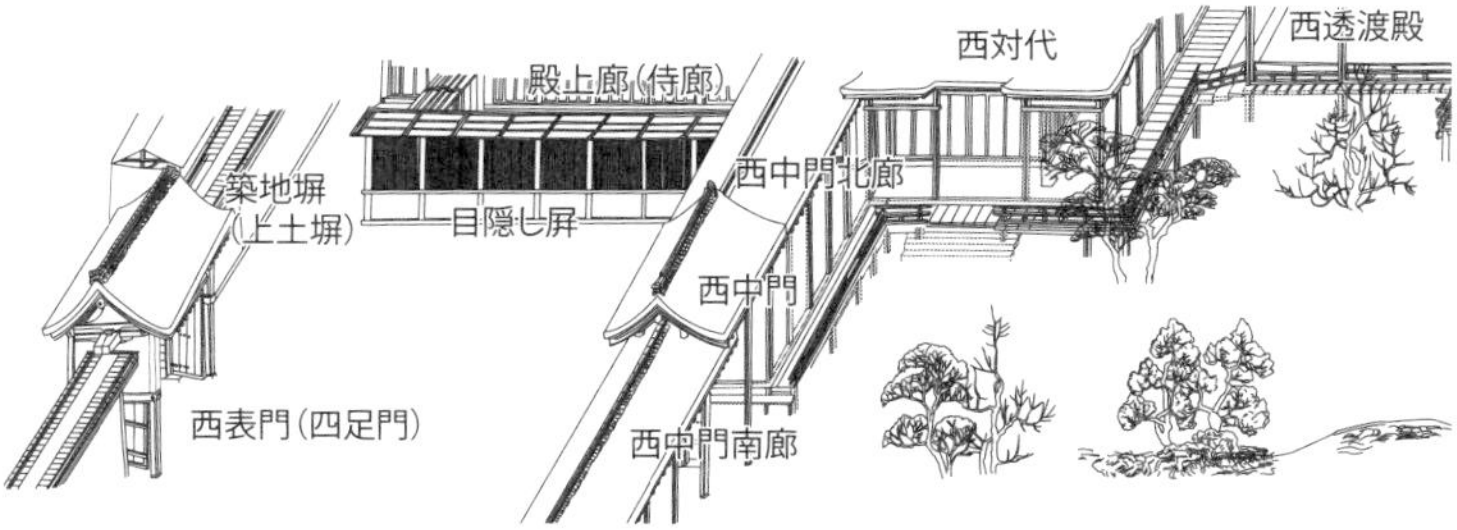

図10　『年中行事絵巻』巻１に描かれる後白河上皇の御所法住寺殿（図９をもとに山中千明作図，筆者監修）

も屋敷のおもに南半ではあるが）。図10は、五三～六二紙（b）をもとに、西方の四〇～四三紙（aの左端部）を継ぎ足すことで一つの画面としたものである。前項の図8と同様、図中に建物の呼称を記した。

図7（図8）の貴族邸と見比べてみよう。図7（図8）では前記した通り表門は棟門の形式、図9（図10）は格上の四足門である。また寝殿の東・西の脇殿である東対《ひがしのたい》や西対《にしのたい》の有無という違いもある。しかし、寝殿を中心に南庭を建物が取り囲み、建物と庭を一体的に用いる様子や、表門からのアプローチのための建物群の構成や組み立ては共通していて、いずれも寝殿造という住宅の本質がよくわかる画像である。なぜよくわかるといえるのかは、後に詳述する（本書「寝殿造の本質とはなにか」の章）。

寝殿造の内部空間

構造的な制約にもとづく母屋と庇、孫庇

日本古代の建物内部の空間は、構造と密接に結びついていた。どういうことか。図11を見てほしい。母屋《もや》と庇《ひさし》さらに孫庇《まごひさし》の関係を示したものである。まず、母屋とは建物の主体部である。母屋の柱上に架《か》かる部材は梁《はり》、さらにその上に直交して桁《けた》が架かる。現代のように鉄骨や鉄筋コンクリートなどではなく木材なので、梁の長さには木材なりの限界がある。図のように柱間《はしらま》の数にして二つ分が一般的である（これを「柱間二間」という）。

では、建物の規模とくに梁間（奥行）方向の規模を大きくして、建物内部の空間をひろげるのにどうしたか。母屋の梁はこれ以上長く延ばすには無理があり、奥行きをひろげるのは難しい。そこで柱の上部につなぎ梁をつぎ足すことで新たに空間を設けたのである。

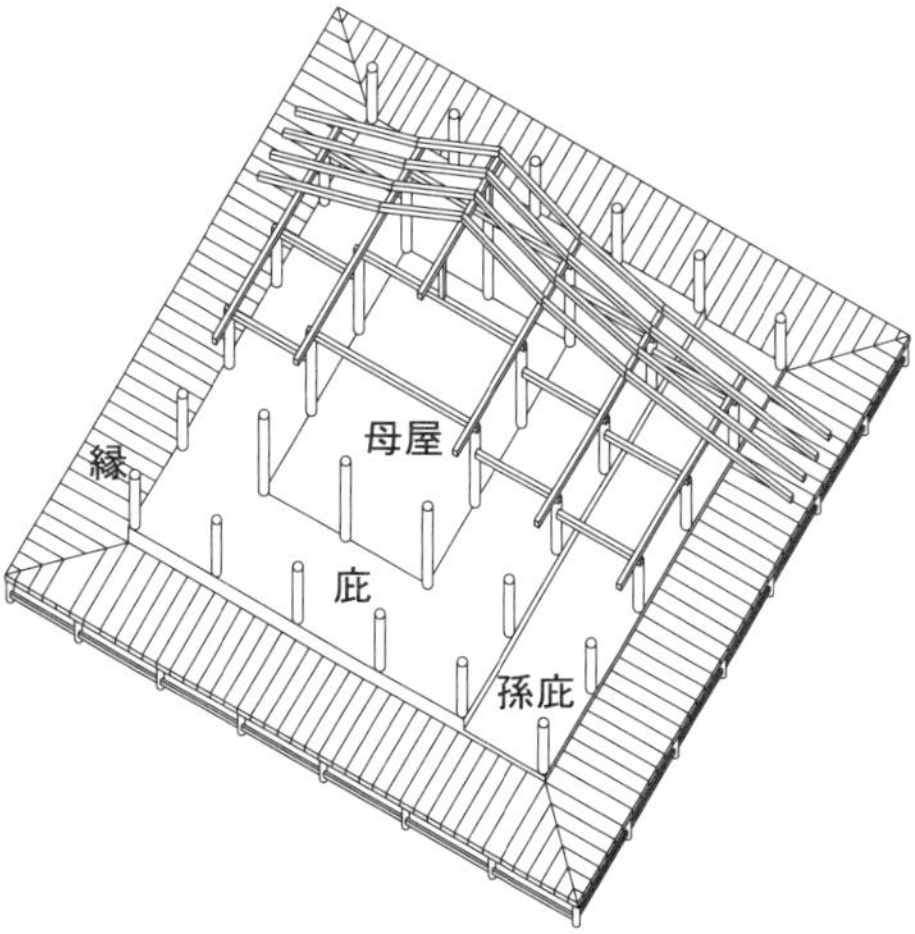

図11　母屋と庇，孫庇（三澤吾緋作図，筆者監修）

この空間を庇とよぶ。図では母屋の四方に庇を設けることで内部空間をひろげている。図の右手前の庇には、さらにつなぎ梁を架けて庇を付け足している。母屋に対して庇は「子」、庇の庇は母屋からすると「孫」にあたるので、これを孫庇とよぶ（あるいは「又庇《またびさし》」とも）。平安貴族の住宅も古代の建物である。当然のことながら、このような構造上の制約から免《まぬか》れるわけはなく、母屋、庇、孫庇という内部空間をもっていた。

東三条殿《ひがしさんじょうでん》の寝殿や、その東脇にたつ東対《ひがしのたい》を見ると、いずれも梁間《はりま》（奥行き）二間の母屋の周囲に庇をまわし、さらに孫庇（寝殿では西と北、東対では南と東）を設けた平面であることがわかる。こうした母屋と庇からなる空間のあり方は平安末期になっても変わらない。

平清盛《たいらのきよもり》（一一一八—八一）の六波羅《ろくはら》亭（別称「泉殿」）の寝殿では、母屋と庇の区別があいまいのように見える。しかしそれは母屋中央（棟筋）に戸（「並戸」）を装置し、奥行き二間の母屋を前後に二分したためで、「常儀に似合わない」すなわち、通常のあり方ではなかった。実際、清盛の娘徳子《のりこ》（後の建礼門院、一一五五―一二一三?）がここで安徳天皇（一一七八―八五）を出産した際には、母屋の柱間（奥行き）が通常二間のところ一間のため不便を強いられている（『山槐記《さんかいき》』治承《じしょう》二年〈一一七八〉十一月十二日条）。構造材としての柱のように錯覚する、母屋中央にたつ二本は戸を装置するための部材に過ぎず、この寝殿もまた奥行き二間の母屋の四面に庇を設けた平面をもつ古代的な建物であった。はたしてこの寝殿は、正面三間（柱間の数が三つ）の母屋の四面に庇をまわす「三間四面」の建物であると認識されていた。

さて、たとえば「住宅建築」、「寺院建築」、「神社建築」といった呼び方あるいは分類がある。建物に求められる機能・用途が異なることを前提にしたもので、各々に独自性をもつのはたしかであるし、そうした呼び方、分類によるのも一つの見方ではある。しかしとくに古代において、建物の基本的な構造に大きな違いがあったわけではない。いずれも母屋と庇、そして孫庇という内部空間をもっていたのである。

日本古代の建物は互換性が高い

住宅か寺院かといった建物の種別にかかわらない内部空間の共通性は、住宅・宮殿から寺院への転用の事例が端的にものがたっている。現存する建物では、法隆寺東院の伝法堂《でんぽうどう》がもとは橘《たちばな》夫人《ぶにん》の屋敷内の建物で、唐招提寺の講堂は平城宮朝堂院《ちょうどういん》の朝集堂《ちょうしゅうどう》を移築したものである（いずれも八世紀中頃の移築、国宝）。現存はしないが、大治《だいじ》四年（一一二九）白河法皇が崩御した三条烏丸《からすまる》殿の西対代《にしのたいだい》（寝殿の西側にたつ建物）は、平清盛の父、受領《ずりょう》平忠盛《ただもり》（一〇九六—一一五三）の尽力によって鳥羽離宮《とばりきゅう》に移され、九体阿弥陀堂《くたいあみだどう》に改築されて成菩提院《じょうぼだいいん》の御堂となった。また関白藤原忠通《ただみち》の近衛殿《このえでん》は仁平《にんぴょう》元年（一一五一）より近衛天皇（一一三九—五五）の皇居に用いられたが、天皇が久寿《きゅうじゅ》二年（一一五五）に崩御した後、寝殿は近衛天皇御願の延勝寺《えんしょうじ》（京白河に造営された六勝寺《ろくしょうじ》の一つ）に移築され、間数をのばすなどの改修をうけて九体阿弥陀堂になった（『百錬抄《ひゃくれんしょう》』長寛《ちょうかん》元年〈一一六三〉十二月二十六日条）。

こうした用途の転回いわゆるコンバージョンなら、古代ギリシヤやローマの建築にすでに先例がありますよ、といわれるかもしれない。たしかにそうである。紀元前六世紀頃にさかのぼるアテネのアゴラ（公共広場）にのこるアッタロスのストア（列柱廊）は、アメリカ考古学会によって修復・整備され、古代アゴラ博物館として活用されている（図12）。古代ローマの建築では墓廟《ぼびょう》の転用事例がよく知られ、ハドリアヌス帝（七六—一三八）の墓は中世には城塞化《じょうさいか》してサンタンジェロ城と呼ばれるようになったし、四世紀後半にたてられたコンスタンティヌス帝（二七二—三三七）の娘コンスタンティーナ（?—三五四）の墓廟《ぼびょう》は、のちに洗礼堂、さらに十三世紀より教会堂に転用された。サンタ・コスタン

図12　アゴラのアッタロスのストア
（ギリシヤ，アテネ　筆者撮影）

図13　サンタ・コスタンツァ
（イタリア，ローマ　筆者撮影）

ツァである（図13）。三～四世紀建造のディオクレティアヌスの浴場は、中央広間と温浴室の部分が一五六三年ミケランジェロによってサンタ・マリア・デリ・アンジェリ聖堂に改修され、のこりの部分は二十世紀にはいってローマ国立博物館となった。

いずれもコンバージョンの事例なのだが、創建時から建物の場所が変わったわけではない。しかし古代日本の場合は移築（建物をいったんばらして、異なる場所で再び組みたてる）をともなうコンバージョンである。移築・転用は我が国における古くからの伝統であった。しかも移築の前後で、建物の基本的な構造が大きく変わることはない。住宅・宮殿と寺院の間には高い互換性があったということである。

空間の序列としての母屋と庇、孫庇

さて、平安貴族の住宅は一棟も遺《のこ》らない。しかし寺院や神社に古代の建物が今日《こんにち》まで伝わっているのは、筆者が思うにほとんど奇跡的といってもよく、随喜《ずいき》の涙にくれるほどである。ともかく母屋と庇、孫庇による内部空間のあり方を知るべく、寺院に現存する古代の建物を、ここはひとつ冷静に見てみよう。図14aは奈良県の室生寺《むろうじ》金堂《こんどう》(国宝、平安時代前期)で、図14bはその断面図である。断面図とは、建物を垂直に切断した切り口

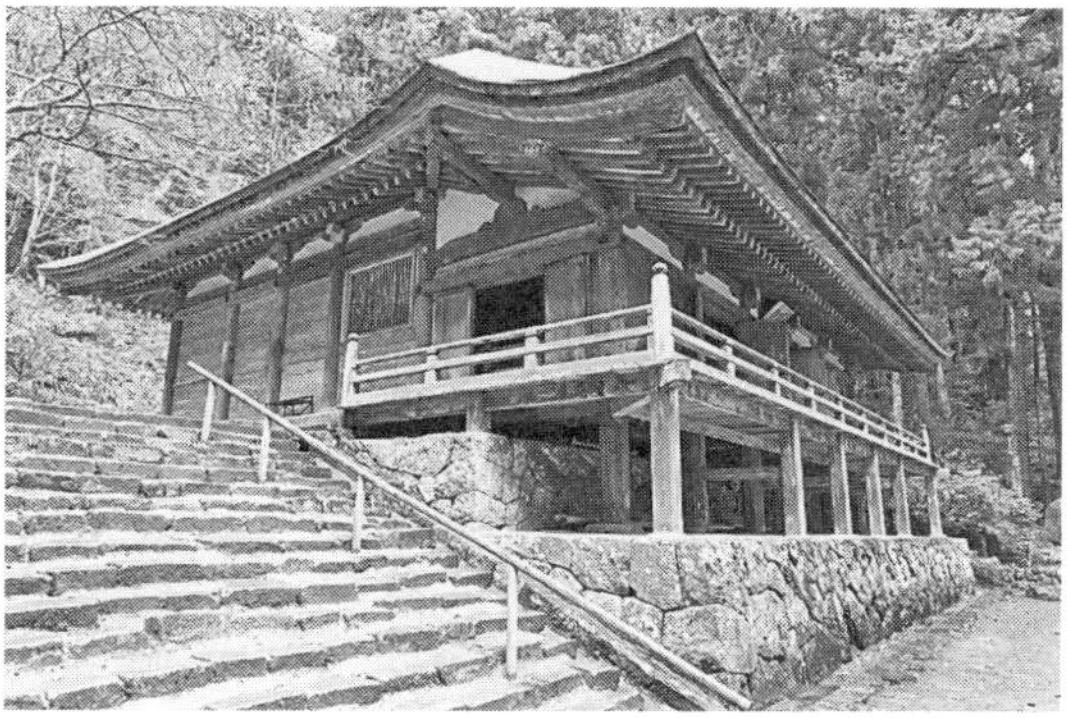

図14a　室生寺金堂(国宝　筆者撮影)

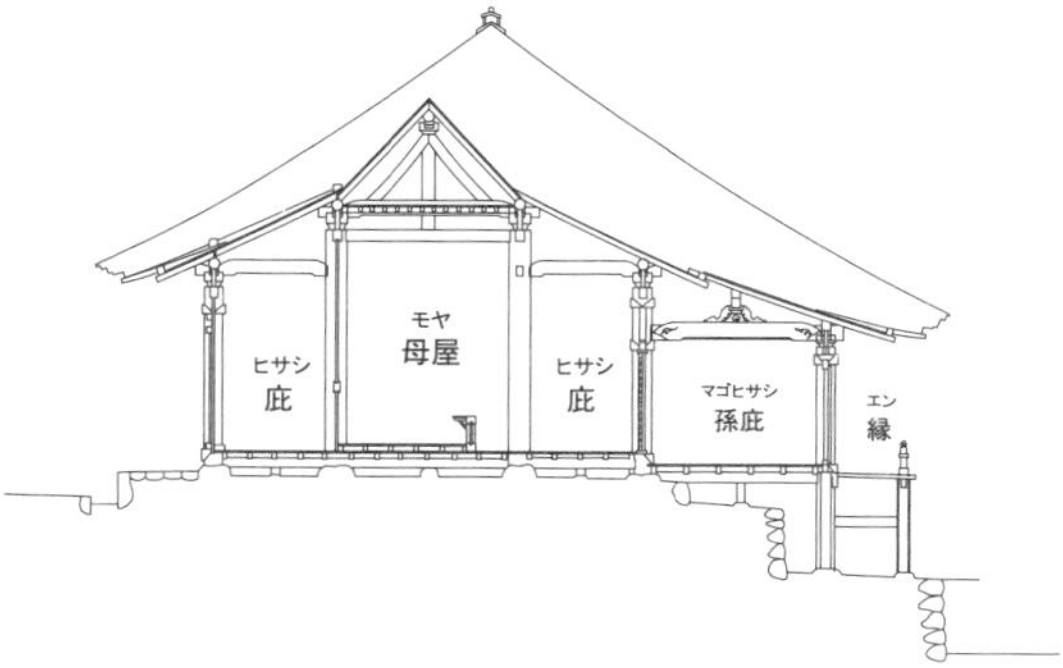

図14b　室生寺金堂断面図(日本建築学会編『新訂　日本建築史図集』彰国社, 1980年, 一部改変)

（切断面）を図化したものである。奥行き方向に柱間二間分（柱間の数が二つ）の母屋、そのまわりに庇、そして正面に孫庇、さらに縁《えん》とつづく。正面の孫庇は江戸時代前期の改築によるものであるが、母屋から孫庇までの関係がよみ取れる。

母屋と庇、孫庇という構成は、構造的な制約の中で内部空間をひろげたいという要求に応《こた》えて生まれたものであった。建物の構造の主体は母屋である。母屋に庇、さらに孫庇が付け加わって、大きな内部空間が実現した。ただし母屋と庇、孫庇は同質の空間ではない。その出自からわかるように、母屋→庇→孫庇という空間の序列がある。あるいはそのような序列を設けるために、庇や孫庇を付け加えたといえるのかもしれない。いずれにせよこの金堂では、孫庇は礼拝のための空間（礼堂《らいどう》）であり、九世紀末の作とされる中尊釈迦《ちゅうそんしゃか》如来立像《にょらいりゅうぞう》をはじめとする五体の仏像（国宝もしくは国指定重要文化財）、その前にならぶ十二神将像《じゅうにしんしょう》（鎌倉時代、国指定重要文化財）は内陣《ないじん》にあたる母屋内に設けられた仏壇に祀《まつ》られるのであって、庇ではなく、むろん孫庇でもない。さらに建物内部の床面の高さに注目すると、母屋と庇の床面《ゆかめん》は同じ高さだが、孫庇は庇より一段下がる（図11）。そして外周にまわる縁は孫庇よりさらに一段下がる（次項参照）。床高さの上下の差は、そのまま空間の序列を明示するのである。

母屋と庇さらに孫庇によって建物をつくるのは、構造的な制約から生じたものであった。

しかし、あわせて空間の序列を当初から内在していたことになる。ただし時代が下がると、建物の構造は進化し、母屋に庇を付け加えるという架構法にこだわる必要性は薄れてゆく。構造上の制約から解放されるのである。それとともに母屋、庇、孫庇といった区別も崩壊するはずである。ところが貴族の住宅では、そうはなっていない。構造の進化とは別に、それらによる空間の序列にこだわるのである。

小規模な建物をみるとわかりやすい。たとえば東三条殿《ひがしさんじょうでん》の侍廊《さぶらいろう》に注目してみる（図5参照）。東中門廊《ちゅうもんろう》から東に直交して接続する建物である（侍廊については本書一七〇―一七五ページで詳述）。東西方向に長い廊状の建物で、奥行（南北）の柱間《はしらま》はわずか二間《けん》である（この「間」とは柱と柱の間がいくつあるかという数のこと）。そして南側の一間が母屋、北側の一間が庇である。逆に、北側が母屋、南側が庇でも構造的には別にかまわないし、そもそも全体を母屋としてもよい建物ではある。しかしここでは南側が母屋、北側が庇である。母屋と庇は建物の構造上の区分ではなく、空間の序列を示すものなのである。後に紹介する歴史公園えさし藤原の郷《さと》の貴族住宅にも侍廊が復元されている（図22d、五二ページ）。現地にたつ寝殿は南面ではなく西面しているが、南面するものと想定して記すと、こちらは西対に相当する建物の西面南端に付く西侍廊である。同様に南側（右側、目隠し屏がある方）が母屋、北側が庇である。棟の位置が南側の梁間一間の中央にあり、母屋と庇の違いが明確である。時代が下がっても、母屋と庇、孫庇の区別を貴族社会では頑《かたく》ななまでに意識し、空間の序列にこだわり続ける（本書一四四―一四六ページ参照）。これは内部空間における大きな特徴の一つである。

『源氏物語絵巻』に描かれる室礼

平安貴族の住宅の内部空間におけるもう一つの特徴に、室礼《しつらい》を挙げることができる。室礼とは装束《しょうぞく》や鋪設《ほせつ》などともいい、屏障具《へいしょうぐ》や座具など可動式の調度、取り外し可能な建具によって、必要な場を建物内部に適宜《てきぎ》つくり整えることである。固定の建具や間仕切り壁により部屋を複数設けるのではなく、一室の大空間を室礼によって分節して用いる。もちろん寺院のお堂や神社の社殿でも、仏事や神事の室礼などとしてみえ、貴族の住宅に特有というわけではないのは、前記（本章二九―三一ページ）した両者の互換性にも通じるものである。ここでは十二世紀前半の制作で現存最古の絵巻物とされる『源氏物語絵巻』をもとに、貴族住宅内部の室礼の様子をうかがってみよう（図15ａ～ｄ）。

図15ａは、「柏木《かしわぎ》二」の、光源氏の邸、六条院である。先帝《せんてい》の朱雀院《すざくいん》が娘女三宮《おんなさんのみや》の見舞いに訪れた場面である。中央やや左寄りに出家した朱雀院、左に女三宮、手前には夫の光源氏の姿があり、右半には女三宮の女房たち四人がみえる。角度を変えてたつ几帳《きちょう》によって、大空間を複数の小空間に分節する様子がわかる。土居《どい》と呼ばれる台上に二本の

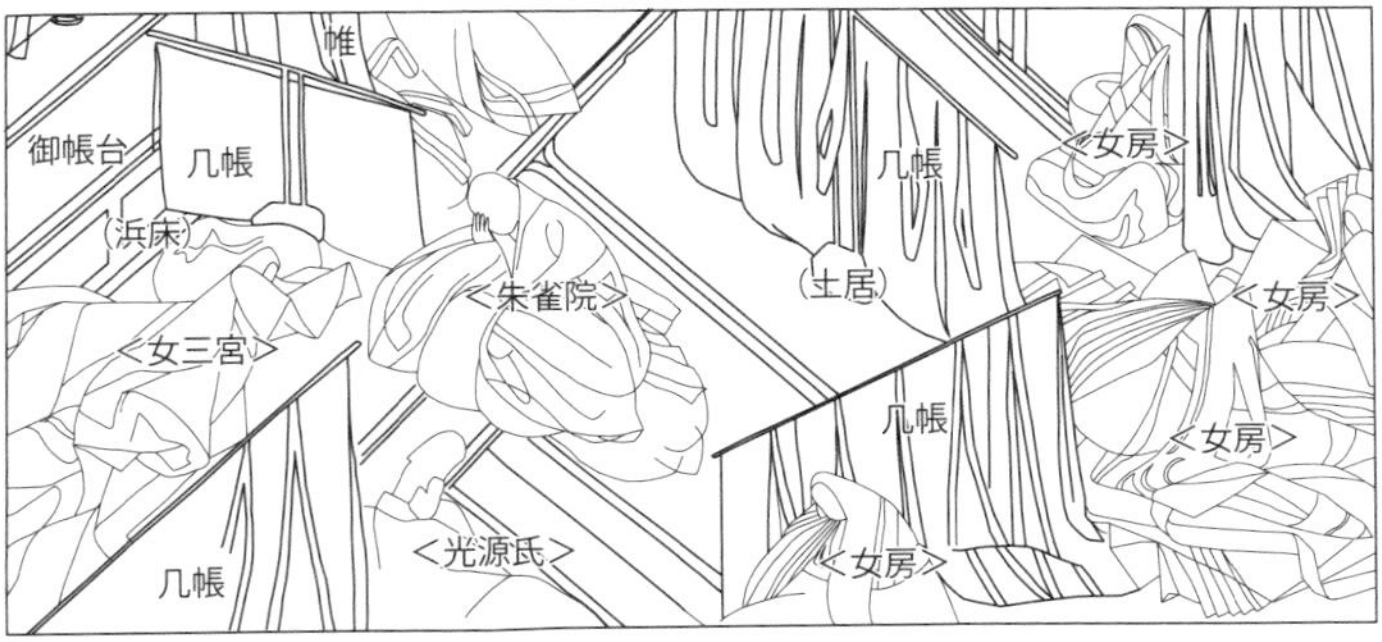

図15a　源氏物語絵巻「柏木　一」光源氏の邸，六条院
(a～dすべて岡村彩作図，筆者監修)

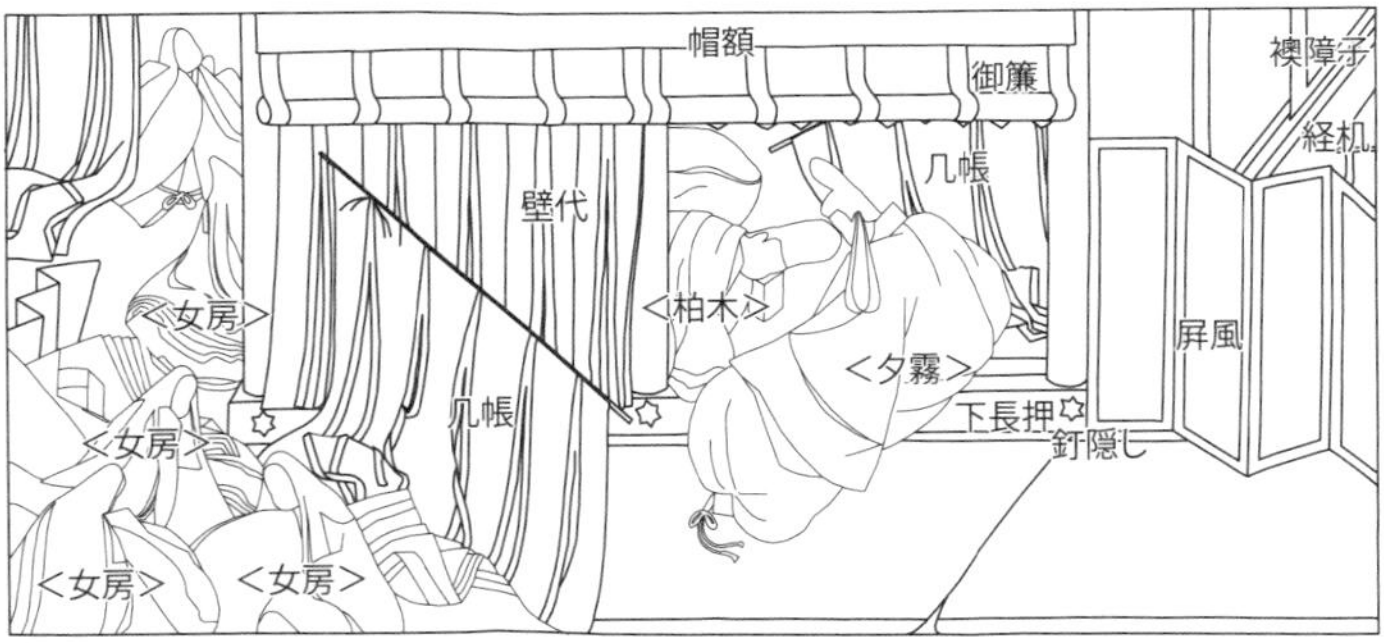

図15b「柏木　二」内大臣の一条邸

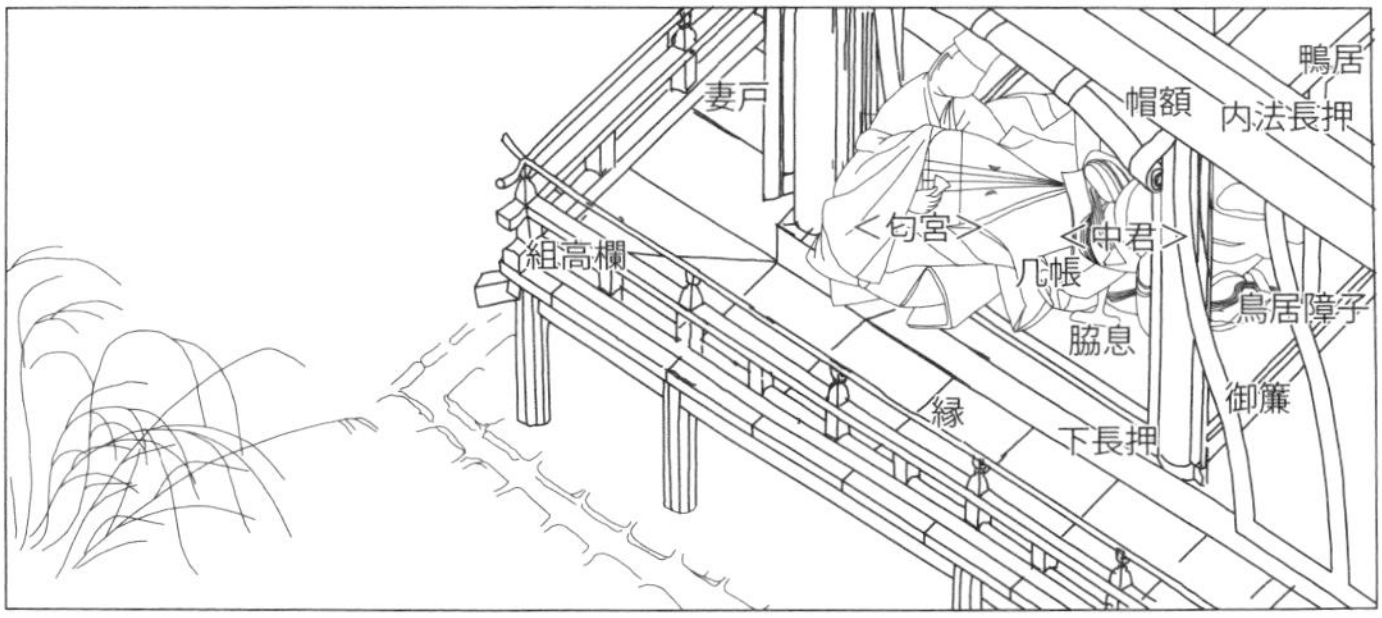

図15c 「宿木 三」中君の二条院

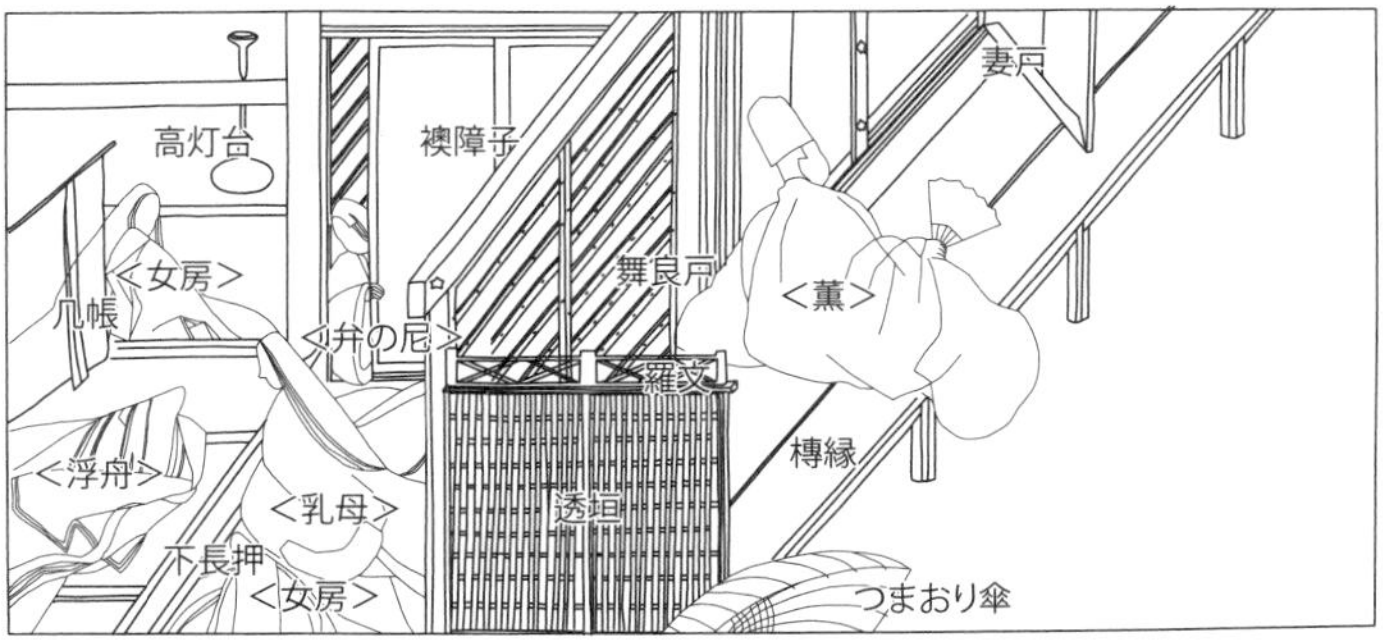

図15d 「東屋 二」浮舟が隠れ住む三条辺りの小家

足をたて、横木をわたして帷《とばり》（視線や風をさえぎるための薄布）をかけて垂らすという几帳の骨組みも詳しく描かれている。画面左端にその一部がみえるのは、女三宮のふだんの休所である御帳台《みちょうだい》である。畳二帖を敷きならべた上に柱と天井を組み立て周囲に帷をかけたのが御帳で、これを浜床《はまゆか》という台上においた御帳台はとくに天皇や皇女に用いられた。柏木との密通で薫《かおる》を出産後、出家を望む女三宮はこのとき御帳台から降り、几帳で囲まれた畳上に顔を袖《そで》で覆いつつ身を横たえている。

図15ｂは、「柏木　二」の、柏木の父・内大臣の一条邸である。女三宮との関係を光源氏に知られ、病の身となった柏木は、烏帽子《えぼし》を付けたまま臥《ふ》している。光源氏の長男で友人の夕霧《ゆうぎり》が訪れ、長押《なげし》に座して柏木を慰める。長押とは柱面に取り付けた横材で、位置によって名称が異なる。ここは下長押《しもなげし》で、画面には柱下部の位置に打ち付けた釘の頭を隠すための化粧金具である釘隠《くぎかく》しもみえる。彼らがいるのは母屋で、手前を庇とする解説もあるが、手前は長押の成《せい》（高さ）だけ床が下がるので庇と孫庇であり、あるいは寝所《しんしょ》であることも考え合わせると、北庇と北孫庇かもしれない。いずれにせよ両者の境界に御簾《みす》をかけ、その左方、御簾の内側には壁代《かべしろ》（仕切り用の帷で、カーテンのようなもの）を深く垂らす。御簾の上辺に付けて懸け際を飾る帽額《もこう》は、図15ｃ「宿木　三」にも描かれる。内部のほか、画面左手の五人の女房たちとの空間を分ける所に几帳を置き、また画面右手に屏風《びょうぶ》がた

つ。その向こうに引き違いの襖障子、そして一部がみえるのは経机《きょうづくえ》である。

図15cは、「宿木 三」の、中君《なかのきみ》が住む二条院である。身重の中君のもとを訪れた匂宮《におうのみや》が琵琶を奏《かな》で、中君は扇をもち脇息《きょうそく》に寄りかかりながら几帳の端から顔をのぞかせ聞き入る。画面ではなんだかせせこましいようにも感じられるが、柱間（柱と柱の間隔）は実長で約三メートルはある。縁との境にかかる御簾のうち、二人の場所は巻き上げ、画面手前は下ろし、御簾は風でなびいている。御簾の上部に帽額がみえる。縁は長押に直交して縁板《えんいた》を張る切目縁《きりめえん》（木口縁《こぐちえん》）である。縁をめぐる高欄《こうらん》は、角で交差する組高欄《くみこうらん》の形式で、その存在が高貴な人の屋敷であることを示唆する。画面向こう側の柱間《はしらま》にみえる妻戸《つまど》は、建物の端の出入口に装置される両開きの板扉。画面右手、二人の場所と右手前を分けるのは鳥《とり》居障子《いしょうじ》である。引き違いの襖障子を支える鴨居《かもい》の上部は押障子《おししょうじ》（はめ込み式の襖）で、全体が神社の鳥居のようにみえることからそのように呼ばれたものである。

図15dは「東屋 二」の、浮舟《うきふね》が隠れ住む三条辺りの小家である。柏木と女三宮との不義の子である薫が、弁《べん》の尼《あま》の手引きで訪れた際の情景で、扇《おうぎ》を手にして縁に座すのは薫、画面の左手、几帳の傍《かたわ》らに後ろ姿の浮舟がみえる。縁は長押に平行に（長手方向に）縁板を張った榑縁《くれえん》で、しかも縁に高欄はなく、格下の住まいであることがわかる。出入口の妻戸の片方が開くのは取り次いだ弁の尼が入ったからで、弁の尼は内部を間仕切る引き違い

の襖障子《ふすましょうじ》を開けている。画面の手前、縁上に透垣《すいがい》（竹や枝などでつくった隙間のある垣）がたち、その上部は細木を菱形に交差させて組んだ羅文《らもん》で飾る。その向こうに内外を仕切る、これも引き違いの遣戸《やりど》は舞良戸《まいらど》と呼ばれる板戸（本書一九四ページ参照）である。浮舟は長押の成《せい》（高さ）だけ一段高い所にいるので、そこは庇であり、長押の右手、乳母《めのと》とその手前の女房がいるのは孫庇となる。なお、透垣の右下に描かれる薫の従者の傘は雨を、画面左上部の高灯台《たかとうだい》は夜を示唆《しさ》するという。

『類聚雑要抄』と清家清

実在のモデルがあったにせよ、『源氏物語絵巻』に描かれる室礼の様子は、物語の架空の屋敷が舞台である。そうではなく、実在の屋敷における調度や室礼についての内容を具体的に記録した史料がある。十二世紀の中頃に編集された有職故実書《ゆうそくこじつしょ》、『類聚雑要抄《るいじゅうざつようしょう》』である。有職故実とは、古来の先例にもとづく行事や制度、風俗、習慣、儀式、建物、装束《しょうぞく》などのことで、この史料には、平安時代後期の藤原摂関家における調度や室礼が描かれている。図16は、『類聚雑要抄指図巻《さしずかん》』を江戸時代に立体的に描き直して極彩色《ごくさいしき》を施したもので、『類聚雑要抄』とも呼ばれている。掲載した図は、永久《えいきゅう》三年（一一一五）七月、関白藤原忠実《ただざね》（一〇七八―一一六二）が東三条殿《ひがしさんじょうでん》に移った際の、寝殿内部の室礼を描いたものである。母屋の中央にある御帳は寝所で、その左脇や前方（南庇《みなみひさし》）に主人の座、母屋奥の北庇にも寝所や御座がみ

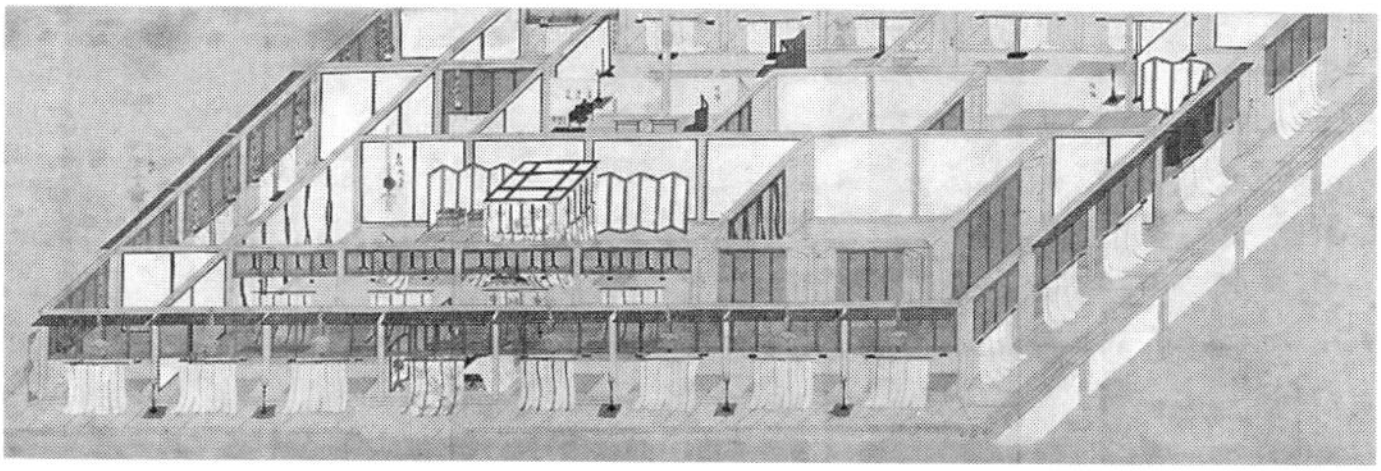

図16　三井高蔭（写）『類聚雑要抄』巻２（東京国立博物館蔵, Image：TNM Image Archives）

える。

実は、現代の私たちの住まいの中にも、室礼の発想は息づいている。畳敷きの和室では季節に応じて、またその時々の用途に応じて家具・調度を入れ替えることはあるし、洋室のリビング・ダイニングキッチン（いわゆるＬ・ＤＫ）なども、また調理、配膳、食事そして団らんといった複数の用途を、家具・調度でゆるやかに分節することによって一室空間の中に実現しようとしたものであろう。

伝統的な室礼の生活文化を、自身の住宅作品にとり入れようとした建築家に清家《せいけ》清《きよし》（一九一八―二〇〇五）がいる。「違いがわかる男」としてコーヒーのＣＭにも出演した清家は、現代の住宅に大きな影響を与えた建築家として知られる。戦後に活躍した、いわゆる「住宅作家」の一人であり、機能性や合理性を加味しつつ独自のデザイン感覚によって芸術性の高い住宅を設計した。「ハウス」ではなく「ホーム」をつくることが大切であると説き、その実現のための拠《よ》り所にしたのが伝統的な住空間であった（足達富士夫「近代における住居」、『新建築学大系7　住居論』彰国社、一九八七年）。

清家の作風は、一つに、建物と庭を連続させ全体を一体的な空間にしたこと、二つめに、ワンルームの中に適宜、家具・調度を配置して、融通性の高い空間を創出したことに大きな特徴がある。それらはいずれも平安貴族の住宅に実現していた空間のあり方に他ならない。清家の住宅が「新日本調」などと称されるゆえんであろう。

森博士の家（一九五一年、図17ａ）は、室礼という伝統的な空間演出の手法を現代の住宅に甦生《そせい》したものである。建具を開け放てば屋内は一室となり、さらに廊下を兼ねた縁側から屋外の庭も含めて一体的な空間が形成される。令息室《れいそくしつ》（子供部屋）や便所・浴室といった水回り、そして納戸《なんど》などの諸室は大空間の周辺に取り付く（『新建築』一九五一年九月号）。ただし清家による室礼は、限られた空間が多くの用途をもつ必要性に迫られた、小規模な住宅でのもっとも適した便法として発想されたもので、ワンルームという空間のあり方もまた、清家が海軍技術将校であった戦中、格納庫の設計に携わった経験にもとづくものであったという。

もう一つ、斎藤助教授の家（一九五二年、図17ｂ）では、居間に住宅の特徴が集約されているという。清家は「住まいの空間」として「居間」をつくった。「住まいの空間」とは、住まう人が思い思いに使いやすいように使う、まさしく居心地《いごこち》のよい空間という意味である。したがって家具・調度は固定されない。その時々に応じて動かし、使いやすいように使う。そして建具によって空間を仕切り、あるいは開放する、という使い方ができるように、未分化な単一の空間が「居間」として設定されたのである（『新建築』一九五三年二月号）。

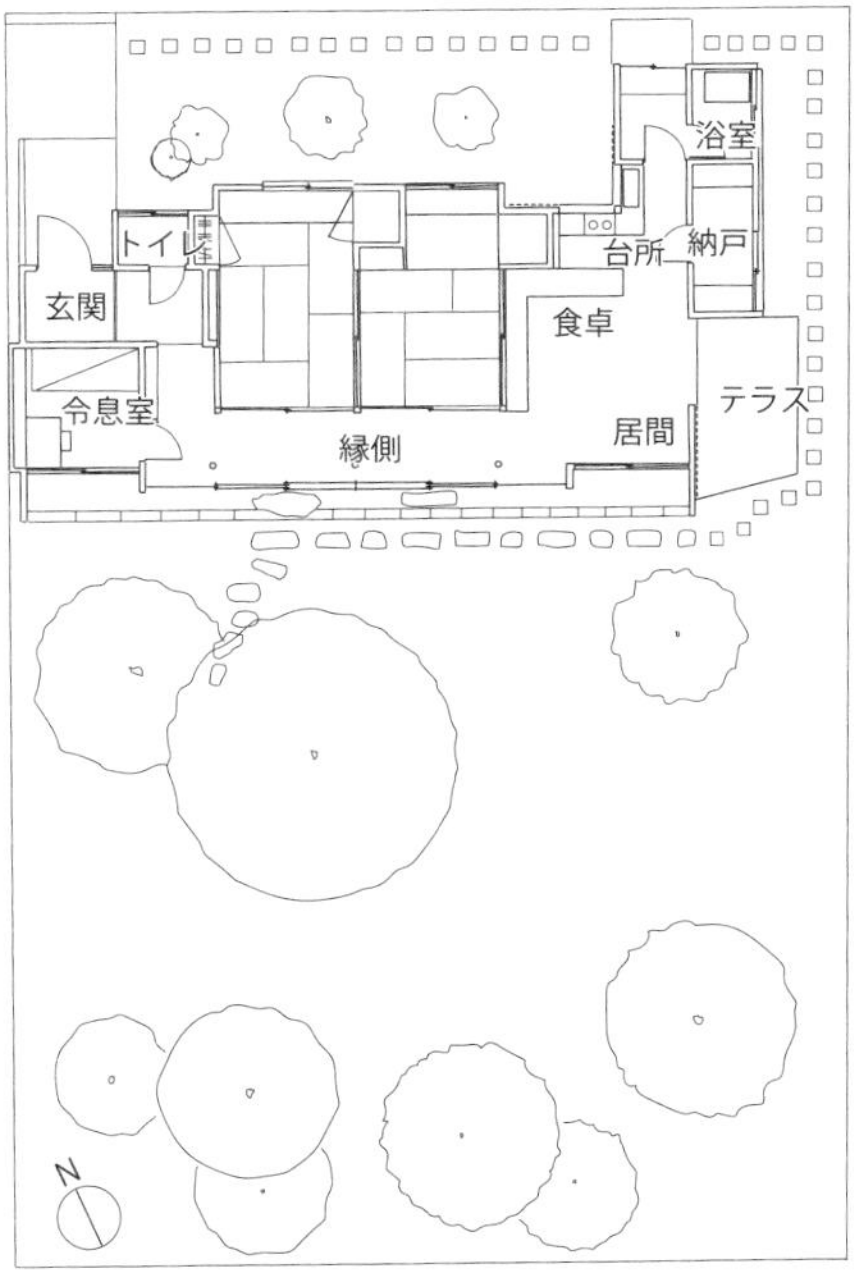

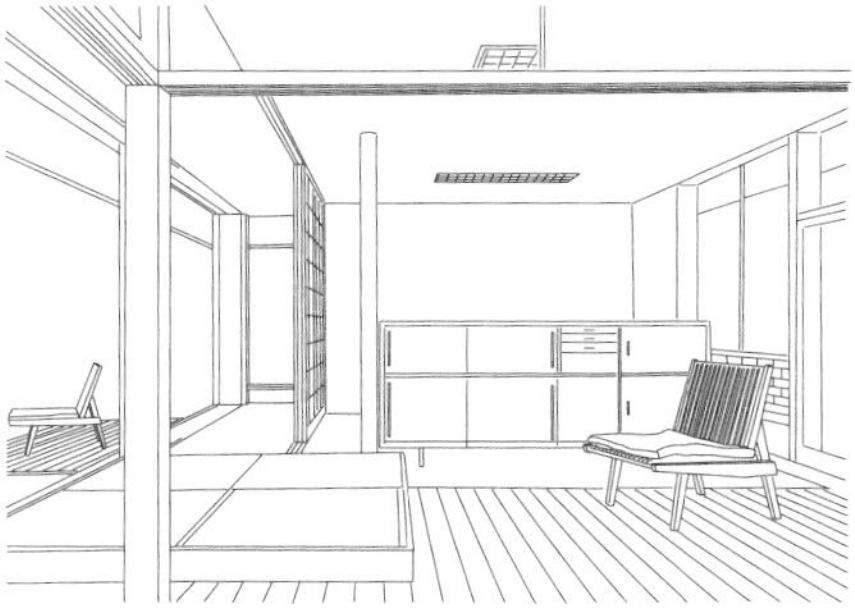

上－図17a　森博士の家（筆者作図）
下－図17b　斎藤助教授の家（筆者作図）

平安貴族住宅に通じる建物や復元模型、再現された施設

平安京の貴族の住まいで現在も遺《のこ》る建物は、一棟もない。そこでこれまで紹介したような絵巻物や貴族が書き留《とど》めた日記などの文献史料あるいは、京都市内外で日々発掘される遺構や遺物をもとに、あれこれ考え、思いを巡らすことになる。建物が遺っていないのは残念だが仕方がない。しかしもう少しわかりやすく、当時の様子がうかがえるもの、イメージできるものはないのかということで、本章の一五ページで紹介し、また次項以降でもみる復元模型や再現施設などが製作・建設されてきた。そして現在も訪れ実見できる建物の中から参考になる事例として間々《まま》挙げられるのが、教王護国寺大師堂《きょうおうごこくじだいしどう》（西院御影堂《みえいどう》）や法隆寺聖霊院《ほうりゅうじしょうりょういん》（いずれも国宝）といった古建築である。

教王護国寺大師堂と法隆寺聖霊院

大師堂（図18）は、教王護国寺（東寺）の西北部を占める西院の中心的な建物である。開山である弘法大師空海《こうぼうだいしくうかい》（七七四―八三五）の住房に起源をもつと伝えられる通り、建物全体が住まいの趣きをもつところに大きな特徴がある。平安時代後期の長治《ちょうじ》二年（一一〇五）には、母屋《もや》の正面柱間《はしらま》が五間《けん》で四周に庇《ひさし》をもつ「五間四面《ごけんしめん》」の建物であったとされる。その後、室町時代の康暦《こうりゃく》元年（一三七九）に焼失したものの、翌年には焼失前の規模・形式で再建されたらしく、さらに十年後の明徳《めいとく》元年（一三九〇）には、北側の礼堂《らいどう》が新造されて、現在見られるような姿になった。なおここで「五間四面」の「間《けん》」とは前節でも注記したように柱間の数で、母屋すなわち建物本体の、正面の柱間の数が五つという意味である。また「四面」とは母屋に取り付く庇の数である（同節参照）。したがって正面の柱間の数は計七間であり、四周すべての柱間数が五間あるいは実長で五間≒一・八一メートル×五の規模という意味ではない。

図18　教王護国寺大師堂（国宝　筆者撮影）

檜皮葺《ひわだぶき》の屋根が穏やかな稜線《りょうせん》を描き、柱は丸柱、

図19　法隆寺聖霊院（国宝　山中千明作図，筆者監修）

柱間に装置される建具は蔀《しどみ》や妻戸《つまど》である。蔀とは、上部に回転軸を設けた吊り戸で、水平に開けて留め金具によって固定する建具（上下二枚に分かれた半蔀《はじとみ》が多い）、妻戸とは建物の端に設けた両開きの板扉である（本章三九ページ参照）。蔀は外開きが多いが、この建物の南面の蔀は京都御所の紫宸殿《ししんでん》にも見られる内開きである（ただし紫宸殿は「半蔀」ではない）。また外周の縁には高欄《こうらん》をまわす。火災による再建をへているので、現在の建物自体は平安時代より年代は下がる。しかしこのように古風で住宅的な外観をもつのに加え、母屋と庇による「五間四面」に北孫庇（さらに縁）を付けるという古代的な平面構成をとっていて、全体として平安時代の貴族の住まいを想起させる建物である。

また法隆寺の聖霊院は、西院伽藍《さいいんがらん》の回廊《かいろう》の東方にたつ建物である（図19）。平安時代の保安《ほうあん》二年（一一二一）に、既存の建物を仏堂に改修して聖徳太子像を祀《まつ》ったのにはじまる。正面は切妻造《きりづまづくり》屋根の妻側で、弘庇《ひろひさし》を設ける。弘庇とは柱間に建具や壁を装置しない吹き放ちの庇である。現在の建物は鎌倉時代の弘安《こうあん》七年（一二八四）にたて替えられたものではあるが、建物妻側の形態は保安の創建時から変化していない。加えて弘庇の屋根は檜皮葺で、外廻りの建具に蔀を多用し、正・側面の縁《えん》に高欄を設けるなど、この建物もまた平安時代の貴族の住まいに通じる特徴をもつ。とくに切妻造屋根の妻側に檜皮葺の弘庇を付した正面の外観は、寝殿ではなく寝殿の東あるいは西にたつ建物、東 対《ひがしのたい》あるいは西対《にしのたい》を想起させる。ちなみに回廊の西方にある三経院《さんぎょういん》（国宝　鎌倉時代）も同様の外観をもつ。

貴族住宅の再現

平安時代を代表する女流作家といえば、清少納言《せいしょうなごん》（九六六頃―没年未詳）とともに紫 式部《むらさきしきぶ》（九七三頃?―没年未詳）の名が挙げられよう。越前守《えちぜんのかみ》に任ぜられた父、藤原為時《ためとき》とともに越前国（現在の福井県越前市）に紫式部が下国したのは長徳《ちょうとく》二年（九九六）で、同四年の春頃帰京するまでの約一年半の間、雪深い北陸の地で過ごした。越前国での体験はその後の彼女に大きな影響を与え、著書『源氏物語』にも反映されているといわれる。昭和六十一年（一九八六）、そのような紫式部にちなんで、三〇〇〇坪もの広大な敷地に紫式部公園（福井県越前市）が竣工した。いわゆる寝殿造系の庭園には、武生《たけふ》盆地を囲む山の端《は》を背景に広大な園池《えんち》がつくられている。池の中島には高欄をそなえた朱塗りの橋を架《か》け、池の汀《みぎわ》に洲浜《すはま》（海に突き出た洲が曲線形をなす浜辺）を設けるなど、平安貴族の住宅の園池が再現されたのである。

屋敷の中心的な建物で、園池の全体を眺めることのできる位置にたつのは寝殿である。と言いたいところだが、ここでは基壇《きだん》（建物の土台部分、図20ａの左手遠方に小さくみえる）だけで建物はつくられていない。しかし池畔《ちはん》に釣殿《つりどの》が再現されている（図20ａ・ｂ）。平安貴族の住宅では中門南廊の先端に位置し、南池にさしかけて設けられた釣殿は、納《のう》涼《りょう》や月見の宴、詩歌管弦《しいかかんげん》そして、舟遊《ふなあそ》びの際の乗り降りの場所にも用いられた建物で、絵巻物にも少なからず描かれている。たとえば本章の「絵巻物にみる寝殿造の建物の構成と配置」の節で紹介した『年中行事絵巻《ねんじゅうぎょうじえまき》』巻一の法住寺殿《ほうじゅうじどの》では、画面右端手前に、建物の大半が池上にたつ釣殿が確認できる（図９ｂ・図10参照）。

紫式部公園に釣殿を再現する際にも絵巻物は活用されたに違いない。とくに浄土宗の開祖法然《ほうねん》の生涯を描いた『法然上人絵伝《ほうねんしょうにんえでん》』（知恩院蔵、十四世紀頃）の釣殿がモデルになったようである。鎌倉前期の公卿《くぎょう》で摂政・関白をつとめ、九条家の祖となった九条兼実《かねざね》（一一四九—一二〇七）の晩年の別院《べついん》である月輪殿《つきのわどの》が描かれていて、邸内に釣殿が見える。絵巻には月輪殿そして釣殿が繰り返し確認できるのだが、ここでは一例として巻八第五段の釣殿を掲げた（図21）。廊の先端を占める一間四方《いっけんしほう》の建物が釣殿で、周囲に簀子縁《すのこえん》（目透かしに板を張った縁）を設け、高欄をまわしている。縁下の束石《つかいし》を池中に据《す》え、園池と一体的に融けあうような瀟洒《しょうしゃ》な建物である。紫式部公園の釣殿と見比べてみると、釣殿と廊の関係、板床の目地のデザインや木口縁《こぐちえん》（切目縁《きりめえん》とも。長手方向と直角に縁板をはった縁で、木口がみえる）と榑縁《くれえん》、高欄、檜皮葺屋根の形状など共通する点が多く、再現された釣殿が絵巻に描かれる月輪殿の釣殿を参照したものであることがわかる。

図20a（上）・b（下）　紫式部公園に再現された釣殿（筆者撮影）

図21　『法然上人絵伝』巻８に描かれる釣殿（知恩院蔵）

なんども繰り返して恐縮だが、平安京の貴族の住まい、寝殿造の住宅は現存しない。実物がないため、おもに記録や絵画などの文献史料そして発掘による遺構跡をもとに復元研究が進められてきた。紫式部公園の釣殿は、研究成果の一端を建物の再現によって示そうとしたものであろう。

貴族住宅の復元模型

とはいえ再現された建物は屋敷内の一棟である。本章一二―一八ページで東三条殿を例に述べたように、建物の構成と相互の関係、複数の建物が形成する配置のあり方こそが寝殿造の様式を第一義的に規定するなら、それがわかるように屋敷の広範囲にわたって復元、再現したものが見たくなる。

東三条殿の復元模型（図5）などは、そうした願望を一定程度叶《かな》えるものである。建物単体ではなく、複数の建物による配置兼平面図をもとに立体化した復元模型は、建物の構成や建物間の関係を理解するのに役立つ。ただしこうした模型には見過ごせない弱点があることも忘れてはならない。

建物の平面や建物相互の配置のあり方まで、史料からある程度判明するのは、屋敷のおもに南半（図の手前側）である。東三条殿の復元模型では、寝殿の北に北対《きたのたい》があり、東《ひがしの》対《たい》の北には渡殿《わたどの》、その先に東北対《ひがしきたのたい》がある。ところがそのような位置や規模・形式に復元するに足る十分な史料がそろっているわけではないし、東三条殿の南北方向の規模は一町ではなく約二町なので、模型にはないさらに北方（図の向こう側）にも屋敷はひろがっていた可能性がある。屋敷を復元するという立場からは、相対的に史料が少なく復元図、復元模型で提示するのは困難な領域なのだが、しかし平安貴族の住宅の変容はそうした領域でこそ著しい（これについては「平安貴族の住宅の変容」の章以降で詳しく述べる）。したがって寝殿造という様式のイメージを手早く知るためのツールとして復元模型は便利ではあるものの、平安貴族の住宅の実態、その歴史を知るには、十分とはいえないのである。

さて、図5など屋内での展示を前提に製作された復元模型は、もともとの屋敷の規模が大きいだけに、そのぶん縮尺が小さくなってしまうという問題もある。それを克服するのが建設された目的の一つにあったかどうか定かではないが、平成五年（一九九三）に開園した歴史公園えさし藤原の郷《さと》（岩手県奥州市）には、人が中に入って見てまわることができるほど、模型の規模をより大きく拡大した屋外施設がある（図22ａ～ｄ）。

奥州《おうしゅう》藤原氏の第三代藤原秀衡《ひでひら》（一一二二―八七）の屋敷（伽羅御所《きゃらのごしょ》）を想定したものと現地の案内にあるのは、日本放送協会（ＮＨＫ）の大河ドラマ「炎立つ《ほむら》」（平成五年七月～翌六年三月放映）のオープンセットとしてこの施設が建設されたことによる。しかし特定の屋敷をモデルに復元されたわけではない（平井聖監修『図説 歴史公園えさし藤原の郷』、一九九四年）。実際に現地を訪れ、出入口の表門《おもてもん》を入ってさらに中門へと歩むとき（図22

図22a～d　歴史公園えさし藤原の郷に再現された「寝殿造」（すべて筆者撮影）

a 表門から中門・中門廊の方向をのぞむ　b 手前に東対，向こうに寝殿，さらに西対　c 寝殿から前庭をのぞむ　d 侍廊と目隠し屏

a）、また中門廊・中門によって囲まれる前庭《ぜんてい》を寝殿から眺めるときなど（図22c）、当時の貴族たちが過ごし、あるいは出入りした空間の雰囲気を感じるのは単なる錯覚かもしれないが、そのような場所はおそらく他にはなく、筆者にはとてもありがたい施設である。

とはいえ、ここでも気に留めておくべきことがある。第一に、この施設では寝殿の柱間《はしらま》（柱と柱の間隔）の実長は二メートルほどで、通常の六割程度に縮めてつくられている。本来、柱間の寸法は生活の行動や様式を反映し、社会の慣行とも深く関わり、時代による変化をともなう。柱間の実長が異なると、空間の性格も少なからず変わってしまうのである。したがってこの施設は実寸大による忠実な再現ではなく、大規模に製作された「模型」である。屋内展示の模型の規模をより大きく拡大した屋外施設と右に記したのはそういうわけである。

図23　平安神宮（筆者撮影）
正面中央に外拝殿（大極殿），右（東）に蒼龍楼，左（西）に白虎楼

屋外施設といえば、明治二十八年（一八九五）、平安遷都千百年を記念してたてられた京都市左京区岡崎の平安神宮の社殿が、大極殿《だいごくでん》・朝堂院《ちょうどういん》（八省院《はっしょういん》）を再現したものであり（図23、国指定重要文化財）、この寝殿造の施設と相通じるところがある。ただし、桓武天皇を祀《まつ》り、後に孝明《こうめい》天皇が合祀された本殿は、「模造大極殿」と称される中心の建物の奥にあり、模造大極殿は外拝殿（一般参詣者向けの拝殿）という位置づけである。敷地全体の規模はもとより個々の建物の規模も縮小され、また縮小率は建物によってまちまちで、建物の間口と奥行きでも異なる。さらに平安宮朝堂院の旧地にたつわけでもない（永井規男「平安神宮の建

築」、平安神宮百年史編纂委員会編『平安神宮百年史』平安神宮、一九九七年）。博覧会紀念殿の性格を当初はもっていたとはいえ、昭和三年（一九二八）の昭和天皇御大礼《ごたいれい》の記念事業にともなう大鳥居の建設、昭和十五年の孝明天皇合祀による本殿や内拝殿などの社殿の新築をへて、まごう方《かた》なき神社となった平安神宮が、設計にかかわった宮内省内匠寮《たくみ》技師木子清敬《きごきよよし》（一八四五―一九〇七）や、工学士伊東忠太《ちゅうた》（一八六七―一九五四）らの復元への思いはどうあれ、平安時代の官庁である朝堂院を実寸大で忠実に復元した施設であると無邪気《むじゃき》に誤解されることなど、まずないだろう。

加えて第二に、地形上の制約から、寝殿は南向きではなく西向きにたてられている。後世には南面しない寝殿の事例があらわれるものの、平安時代を想定したものなら、やはりこれも気になる点ではある。

しかしもっと気になる点がある。寝殿からみて左・右に対《たい》（東対・西対）をおき、左右対称に建物を配置していることである（図22b）。平安貴族は左右対称性を指向した。それこそが彼らが生活した住宅の様式、寝殿造の著しい特徴である。といったこれまでの通説によるものにおそらく違いない。しかし本書プロローグの冒頭に記した通り、この通説は実証されておらず、史実として確認もされてはいない。寝殿造の〈虚像〉であると、筆者は考えている。次章で詳しく述べる。

寝殿造の通説と問題点

これまでの寝殿造の定義

寝殿造の「現状」

寝殿造とは平安時代の平安京で成立した貴族の住宅の様式名である。摂関期に活躍した藤原道長《みちなが》（九六六—一〇二七）や息子頼通《よりみち》（九九二—一〇七四）が住んだ平安京の邸宅、文学では『源氏物語』に描かれる光源氏や姫君たちの住まいが寝殿造ということもあり、住宅史の世界に留まらず、その名は世間一般に広くよく知られている。四半世紀がすでに経過していて旧聞《きゅうぶん》に属するかもしれないが、平安建都千二百年、源氏物語千年紀など、京都を舞台に開かれたいわゆる記念事業でも、寝殿造は欠かせない存在であった。寝殿造への関心は今日《こんにち》なお色褪《いろあ》せず、根強いことがあらためて実感されたことを思い出す。

しかしそうした知名度、関心度の高さとは裏腹に、あるいはそれゆえか、寝殿造の概念すなわち寝殿造とはどのような様式のことをいうのかとあらためて問われても、そのこたえはある時は拡散し、またある時は収縮し、いっこうに定まる気配がないようにみえる。平安京跡で、またさかのぼって長岡《ながおか》京跡でも、方一町《ほういっちょう》におよぶような広大な遺跡が発掘されるたびに、寝殿造の大発見ではないかと騒がれてきた。左右対称的な建物配置を示している、広い池がある、礎石建てのこの建物は寝殿ではないのか、建物が廊で結ばれているのは寝殿造の特徴を示すもの、廊ではなく柵列《さくれつ》だから、寝殿造が成立する前段階をそれは示すものに違いない、などといった具合である。寝殿造と対照されるのは書院造である。そして書院造の住宅なら現存する建物がある。対するに寝殿造をいま実際に確認することはできない。定まらない要因の一つではあろう。しかしより大きな要因は以下のような事情にある。

寝殿造が成立したのは十世紀と考えられる。とはいえこれを直接・間接に示す建物は現在まで伝わっていない。また以後に比べてこの時期は関連する文献史料が圧倒的に希薄である。いっぽう大きな支えとなるのは発掘の方だが、確証となる直接的な成果が挙げられているとは言い難い。要するに成立の時期はおさえられても、成立にいたる具体的な過程の実証が現時点では困難なこと。寝殿造という様式をめぐって曖昧《あいまい》さを拭《ぬぐ》えない大きな要因はここにある。成立した時期より以前にさかのぼって、あるいはその近辺に焦点をしぼって検討、考察することはむろん必要であり、今後の発掘の成果にも目が離せない。しかしそれにも右に記したように限界がある。

平安貴族住宅の特徴を列記する──配置構成

寝殿造はこれまでどのように捉えられてきたのだろう。いま一度立ち戻って見てみよう。前章でも取り上げた東三条殿《ひがしさんじょうでん》は（図5参照）、藤原北家《ほっけ》の氏長者《うじのちょうじゃ》の本宅で、関連する史料も相対的に多く、古くから注目されてきた。『年中行事絵巻《ねんじゅうぎょうじえまき》』にはとくに寝殿の南面を中心とする敷地南半の情景が描かれていて、復元図が考証・作成され、模型も複数製作されている。十一世紀の中頃、藤原頼通による再建の後大きな罹災や修復なく、百二十年以上もの長期間にわたって維持された。短命な当時の貴族邸の中では（現代の住宅と比べても）異色の存在であったともいえるが、それだけに子細がわかる屋敷でもある。ここでは東三条殿を参考にしつつ、平安貴族の住まいがもつ建築的な特徴をあらためて列記してみる。

まず、（Ⅰ）配置構成について、

①寝殿を中心に、廊《ろう》・渡殿《わたどの》が建物間を有機的に結合する

中心的な建物は東西棟（建物の棟《むね》の向きが東西方向）の寝殿である。寝殿の東西に南北棟（建物の棟の向きが南北方向）の東対《ひがしのたい》や西対《にしのたい》、寝殿の北に東西棟の北対《きたのたい》がたつ（ただし東三条殿に西対はない）。寝殿と各々の対は廊や渡殿で結ばれ、さらに建物に付

属する廊がある。

②寝殿前庭を中門廊《ちゅうもんろう》・中門《ちゅうもん》が囲む

南方にのびる中門廊が寝殿の前庭《ぜんてい》（南庭）を囲み、廊の中ほどに中門を開く。中門は築地塀《ついじべい》に開く表門《おもてもん》＝正門と向き合う。したがって正門は東面または西面することになる。ただし正門が南面する場合もまれにある。正門を入ると、まず築地塀の内側で中門廊の外側という領域があり、さらに中門を入ると中門廊の内側、寝殿前庭の領域にいたるという二重構造をとる。

③建物と前庭・園池《えんち》は一体的に利用される

南面する寝殿と前庭、さらに園池がひとつづきの空間として用いられる。園池の存在は、②の正門の位置と関わる。園池が敷地南方を占めるから正門は必然的に東・西面に開くのか、あるいは正門を東・西面に設けるため、南方に園池を築けたのか。いずれが果でいずれが因なのか、諸説あるがよくわからない。

右に記した①～③が示すのは、平安貴族の住まいが定型化した建物の構成と配置をもち、そこには強い規範性がみられることである。奈良時代とのそれが大きな違いであることは、前章一六ページにおいて長屋王の屋敷（の復元模型）と比較して述べた。

平安貴族住宅の特徴を列記する—内部空間と構造・手法

つぎに(Ⅱ)内部空間の特徴を挙げる。

④板床の上を主とする生活空間

板床張りは都市化の指標である（西山良平「平安京とはどういう都市か—平城京から中世京都へ—」、『京都千二百年の素顔』校倉書房、一九九五年）。貴族は地面から離れ、床上で生活する。いっぽう農家に代表される民家では土間《どま》が必須である。土間は非都市的な性格を示す。都市平安京では、庶民が住む町屋にも土間（トオリニワ）はあったようで、板床張りと土間が併存する。しかしこの土間は街路と居室、裏庭を結ぶアプローチの空間であって、街路に直接するという、都市住宅としての町屋《まちや》がもつ接道性に起因する。土間は土間でも民家のそれとは役割・性格が異なり、町屋では板床張りとともに土間こそが都市的存在である。

⑤母屋《もや》と庇《ひさし》・孫庇《まごびさし》という空間の序列にこだわる

母屋・庇・孫庇さらに縁《えん》からなる空間の序列にこだわる。母屋・庇・孫庇は本来、古代における建物の構造に規定されたものである。しかし構造的な制約から解放されて平面の自由度が増す、つまり母屋・庇・孫庇という呼称をもって内部空間を区別する必要がなくなった後も、三者を厳密にわける意識は継続する。母屋と庇の境界に床段差はないが、孫庇は庇より一段低く、縁はさらに一段低い（図11、図14参照）。

⑥開放的な大空間を室礼《しつらい》によって特定の機能・役割の小空間に分ける
寝殿あるいは対の母屋には塗籠《ぬりごめ》と呼ばれる閉鎖的な空間がある。しかし大半は開放的な大空間で、さらに建物の内外が一体的に用いられる。孫庇（ときに庇）には、柱間装置を備えず吹き放ちにすることがあり、弘庇《ひろひさし》と呼ばれる。そして大空間は室礼（鋪設《ほせつ》・装束《しょうぞく》）によって、適宜、小空間に分けられ、その都度ふさわしい場が整えられる。以上⑤⑥は前章の「寝殿造の内部空間」の節でも述べたところである。

さらに(Ⅲ)建物の構造・手法についてみると、

⑦建物の基礎は礎石《そせき》建てである
藤原道長の日記『御堂関白記《みどうかんぱくき》』に、道長が自邸土御門第《つちみかどてい》を再建する際、礎石を据《す》えたことが記される。『年中行事《ねんじゅうぎょうじ》絵巻《えまき》』の貴族邸（図7）では、建物の外周をまわる縁の束《つか》（縁を支えるための短い柱）が礎石上に据えられており、柱の基礎も同様に推定される。後白河上皇（一一二七—九二）の法住寺殿《ほうじゅうじどの》の寝殿で、亀腹《かめばら》（基壇《きだん》の周囲を土で盛り、漆喰《しっくい》で塗り固めた饅頭《まんじゅう》形の部分）らしき描写があるのも傍証となる（図9）。発掘成果を通覧すると、掘立柱《ほったてばしら》（地面に穴を掘り土中に埋めて柱を固定させる）から礎石建てへの移行は平城京の時代で、平安京への遷都後、九～十世紀を通じて進行、定着したものらしい。

⑧屋根は檜皮《ひわだ》で葺《ふ》く

『年中行事絵巻』（図7、図9）などの絵巻物に描かれるように、主要な建物は檜皮葺である。檜皮葺とは檜《ひのき》の樹皮（＝檜皮）を用いて屋根を葺くことである。十一世紀初頭に内裏が罹災《りさい》して後、東三条殿を一時皇居とした一条天皇（九八〇―一〇一一）が、十世紀末再建の一条院を皇居とする際、修理用に檜皮を諸国に召さしめている（『御堂関白記《みどうかんぱくき》』寛弘《かんこう》二年〈一〇〇五〉二月十九日条）。同じころ、後に右大臣まで上りつめる藤原実資《さねすけ》（九五七―一〇四六）は、養父実頼《さねより》（本当は祖父）より譲られた本宅小野《おのの》宮第《みやてい》の新築で、寝殿の檜皮葺屋根の工事経過を日録『小右記《しょうゆうき》』に詳しく記す。やや時代が下がる鎌倉時代の初頭、西園寺実氏《さねうじ》が任大臣大饗《にんだいじんだいきょう》のため、自邸の唐門《からもん》を取り壊してたて替えた棟門《むなもん》は檜皮葺である（『明月記《めいげつき》』寛喜《かんぎ》三年〈一二三一〉正月十三日条）。檜皮葺と築垣《ついがき》（築地塀《ついじべい》）は五位以上に許され、六位以下には、実態はともかく禁止されていた（『日本紀略《にほんきりゃく》』長元《ちょうげん》三年〈一〇三〇〉四月二十三日条）。したがって摂政九条兼実《かねざね》（一一四九―一二〇七）が右兵衛督《うひょうえのかみ》藤原隆房《たかふさ》より借り住まいし、表門が檜皮葺でなく板葺きであった冷泉万里小路第《れいぜいまりのこうじてい》へ、後鳥羽天皇（一一八〇―一二三九）が方違《かたたが》え行幸《ぎょうこう》するなど先例のないことであった（『玉葉《ぎょくよう》』文治《ぶんじ》二年〈一一八六〉五月二十一日条、『行幸板葺門家例』押小路文書）。かように上級の貴族は檜皮葺で、一般の官人は板葺がおそらく主流であった。平安京の庶民の住まいである町屋も基本は板葺である。さらに地方では板葺とともに草葺が一般的であろう。平安京では貴族の住宅、そしておそらく町屋でも、通常は草葺を採用しない。ところが宮廷貴族の住宅で草葺（萱《かや》葺）にした事例がある。後述するように、あえてそうするには特別な意味がある（本書一六三—一六六ページ参照）。

建築的特徴の列記では寝殿造を定義できない

以上に列記した①〜⑧以外にも、たとえば柱は角柱ではなく丸柱であることや、開口部に蔀《しとみ》（本書四六ページ参照）を装置し、建物の端の出入口に妻戸（本書三九ページ参照）を設け、内部の間仕切りに障子を用いるといった建具について指摘することもできる。ともあれ東《ひがし》三条殿《さんじょうでん》をはじめとする平安時代の上級貴族邸では、①〜⑧の建築的特徴を挙げることができる。ここまで問題はない。

しかしである。したがって方一町の敷地内に①〜⑧の特徴をもつ住宅の様式が寝殿造である、といった定義の仕方には、大きな問題がある。まず、①〜⑧の中で何をもっとも重視するのか、あるいは選択するのか、という問題である。

①〜⑧は、東三条殿ではむろんあてはまる。ところが寝殿前に園池をもたない屋敷もある。たとえば十二世紀前半の土御門《つちみかど》烏丸殿《からすまるでん》がそうであるし、十二世紀中頃の、鳥羽上皇

（一一〇三―五六）の皇后、藤原泰子《やすこ》（高陽院《かやのいん》、一〇九五―一一五五）の土御門東洞院第《つちみかどひがしのとういんてい》にも「池山」がなかった（『台記別記《たいきべっき》』巻二　久安《きゅうあん》三年〈一一四七〉三月二十七日条）。それらでは③は、厳密にはあてはまらないことになる。もし仮に①〜⑧のすべてが該当してこそ寝殿造なら、いずれも寝殿造の住宅ではない、ということになる（そのような事例はほかにもある）。あるいは該当する点が一部にあれば寝殿造といえるのか。その場合①〜⑧をどの程度満たせば寝殿造なのか。仮に⑦や⑧だけがあてはまっても寝殿造とはいえないだろう。それでは①〜⑧のどれをどれだけ満たせばよいのか。結局のところ①〜⑧の選択の幅、選択の仕方によって、寝殿造はいかようにも定義し得ることになってしまう。

さらに定義をめぐるこの問題は、別の問題を派生させる。特徴の列記ではあいまいなままの寝殿造である。にもかかわらず「寝殿造は変容する」などと、いわれるからである。表現として正確ではないのだが、寝殿造という語を、様式名ではなく平安京における平安貴族の住宅という意味で用いるなら、疑問の余地はない。筆者もまたそのような意味でこれまで記してきたことはある。しかし「寝殿造という様式は変容する」という場合、たとえば寝殿造が変容して書院造《しょいんづくり》が成立するといった場合には、「寝殿造」を構成する何かが変化して書院造になるという意味に受け取られる可能性がある。具体的には、①〜⑧の各々に変化が起こる、あるいは①〜⑧が該当しなくなるという意味であろうというように。

するところでも①〜⑧の優先順位が問題となる。しかし特徴を列記するだけの定義の仕方では、「寝殿造」そのものが一定しないため、変容のあり方、捉え方も一定しないという問題が新たに生じてしまうのである。寝殿造か否かの線引きは流動的にならざるをえず、仮に寝殿造と書院造との間に複数の線を引けば、その間に新たな様式を設定することさえ、理屈の上では可能である。

問題はそれだけではない。右に記した「寝殿造は変容する」、「寝殿造が変容して書院造が成立する」といった見方の妥当性である。様式なるものは必ず変わり、古い様式（寝殿造）が変化した結果として次の新しい様式（書院造）が生まれるという前提がそこにはある。しかし様式が変化するというのはそもそも必然なのか。さらに、次の様式は先行する様式自体の変化によって生み出されるものなのか。そうした前提自体、実のところ自明ではない。

建築的特徴をただ列記するという定義の仕方では寝殿造の実体を把握できないし、むしろ派生して新たな問題が生じてしまうということである。寝殿造の本質がどこにあるのか、それは変化するものなのかという本質論が問われている。これについてはあらためて次章で考えたいが、関連して寝殿造の定義をめぐっては、前章末尾にも記したように、もう一つ避けては通れない大きな問題がある。（I）配置構成①〜③にかかわる問題である。

「寝殿造は左右対称」という幻想

定義のもう一つの問題点―左右対称性と非対称性

平安貴族の住宅は、寝殿を中心に左右対称に建物を配置した、あるいは建物配置は左右対称になるよう指向した、といわれる。左右対称とは、主屋である寝殿が南北を通る中心軸上にあって、その東西に副屋である対《たい》（東対《ひがしのたい》・西対《にしのたい》）、さらに中門廊《ちゅうもんろう》や中門《ちゅうもん》などを左右対称に配置するということである。もっと厳密に東・西の対の規模（とくに前庭《ぜんてい》からみた際の規模）が等しいことをもって左右対称とする考え方もある。いずれにせよ、左右対称性というのはおもに(I)配置構成に関する①〜③、とくに①②にかかわるもので、寝殿造のきわだった特色とされている。

第四十五回菊池寛賞を受賞した『国史大辞典』（吉川弘文館、一九七九―九三年）は、全十五巻（十七冊）におよぶ、日本で最大級の、日本の歴史に関する百科辞典である。はたして「寝殿造」について項をたて、約一ページを割いて詳細に解説する（執筆稲垣栄三）。この解説で、寝殿造の主要な特色の第一に挙げられるのが、「建物群を左右対称形に配置しようとする意図が顕著なこと」である。解説文には、「南北の中心軸をもち左右対称に建物を配置する慣行」と記し、「慣行」とあるから、それは既成の事実であって、しかもその「慣行」は「奈良時代までさかのぼることは確実である」と説く。さらに、「平安時代末期になると左右相称の配置形式は崩れ」、それは「寝殿造の崩壊」であるとも記す。左右対称の建物配置は、奈良時代から平安時代末期にいたるまで継続した、平安貴族の住宅のもっとも大きな特徴であり、寝殿造にとって不可欠の要素であったというのである。

このような認識はこの辞典に限ったものではない。何でもよい。建築史、住宅史の概説書を紐解《ひもと》けば、寝殿造は左右対称であった、左右対称性を指向したというのが通説であることは、すぐにわかる。寝殿造に対するそれが一般的な理解であり、疑問を差し挟《はさ》む余地などない「定説」なのである。

左右対称性と「如法一町家」

寝殿造の第一の特徴は左右対称の建物配置にある、という見方は、当該分野におけるこれまでの研究にも少なからず影響を与えてきた。とくに一九八〇年代以降にはじまる、空間のあり方を機能・用途に注目して理解しようとする試みの中で、建物配置の左右対称性について再検証されることがあった。そこで注目されたのが「如法一町家《によほういつちようや》」である。

「如法一町家」とは、院政期の右大臣、中御門宗忠《なかみかどむねただ》（一〇六二―一一四二）の日録『中右記《ちゆうゆうき》』に、「東西対東西中門如法一町之作也」（東西対《たい》・東西中門《ちゆうもん》は如法一町の作りなり）などとあるもので、住宅史の研究者は、左右対称への指向を示す言説であり、当時の貴族社会における共通の認識であるとした（ただし今日伝わる古記録の中で「如法一町家」の文言が確認できるのは『中右記』だけ）。そして記主宗忠が「如法一町家」と評した複数の屋敷について、とくに東西の対の有無やその規模が検証され、またそれを踏まえて儀式や居住のあり方をめぐって分析された。

留意したいのは、そうした検証・分析の結果、導き出された主張の正否ではない。寝殿造という様式の根幹には左右対称性が不可避的に存在する。そして南北を通る中心軸上にたつのは主屋である寝殿だが、左右対称の建物配置をかたちづくるのは寝殿の東西にたつべき副屋である対《たい》である。したがって東西の対こそ注目すべき研究対象である。そこで、それらの有無や規模とくに東西方向（梁間方向）の規模の実態解明が重要な課題とされた。しかしそうした研究の視角自体がはたして妥当なのかということである。

論者の間には見解の相違がむろんある。しかし、第一に、寝殿造の歴史には左右対称の時期があったという見方をする点、そして第二に、「如法一町家」は建物配置の左右対称性に関わる言説であると解する点では共通している。つまるところ、建物配置の左右対称・非対称性にこだわり、それが大きな論点とされたのである。

しかし、そうした認識自体が疑問である。第一の点については、文献からもこれまでの発掘事例からも確実な証拠はなく、そのような見方は仮説の域をでるものではない。第二の点は、史料の誤読によるものと筆者は考える。

まず、『中右記』の記主中御門宗忠が記したのは、たとえば先にも記した「東西対東西中門如法一町之作也」や、「如法一町家左右対中門等相備也」（如法一町家は左右対・中門など相備うるなり）である。「如法一町家」とは（寝殿の）東西（左右）に対、中門等が備わっていることであると、たしかに記してはいる。しかし左右対称とは記していない。また非対称性をことさら強調しているわけでもむろんない。

加えてこの言説には「対」や「中門」は登場するが、「寝殿」には言及しないことに留意する必要がある。視点を寝殿（の内部）におくことにそれはよるもので、当然のことながら視点の位置する寝殿が記されることはない。重視したのは、南庭から寝殿への視線（南→北）ではなく、寝殿から南庭へと向かう視線（北→南）によって眼前にひろがる光景であり、寝殿の前方左右（東西）が対や中門等の建物によって囲まれているという視覚的印象である。対とともに中門をあわせて記すのは、中門もまた寝殿前庭を囲むという役割を担う建物であったことの証左であろう。「如法一町家」が意味するのはそういうことで、対の規模、その正面の梁間規模など関係ない。したがって対ではなく、対より規模の小さい対代《たいだい》や対代廊《たいだいろう》であっても別にかまわない。寝殿東西の対の規模などは二義的であり、寝殿の正面が囲まれているということ、この囲繞性《いにょうせい》こそが重要なのである。

左右対称ではない東三条殿

「如法一町家」について「東西対」「左右対」とあるから、規模はともかく東・西の両方に対を備えるのが「如法家」であり、「如法家」とは法式にのっとった典型的な住宅といった意味であるとすると、西対を持たず「左右対」を「相備」えない東三条殿は、寝殿造の様式をもつ住宅事例として挙げられるものの典型的な住宅ではないという、まことに奇妙な話になってしまう。あるいは典型的な住宅ではなく、完成型から変化した姿を東三条殿は示すものという解釈も一応可能ではある。それもまた寝殿造であるなら、結局、前記した寝殿造の定義の仕方、解釈の幅によって寝殿造は一定しないという問題がここでも生じる（本章六四—六五ページ参照）。

しかしそうではなく寝殿の正面が囲まれていることこそが「如法一町家」が意味する要点であるなら、東三条殿もまたそのような貴族住宅の一つとして位置づけられる。寝殿の東脇に東対があるのに、寝殿の西脇に西対はなく、西対代も西対代廊もない。寝殿を中心にした建物配置の左右対称性という点において、東三条殿はまちがいなく著しくバランスを欠いた左右非対称な住宅ではある。しかしそれはまったくもって問題ではないのである。

先の『国史大辞典』の「寝殿造」の項をもう一度確認してみよう。写真図版が掲載されている。東三条殿の復元模型の写真である（図5、本書一五ページ参照）。掲載したのは、この屋敷が寝殿造の様式をもつ住宅事例であるとの認識に、おそらくもとづくものであろう。くどいようだが、寝殿造の特色として第一に挙げられるのは左右対称形に配置しようとする意図が顕著なことである、というのが解説文である。ところが隣に掲載するのは、瞳を凝らしてどう見てもそのようには見えないし、実際そうはなっていない東三条殿の復元模型の写真。解説と掲載写真は齟齬《そご》をきたしているといわざるを得ない。

ただし解説文には、こうともある。東三条殿が寝殿西脇の建物、すなわち西対（西対代、西対代廊）を持たないながらも、「儀式遂行上の諸施設と南庭囲繞の形式は完備して」いたのだと。東三条殿が「南庭囲繞の形式」を「完備」する屋敷であったという事実について、解説文を執筆した稲垣も見逃してはいなかった。さらに同氏は別のところで次のように記す。「家の主のもっとも日常的な位置が寝殿の中央にあって、そこから庭を見下すというのが寝殿造において意識的に設定された視線だった」、そして左右対称性について、「庭の左右に廊を延ばして視線を遮《さえぎ》り、完結した空間を造ることこそが必要だったので、東西対を完備するという形で厳密な対称形を維持しなければならない理由はなかった」のであると（鈴木博之ほか編『住宅・都市史研究　稲垣栄三著作集　三』中央公論美術出版、二〇〇七年）。実はここに、寝殿造という様式の本質に迫るための大きな手がかりがある。

いずれにせよ配置構成において、寝殿を中心とする南北軸をもって左右対称に建物を配置しようとしたというのは、実証されていない俗説である。したがって左右対称かどうかにこだわる必要はなく、寝殿の東西両脇に対はあるのかどうか、その対の規模はどうだったのかといったことは、寝殿造という様式にとって重要な問題ではないのである。

にもかかわらず、左右対称性を指向したというのが第一に挙げられる寝殿造の特色とされ、また貴族の住まいにはそうした時期が確実にあるものとされた。それが定説であり、自明の事実であるとされてきたその背景には、次節で取り上げる図の存在がある。

沢田名垂著『家屋雑考』の「寝殿造鳥瞰図」は誤り

「寝殿造鳥瞰図」の根拠

寝殿造は左右対称性を指向する住宅の様式である、という定説の形成と定着に大きな役割を果たしてきたのは、沢田名垂《なたり》（一七七五—一八五四）が著書『家屋雑考《かおくざつこう》』（天保十三年〈一八四二〉）に「寝殿全図」と題して掲載した「寝殿造鳥瞰図《ちょうかんず》」である（図24）。

寝殿造という様式名、そして書院造もまた、『家屋雑考』の中で日本の住宅の歴史について説く名垂がはじめて用いた用語である。名垂は「寝殿造鳥瞰図」を作成、掲載するとともに、作成の根拠とした図二点、「古図」「図」（図25、図26）もあわせて掲載する。加えて、それら図二点は松岡辰方《ときかた》（一七六四—一八四〇）から贈られ、あるいは同家より写したものであることを明記している（図25の右に記載）。

図24　寝殿造鳥瞰図（「寝殿全図」，『家屋雑考』筑波大学附属図書館蔵）

それらときわめてよく似た描写内容をもつ図二点が、裏松固禅《うらまつこぜん》（一七三六―一八〇四）の『院宮及私第《いんぐうおよびしていの》図《ず》』に収められている（藤田勝也編『裏松固禅「院宮及私第図」の研究』中央公論美術出版、二〇〇七年）。「古図　両中門」と「両中門図」（図27、図28）である。『院宮及私第図』は固禅が編輯《へんしゅう》した宮室や貴族住宅に関する図面資料集である。しかも有職故実家であった松岡辰方は『院宮及私第図』を所蔵していた。また辰方の息子行義《ゆきよし》（一七九四―一八四八）が著した『源氏物語』の注釈書『源氏《げんじ》類聚《るいじゅう》抄《しょう》』にも、「両中門図」とまったく同じ図があり、「裏松家

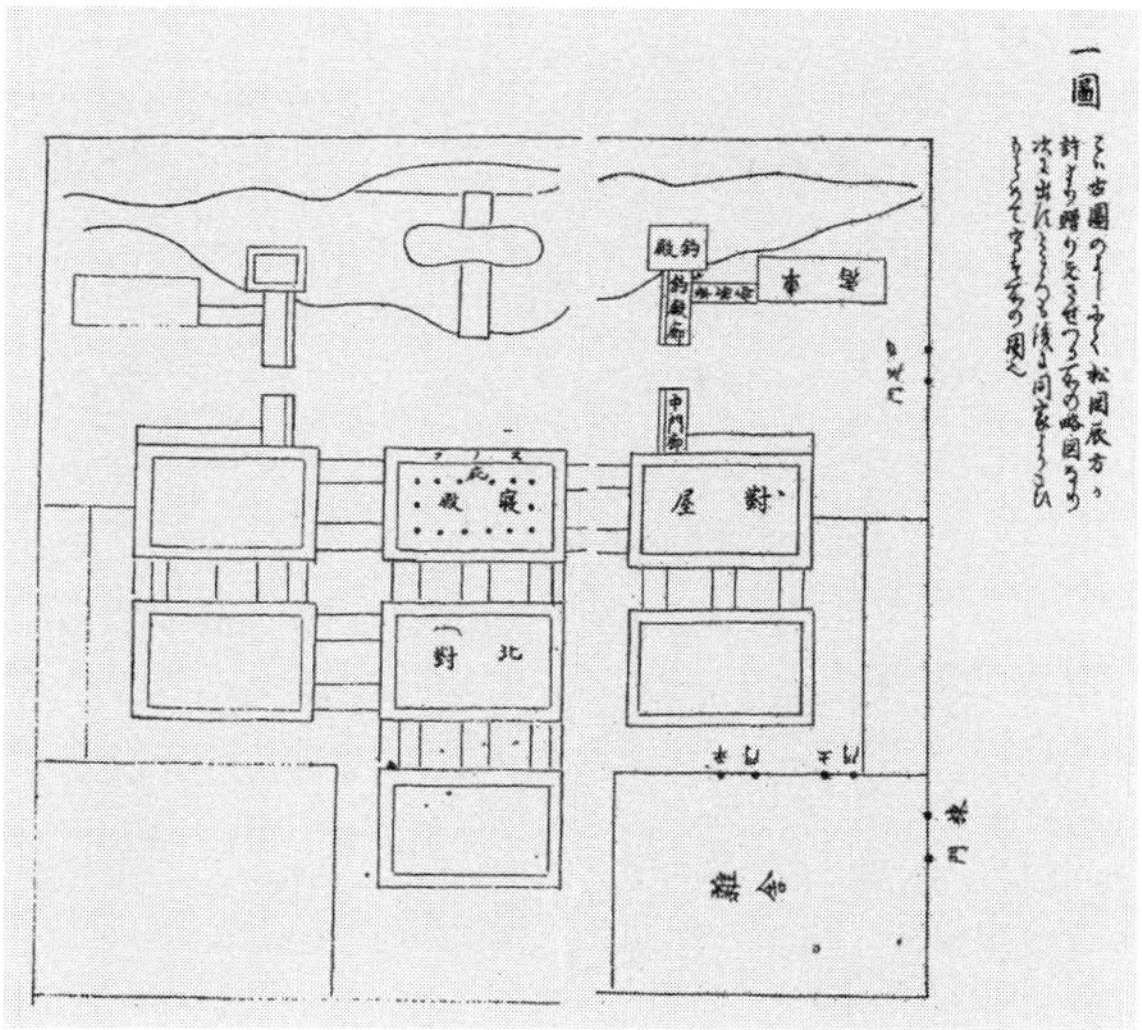

図25　『家屋雑考』（筑波大学附属図書館蔵）の「古図」

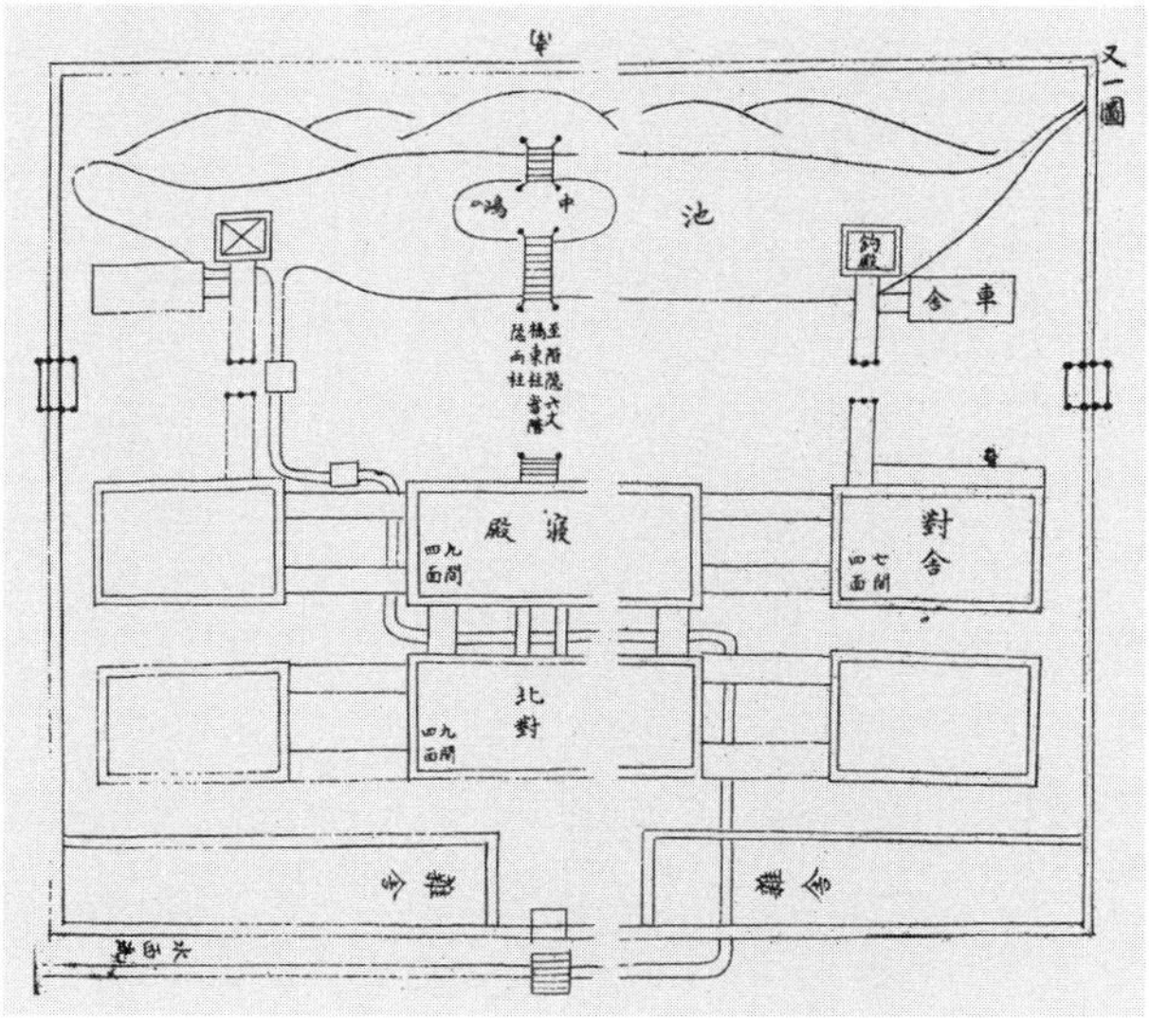

図26　『家屋雑考』（筑波大学附属図書館蔵）の「図」

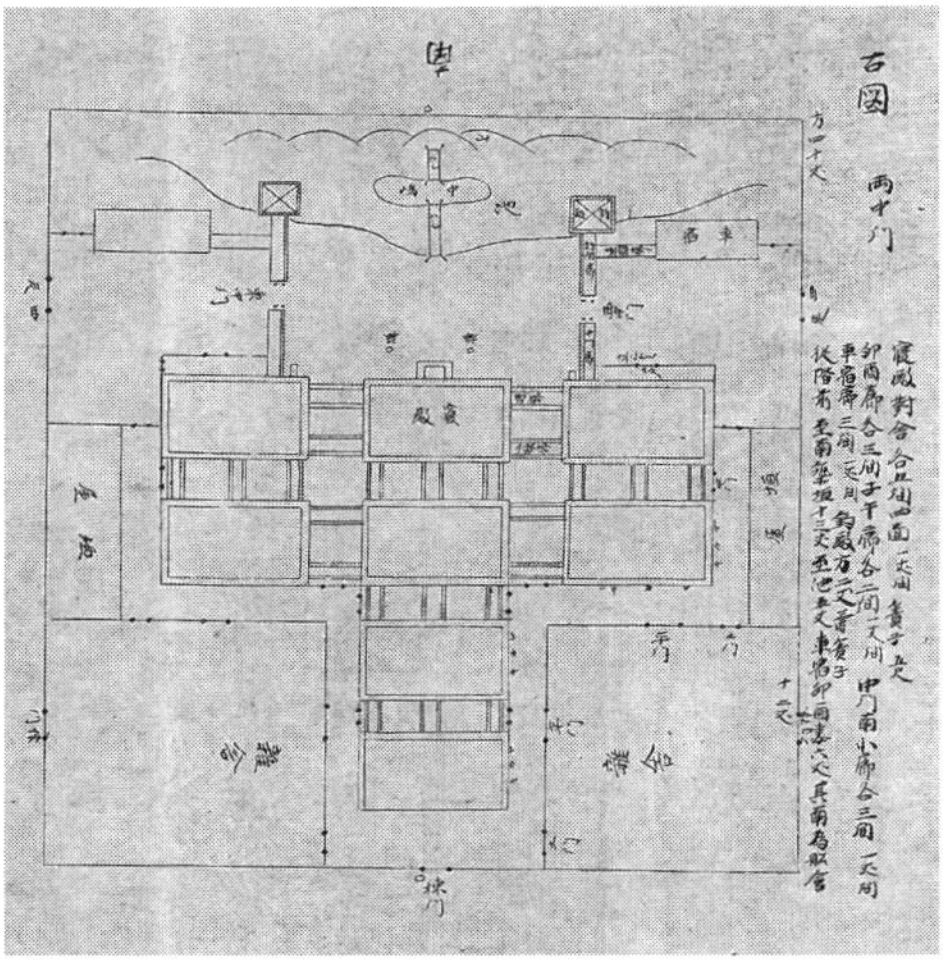

図27 『院宮及私第図』の「古図 両中門」（東京国立博物館蔵，Image：TNM Image Archives）

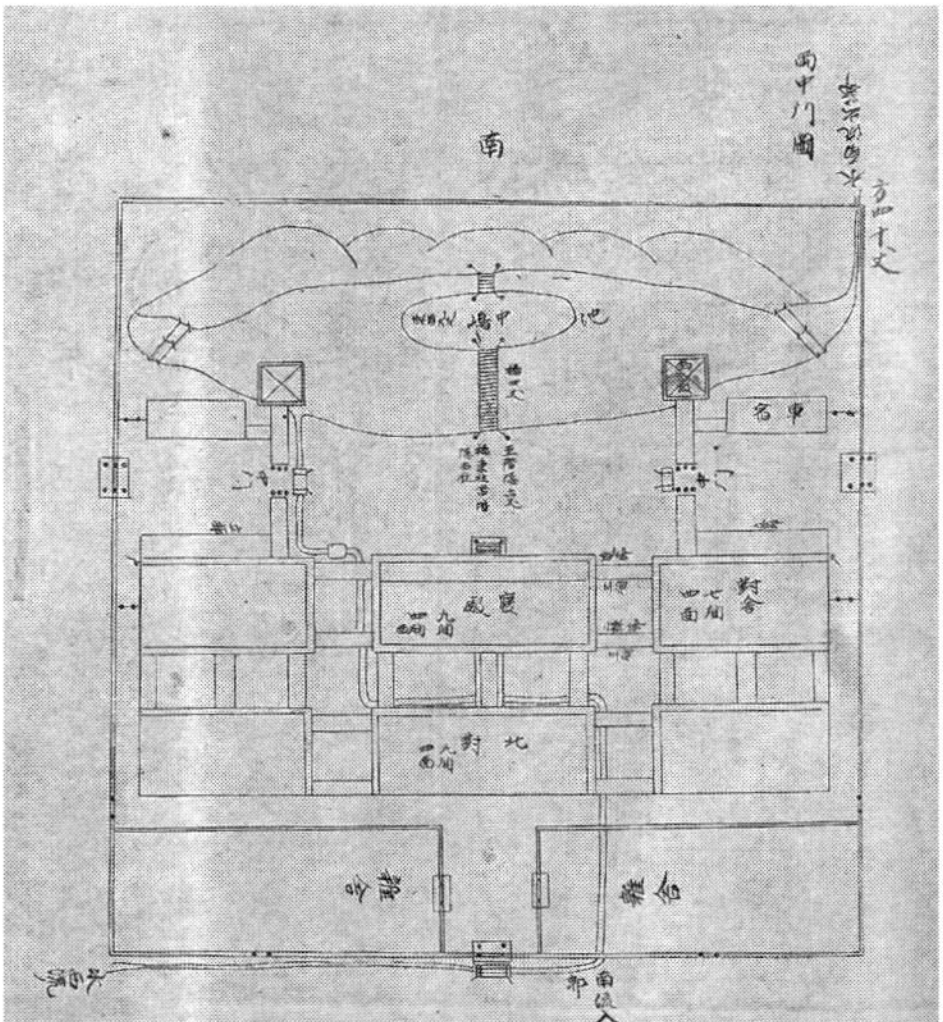

図28 『院宮及私第図』の「両中門図」（東京国立博物館蔵，Image：TNM Image Archives）

所伝寝殿図 両中門」と記されているという。貼り札による校訂まで一致することから、この図が『院宮及私第図』の「両中門図」をそのまま引用、転載したものであることは間違いない。「両中門図」は、そして「古図 両中門」もまた、固禅から辰方（そして行義）へ、『院宮及私第図』を介して伝えられたのであろう。

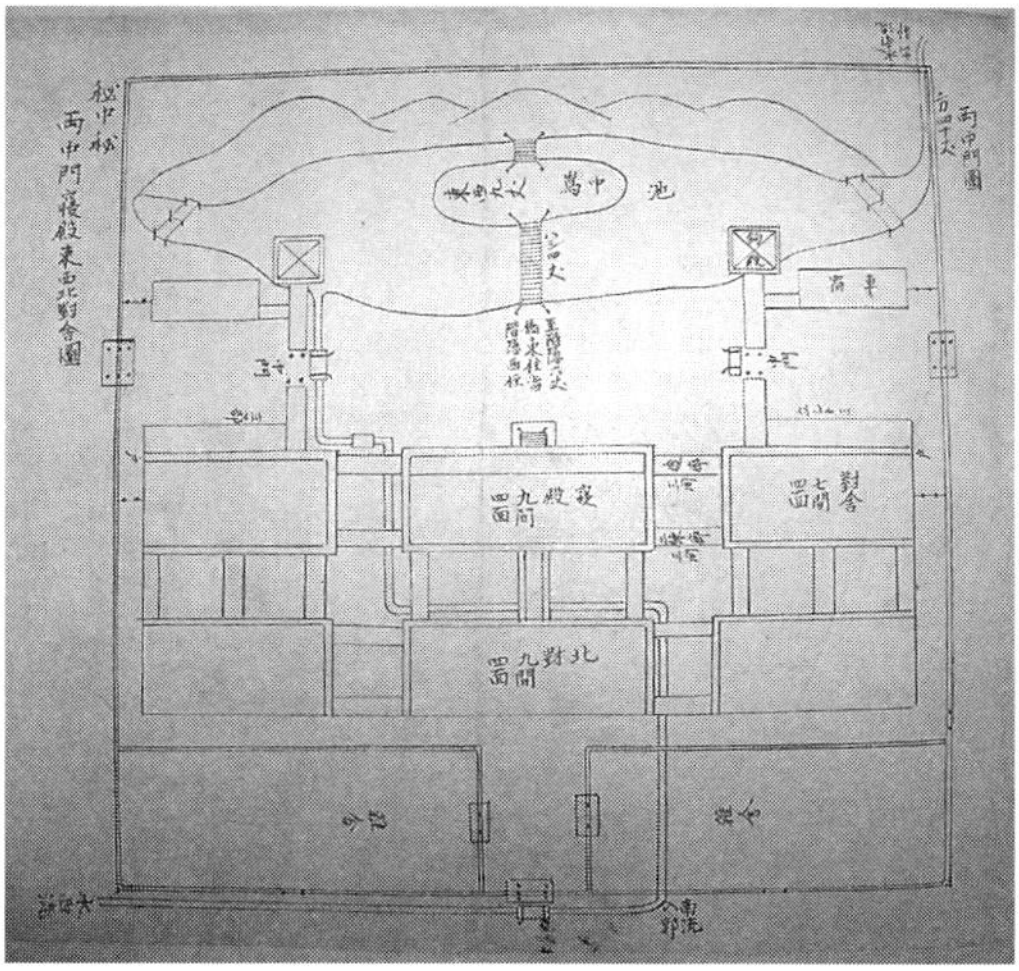

図29 『屋躰抜写』の「両中門図」（東京芸術大学大学美術館蔵）

以上のように、名垂が『家屋雑考』に引用、掲載した二点の図、「古図」「図」は、さかのぼると固禅に行き着く。ただしそれらはいずれも固禅による創作ではない。『家屋雑考』の「図」すなわち、『院宮及私第図』の「両中門図」については、住吉如慶《じょけい》（一五九九―一六七〇）が抜き写したと記す『屋躰抜写《やたいぬきうつし》』（東京芸術大学大学美術館蔵）にも、同じ図が「両中門図」という同じ題で確認できる（図29）。『屋躰抜写』は住吉家の粉本《ふんぽん》（下書きの絵あるいは研究・参考のために模写した絵）をまとめた冊子体の史料である。住吉派の祖となる住吉如慶は後水尾《ごみずのお》上皇（一五九六—一六八〇）の命で『年中行事絵巻《ねんじゅうぎょうじえまき》』を模写したことでも知られ、平安の故実に強い興味と関心を抱いていて、伝来する古図・古画に学んだのであろう。『屋舖抜写』に「両中門図」が掲載されるのもそのためではないかと考えられる。いずれにせよ、この図は十七世紀後半より以前、あるいは室町時代にまでさかのぼる可能性がある。そして「古図　両中門」の方も固禅以前にさかのぼる。名垂に先行して、固禅がすでにそれらの図に注目し、『院宮及私第図』に掲載していたというわけである。

室町時代の貴族が想定した祖先の住宅

「古図　両中門」「両中門図」以外にも、近世の故実家・学者が注目した同様の図がある。「本槐門新槐門図《ほんかいもんしんかいもんず》」である。この図もまた『院宮及私第図』に収められていて、右の二点の図の直前に掲載される。室町時代における九条家の当主九条尚経《ひさつね》（一四六八—一五三〇）が大永四年（一五二四）頃に作成したもので、「本槐門図」と「新槐門図」の図二点からなる。いずれも九条家の特定の屋敷を想定して描いた図で、「本槐門図」（図30）は平安時代の本宅、「新槐門図」は中世における屋敷である。ここでとくに注目されるのは「本槐門図」（図30）である。寝殿（図では「宸殿」）を中心に東・西ならびに北・北東・北西に脇殿を配置し、各々を廊で連絡する。寝殿東西の脇殿は「対屋」と記される建物で、そこから殿上・中門

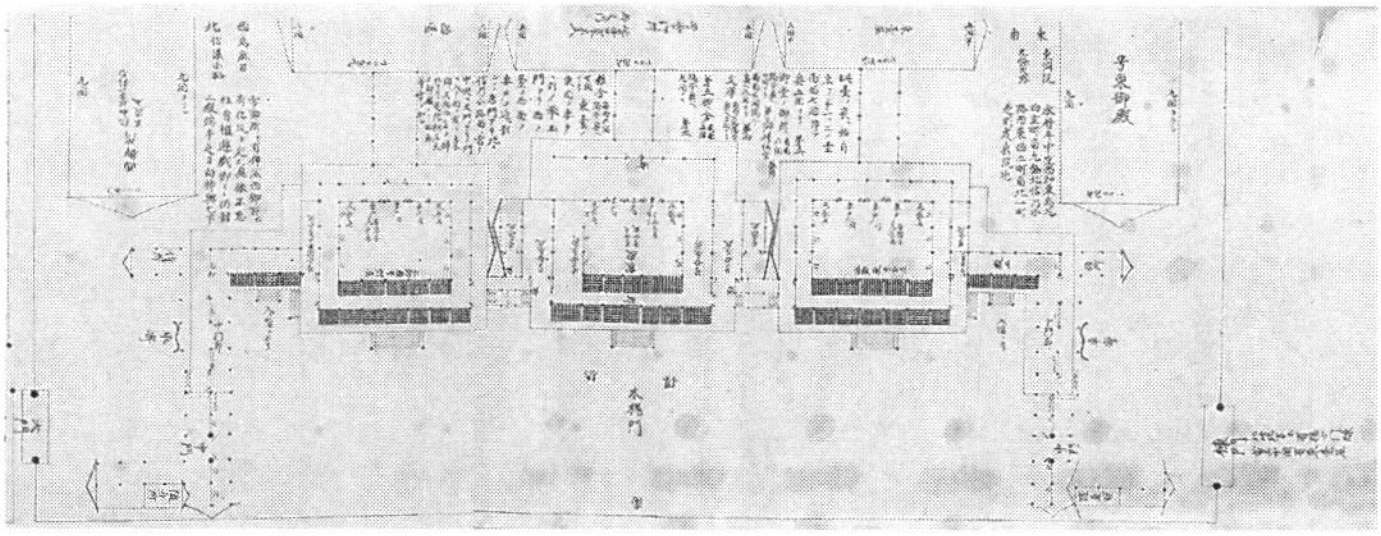

図30　「本槐門新槐門図」の「本槐門図」（国立公文書館蔵『槐門図』より）

廊・中門が接続して、寝殿前庭をコの字型に囲む。このように寝殿を中心にして対《たい》（「対屋」）をはじめとする建物をその両脇や背後におき、全体を左右対称に配置するというのが、中世の貴族によって想定された、彼らの祖先の住宅の姿なのである。

建物の構成や配置をめぐる貴族の住宅観がうかがえる史料は、もう少し時代をさかのぼって見いだせる。広橋兼顕《かねあき》（一四四九—七九）の日記『兼顕卿記』である。広橋家は朝廷と幕府の間を取り次ぐ武家伝奏《てんそう》の家であったが、応仁の乱終結直後の文明十年（一四七八）八月二十五日条の末尾に、「大饗事」として「西対東対ノ事」について記す。その文意は次の通りである。

西対・東対とは、「宸殿」（寝殿）の両脇にたつ「殿《でん》」（建物）のことである。「本式ノ亭」では、寝殿と東・西対のあわせて三棟の「殿」（建物）を必ず備える。また東・西対について、「対屋」と呼ぶのは間違いである。「対屋」と通称されるのは「北ノ対」であり、そこは女房がひかえる所である。東対や西対を「対」と呼ぶのは、寝殿を中心に相対する位置にたつからであって、それらは「台」ではない。

「本式ノ亭」とは、大饗を開催するにふさわしい上級貴族の屋敷の意であろう。そのような屋敷では寝殿の両脇に対、すなわち東・西対の両方がある。また「殿」とはとくに整備された大規模な建物と解され、そうした寝殿と東・西対の「殿」三棟を備えるのが「本式ノ亭」であると兼顕はいう。「東西対東西中門」を備える住宅をもって「如法一町家《にょほういっちょうや》」とした、『中右記《ちゅうゆうき》』の記主中御門宗忠《なかみかどむねただ》（一〇六二―一一四一）の住宅観とも相通じるものである。ただし寝殿の東西両方に対を備える屋敷はもとより、東対や西対の一方でも備える屋敷が兼顕の当時、存在した可能性はきわめて低い（次章の「室町時代の貴族住宅に寝殿不在というのは本当か」の節参照）。「本式ノ亭」とはおそらく、兼顕にとっての上級貴族邸のあるべき姿、いわゆる理想像であり、祖先にあたる平安貴族の住宅を想定したものと考えられる。

『中右記』の「如法一町家」がそうであったように、兼顕によるこの言説もまた左右対称性に言及したものではないし、それを強調したものでもない。しかしながら、この言説をそのまま図に描けば、約半世紀後の九条尚経による「本槐門図」（図30）のような図になるだろう。建物配置という点において、兼顕の言説と「本槐門図」の間に大きな違いはない。いずれも根拠は明らかでなく、史実を踏まえた実態を示すものでもない。想像の産物に過ぎないのだが、しかし確かなことは、それが当時の貴族が思い描いた住宅像であったということ。しかも、寝殿を中心とした建物配置の左右対称性を重視したと誤読させる危険性を、多分に内包していたということである。

中世の貴族による根拠の明らかでない住宅観。それがなぜ、どのように形成（ねつ造？）されたのか、背景や要因についても知りたくなるが（東島誠・與那覇潤『日本の起源』太田出版、二〇一三年）、ともかく事実として、それをもとに平安時代の上級貴族邸の図は作成された。作成された図は、寝殿を中心とする左右対称の建物配置を意図したようにみえる屋敷の図であった。「古図　両中門」「両中門図」もまたそのような図であった。それら二点の図を用いて名垂は「寝殿造鳥瞰図」を新たに創作した。というより、してしまったのである。

格差の大きい江戸時代故実家の研究

応仁の乱直後の時期にまではさかのぼる、想像の産物に過ぎない住宅観をもとに描かれた上級貴族邸の図。検証することなく、それらをそのまま採用したのが、江戸時代の故実家・学者であった。江戸時代後期の著名な学者であり、宮殿、住宅研究に大きな足跡をのこした裏松固禅でさえ、例外ではなかった面がある。「本槐門新槐門図」を『院宮及私第図』に掲載した固禅は、

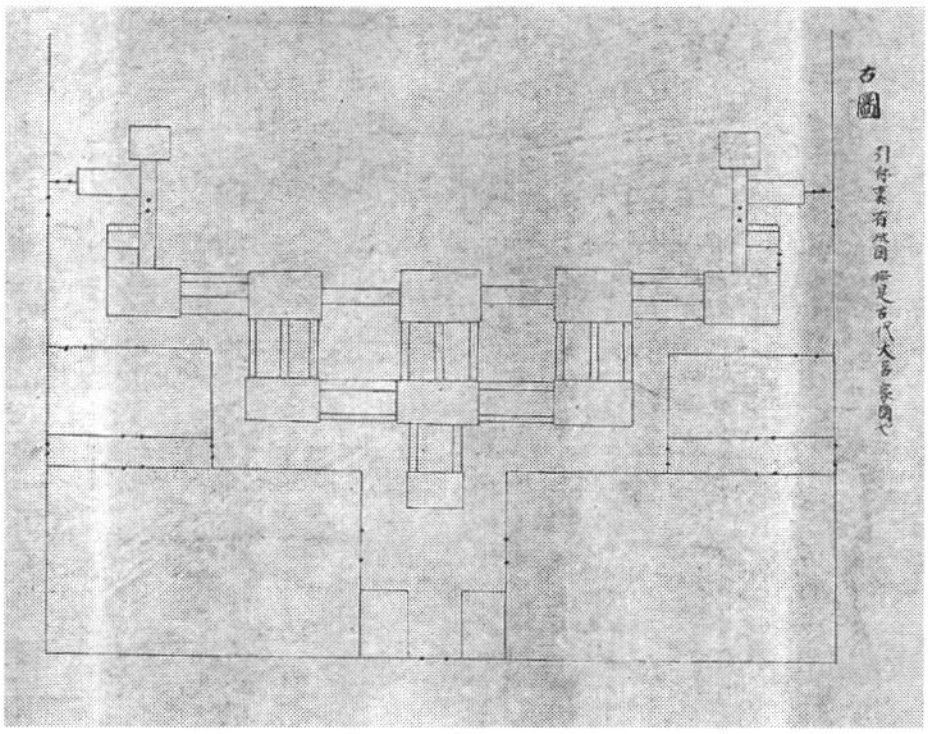

図31　『院宮及私第図』の「古図」（東京国立博物館蔵，Image：TNM Image Archives）

この図につづけて「古図」（図31）と題する図を掲載する。これもまた「古図　両中門」や「両中門図」（図27、図28）と同様、左右対称の建物配置をもつ屋敷の図であり、固禅は「古代大臣家図」であると見なしていたようである。

　とはいえ、中世の貴族たちがまったく的外れな想像の世界にさまよっていたわけではなく、固禅をはじめとする前近代の故実家、学者の研究成果がおしなべて信頼に足るものではなかったというわけでもない。

　「本槐門図」（図30）では寝殿東・西の脇殿をともに「対屋《たいのや》」と記していたが、さきの広橋兼顕によれば、それらは「対《たい》」であり、東・西対とは用途・性格の異なる建物である北対《きたのたい》の呼称が、「対」とは区別して「対屋」であるという。これは貴族の住宅の実態を的確に把握した、きわめて妥当な見解である（本書一六一―一六三ページ参照）。また東対《ひがしのたい》や西対《にしのたい》の「対」は、「台《たい》」ではなく「対」が正しいとも兼顕は記す。シナでは、「殿」は建築で、「台」は土を高く築いた構造物を指すとされる。兼顕が「台」の原義をどのように理解し、意識していたかどうかはともかく、寝殿の脇殿は「台」ではなく「対」とするのもまた、宜《むべ》なるかなと思える見解である。

固禅も同様である。関係史料の豊富な東三条殿《ひがしさんじょうでん》について復元研究を試み、後述するように（本章九四―九八ページ）、注目すべき復元考証を行っている。また固禅による『大内裏図考証』がもつ内容の豊かさと、それが果たした役割や意義の大きさについて、ここであらためて再論するまでもなかろう。固禅の研究手法が実証研究の道をいち早く切り開いたものであったことは、すでに数多く指摘されるところである。さらに平安京から宮廷、内裏そして院宮、貴族の私邸にいたるまで、多様で広範囲におよぶ都市・宮殿・住宅の図面資料集ともいうべき『院宮及私第図』や『宮室図』（藤田勝也編・著『裏松固禅「宮室図」詳解』中央公論美術出版、二〇一八年）を編輯するなど、固禅は特筆すべき優れた研究成果をのこしている。そのほか十二世紀の閑院《かんいん》について、光格《こうかく》天皇（一七七一―一八四〇）の時代、摂政・関白をつとめた九条尚実《なおざね》（一七一七―八七）による作成という復元図は、実証的な手法にもとづく。固禅のみならず江戸時代の故実家・学者の研究領域は広く、深く、高度な内容をもっていた。彼らが達成した研究成果の水準には、個別に見ると上下に大きな格差があったというのが、実態に則《そく》した正しい評価であろう。

「寝殿造鳥瞰図」と復元研究

「寝殿造鳥瞰図」という弊害

ひるがえって沢田名垂が「寝殿造鳥瞰図」（図24）の作成に際して参考にした二点の図や、固禅も紹介した「本槐門図」などは、相対的に水準の高いとはいえない部類に入る。信憑《しんぴょう》性が疑われるそのような史料を無批判に用いて絵画化したのが名垂の「寝殿造鳥瞰図」であり、江戸時代の故実家・学者たちによる研究全体の中で、良質な面をこの図は決して反映してはいないのである。

にもかかわらず、ごく近年まで大きな影響力をもってきてしまった。たとえば高校の日本史教科書である。通覧すると、「寝殿造鳥瞰図」が寝殿造を説明するために挿図として長期にわたって継続的に掲載されてきたことがよくわかる。広く普及し、すこぶる認知度の高い図なのである。次項で述べる復元研究の成果が世に出た後の一九五〇年代でも依然そうであった。たとえば史学会編『日本史』（山川出版社）では、一九五四年以降一九六〇年まで「寝殿造鳥瞰図」であり、一九六〇年は、史学会・宝月圭吾編『新修日本史』（山川出版社）でも「寝殿造鳥瞰図」であった。

その後、一九六〇年代に入ると独自の想定図が登場する。「寝殿造鳥瞰図」では、寝殿と同様、東・西対を東西方向に棟をもつ建物として描くが、そうではなく南北方向に棟をもつ南北棟の建物であったという「新知見」がそこには反映されている。『詳説日本史』（山川出版社、一九六〇年）に掲載の配置図（図32）が早い例で、本文には「寝殿造をわかりやすく復原したもの」と解説する。この図は翌年の『新修日本史』（山川出版社、一九六一年）にも掲載される。また数年後に、たとえば『改訂版　詳説日本史』（山川出版社、一九六三年）が「寝殿造（推定図）」と題して掲載する鳥瞰図（図33）は、平面配置図の図32をもとにしたもののようにも見えるが、さかのぼって太田博太郎『図説日本住宅史』（彰国社、一九四八年）に「寝殿造復原図」と題して掲載される図に酷似する。いずれにせよ、それらの図にみられる全体の建物構成や建物配置には、「寝殿造鳥瞰図」の影がちらつくのである。なお、『家屋雑考』の「寝殿造鳥瞰図」（図24）とは異なる東・西対のあり方が、実は「新知見」ではなかったことは、本章九四—九八ページで後述する。

海外に目を転じるとどうだろうか。一九四〇年代初頭に出版された日本建築史の概説書、A.L.Sadler "A Short History of Japanese Architecture" は、「寝殿造鳥瞰図」を図二点（図25・26）とともに『家屋雑考』からほぼそのまま引用、紹介し、しかも図二点はいずれも「寝殿造の住宅の平面図」と題する。また欧米で広く流布している日本文化についての概説書、Paul Varley "Japanese Culture" が "Shinden-style mansion of the Heian period"（平安時代の寝殿造

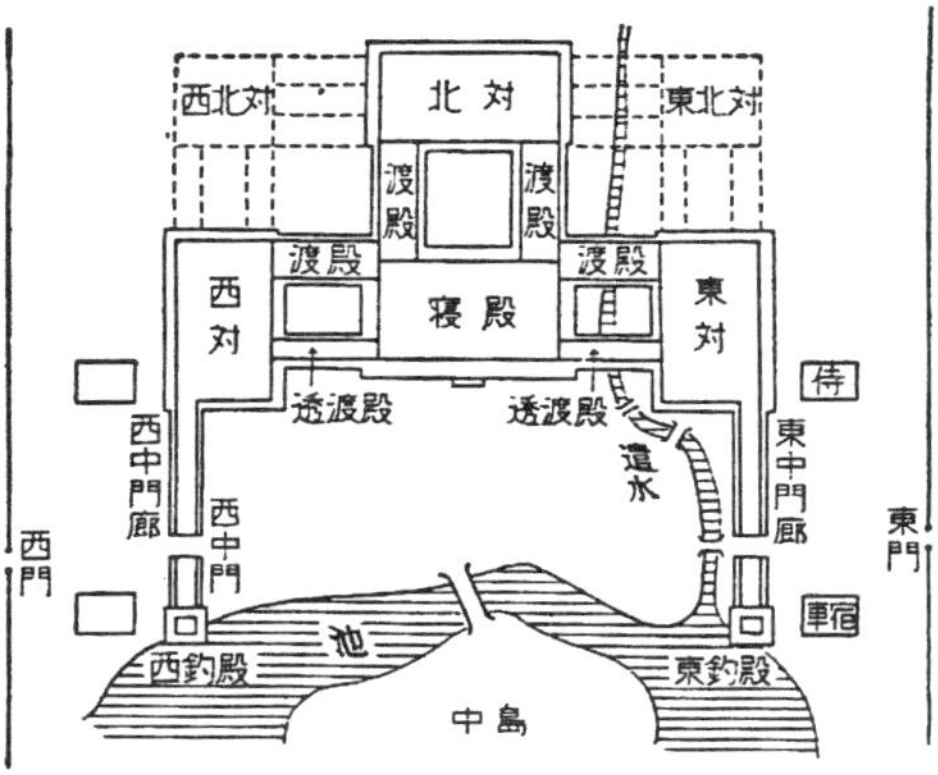

図32　高校教科書の寝殿造配置図（『詳説日本史』山川出版社，1960年）

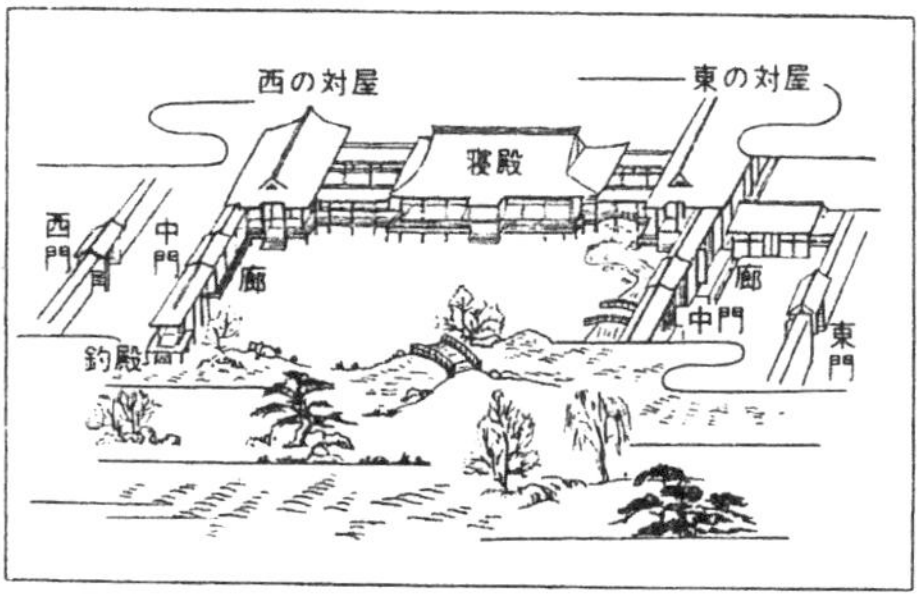

図33　高校教科書の寝殿造（推定図）（『改訂版 詳説日本史』山川出版社，1963年）

の住宅）と題して掲載する図34の描写内容は、先の教科書掲載の図（図32、図33）などと同じものといっても過言ではない。いずれも寝殿を南北軸の中心にして、対《たい》や中門廊《ちゅうもんろう》、中門《ちゅうもん》をその左右に配置するのはもとより、東・西対、中門廊や中門そして表門にいたるまで、建物の規模や形態までが左右（東西）同一で、左右対称性への指向が建物の配置だけにとどまらず、個々の建物の規模・形態にまでおよんでいたかのように描かれる。

図34　「平安時代の寝殿造の住宅」（Paul Varley “Japanese Culture”, 1973年）

図32はまったくの左右対称だが、図33や図34では左右対称でない点もあえて探せばないこともない。たとえば寝殿と東・西対をむすぶ南側の透渡殿（吹き放ちの渡殿）のうち、寝殿東方の透渡殿は反《そ》り橋《ばし》状で西方の透渡殿とは異なる。図32は配置図のため、寝殿の東西いずれも「透渡殿」と記すだけでは両者の違いを表現できないところではある。ただし透渡殿への理解が十分ではなかったらしく、図34をよく見ると、透渡殿と反り橋の両方を南北に分けて別々に描くという過ちを犯している。

「寝殿造鳥瞰図」(図24)の描写内容が「寝殿造」の実態を正しく描いたものでないことは、東三条殿の復元研究によって、すでに裏付けられたはずである。東三条殿《ひがしさんじょうでん》については平面配置図の復元案が江戸時代から提示されてきたし、近年も改訂の作業が試みられている。それぞれの内容に異同があるにせよ、大要に疑義はない。そうした研究の蓄積を踏まえ、『家屋雑考』の「寝殿造鳥瞰図」が間違った図であることはすでに了解事項であり、住宅史研究の最前線では否定されてきたことになっている。しかし否定の基礎的な根拠であるはずの復元研究においてさえ、この図の影響から免《まぬか》れてはいないのが実状である。

復元研究の思わぬ落とし穴

より高い精度で復元することは、当該期における住宅史研究の基盤である。その一翼を担ってきたのは太田静六であり、研究の成果は先駆的・基礎的な業績として研究史に小さくない位置を占める。それらが一書にまとめられた『寝殿造の研究』(吉川弘文館、一九八七年、第十回(昭和六十三年)角川源義賞を受賞)は、寝殿造に関するもっとも基本的な文献の一つとして幅広く活用されているようである。しかしだからこそ、うっかり誤って落っこちてしまうような思わぬ落とし穴が、そこにあることは看過できない。

とりわけ掲載される復元図の内容についての詳細な検証・批判がある。存在する建物を描かない、あるいはその逆の場合など、邸ごとの個別の問題点が指摘できる。たとえば藤原道長の本宅土御門京極第《つちみかどきょうごくてい》の初期において北対《きたのたい》や北門、白河上皇の御所三条殿では南門を描いているのだが、いずれも図のように存在したかどうか疑問である（図35、図36）。そしてそうした疑問は、建物を網掛《あみか》けするだけで柱位置を示さず簡略に描いた、いわゆる想定図にみられる。このこと自体が示唆的である。

柱位置を示すための根拠となる史料を欠く。ということは復元図を作成するには史料が

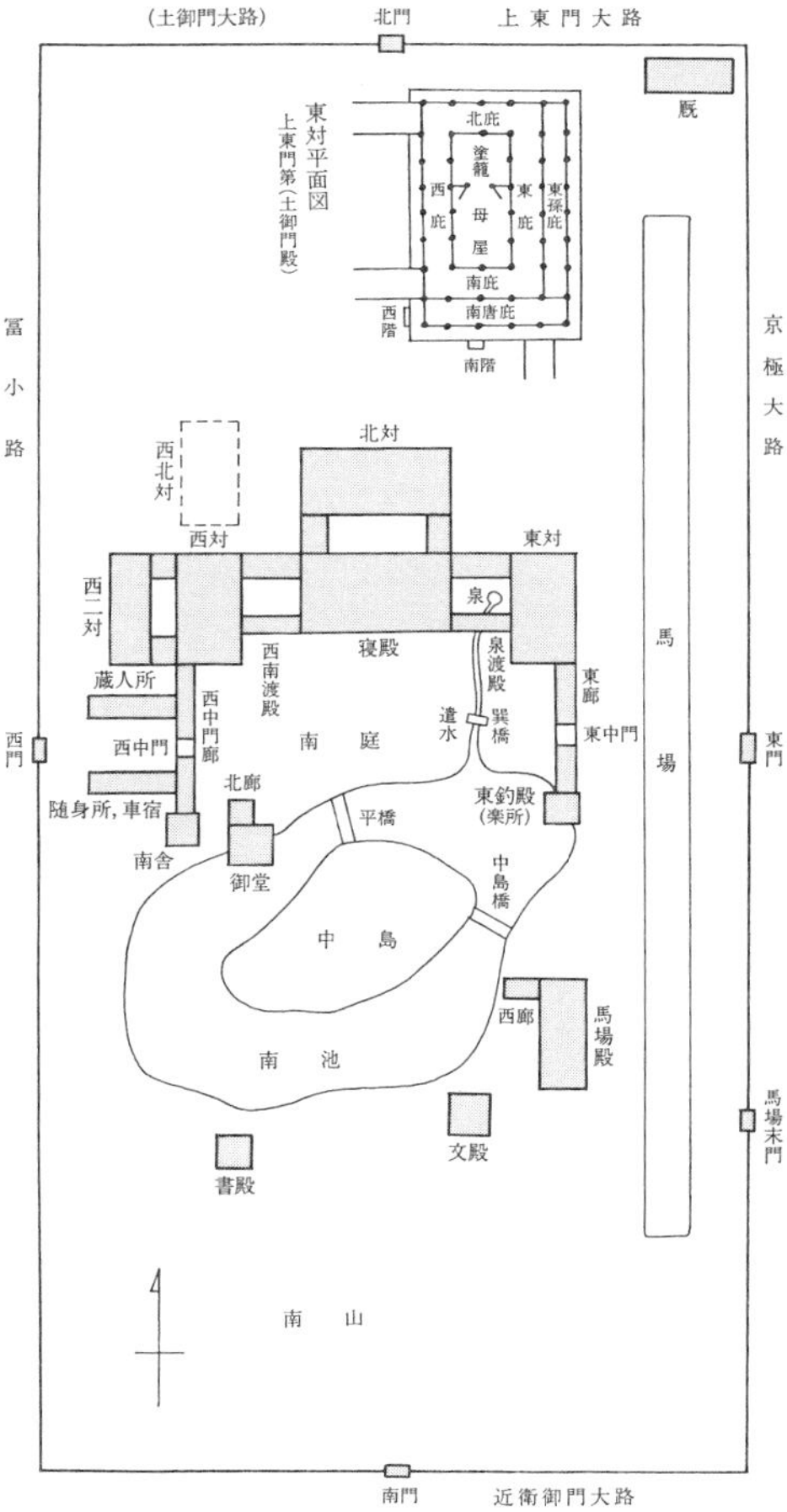

図35　藤原道長の土御門京極第「復原図」
（太田静六『寝殿造の研究』吉川弘文館，1987年）

不足する住宅事例ということなのだが、にもかかわらず平面配置図の復元があえて試みられ作成されたのが、「想定図」（各図には「推定復原図」などとあるが復元図ではない）なのである。その結果どうなったか。

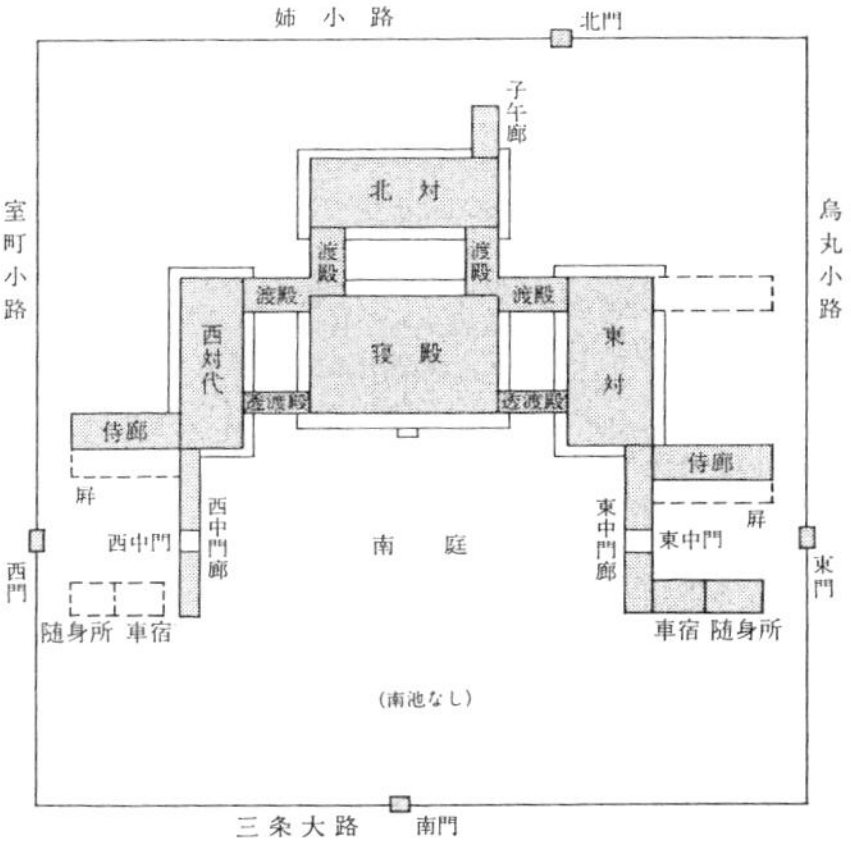

図36　白河上皇の三条殿「推定復原図」
（太田静六『寝殿造の研究』吉川弘文館, 1987年）

図35や図36に限らず、そのような「想定図」では、寝殿を中心とした建物群による一郭はほぼパターン化している。敷地の中央やや北よりに寝殿を置き、寝殿を中心に南北軸を設定し、左右対称に建物群を配置するというのが通例である（図37、図38）。史料の欠落を埋めるのに、作図者の想像力が働いたことは想像に難くない。「想像」がまったくの無から生まれることはない。そこにたちあらわれるのが「寝殿造鳥瞰図」なのである。寝殿造に対する既存のイメージ、固定的なイメージとして「寝殿造鳥瞰図」は厳然《げんぜん》としてあった。名垂が作成したこの図は実証性に乏しいとの正しい評価から、それを乗り越えるべく研究に着手し、多くの復元図が詳しくきめ細やかな考証のもとに作成されてきたは

ずである。そうした一連の研究において主導的な役割を果たしてきたのが太田である。その太田でさえ、「寝殿造鳥瞰図」の呪縛《じゅばく》から解放されることはなかったようである。

太田だけではない。『源氏物語』の光源氏《ひかるげんじ》の住まい、二条院や六条院の図が描かれ、模型が複数製作されている（図39ａ・ｂ）。著者紫式部は実在の貴族邸を参考にしてそれらを物語に描いたのかもしれない。光源氏の二条院は陽成院《ようぜい》（九世紀後半～十世紀前半の陽成

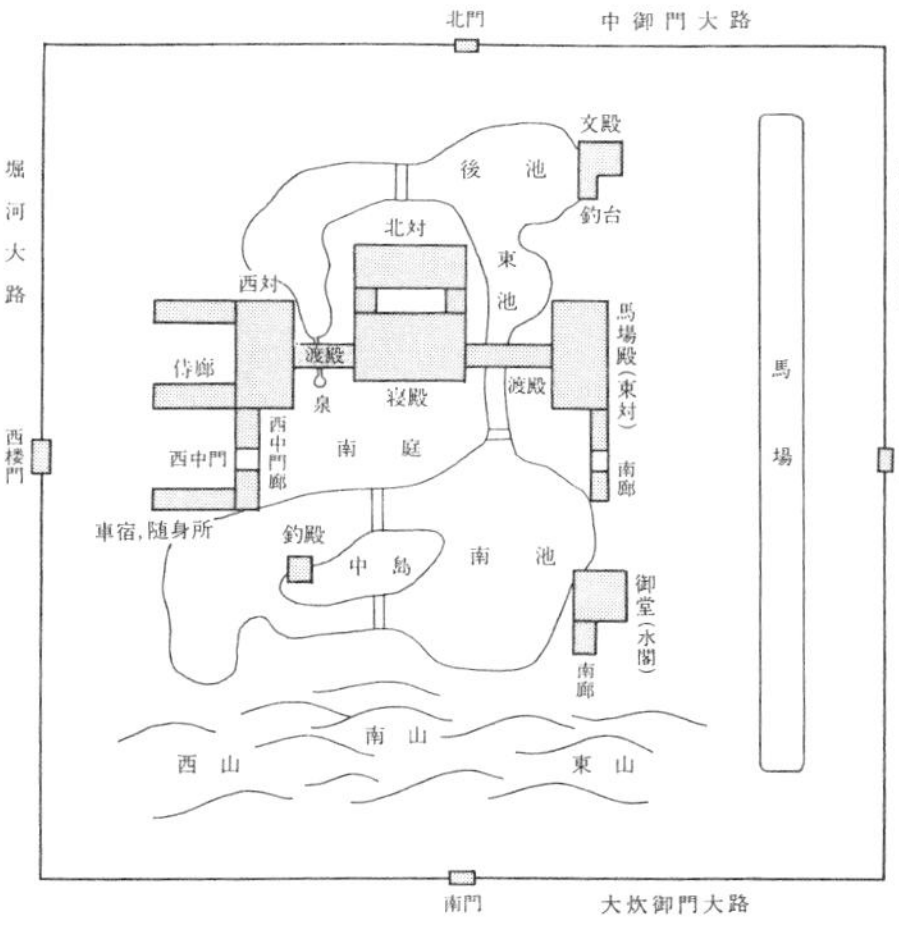

図37　藤原頼通の高陽院「推定復原図」
（太田静六『寝殿造の研究』吉川弘文館，1987年）

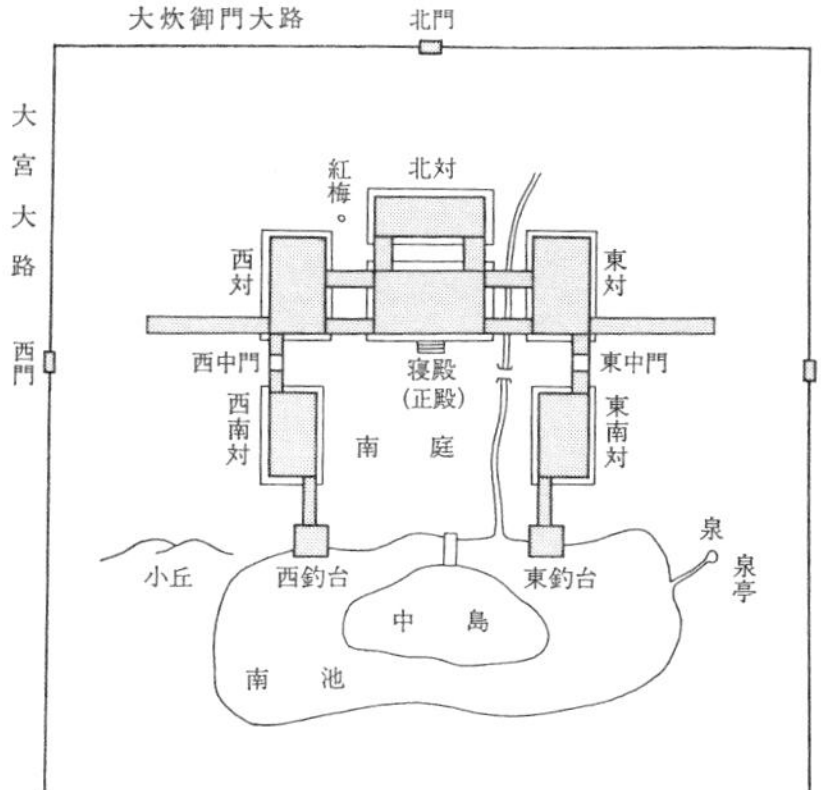

図38　第三期冷泉院「推定復原図」
（太田静六『寝殿造の研究』吉川弘文館，1987年）

上皇の御所で、はじめは二条院と呼ばれた）を、六条院は左大臣 源融《みなもとのとおる》（嵯峨《さが》天皇の第八皇子、八二二―九五）の河原院《かわらのいん》（後に宇多《うだ》上皇の御所）を、それぞれモデルにしたともいわれる（四辻善成《よつつじよしなり》著『河海抄《かかいしょう》』、貞治《じょうじ》〈一三六二―六八〉初め頃）。それでも物語内での架空の屋敷であることに変わりはない。物語の描写から屋敷のおおまかな姿はうかがえても、詳細が必ずしもわかるわけではない。しかし図は作成され、模型は製作された。「架空」に

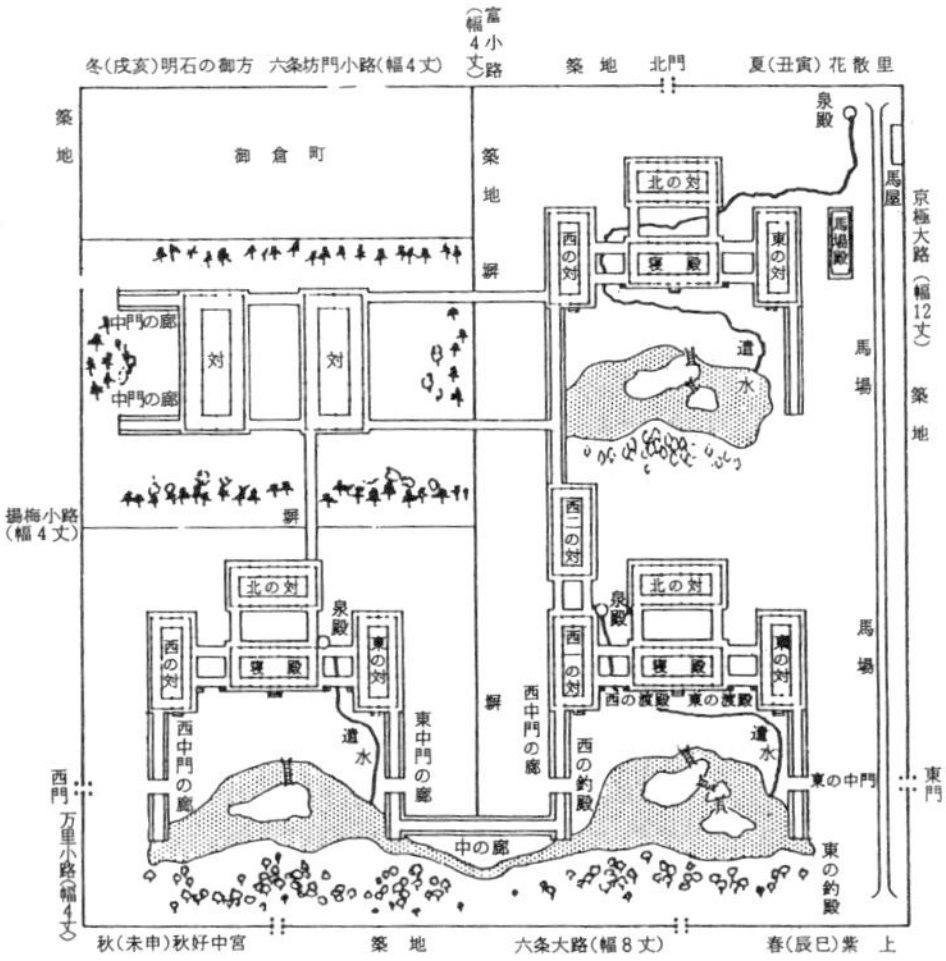

図39a　源氏物語の六条院「復原図」
（玉上琢弥による，朧谷寿ほか編『平安京の邸第』望稜舎，1987年）

図39b　源氏物語の六条院東南の町
（復元：(株) 大林組，画：穂積和夫）

「架空」を重ねたというのは言い過ぎであろうか。

はたして、とくに六条院については敷地全体の平面配置図がいくつか提示されていて、本書に挙げたのはごく一例に過ぎないのだが、作成者によって内容は異なる。寝殿の規模からして違いがあり、東南町での西対の想定なども異なる。よくわからないのは北対で、図や模型によって有ったり無かったりする。「想定図」「想定模型」（「復元図」「復元模型」ではない）は「多様」であり「個性的」であって、作成者の数だけ（あるいはそれ以上に）、内容の異なるものが提示されているのが実状なのである。にもかかわらず、否、「想定」図・「想定」模型であるがゆえであろうか、いずれにも共通して見られる一貫した特徴がある。「寝殿造鳥瞰図」の固定的なイメージが垣間見えるのである。

さらに寝殿造の様式、左右対称性をめぐる近年の研究（本章の「「寝殿造は左右対称」という幻想」の節参照）では、左右対称に建物を配置する時期があったことを前提にしていた。このことは太田に代表される復元研究において「寝殿造鳥瞰図」の呪縛《じゅばく》から解放されなかったことと相通じる面があり、あるいはそのような前提を受け入れる要因の一つになったのかもしれない。次項以降で紹介するような江戸時代にさかのぼる優れた研究成果が正しく継承されなかったこととも相まって、近年の研究においてさえ「寝殿造鳥瞰図」のイメージが纏《まつ》わり付いていたらしいことは、住宅史研究の分野では「寝殿造鳥瞰図」が描く

「寝殿造」の存在を、まるで容認しているかのような憶測・誤解を生む可能性を孕《はら》む。たたとえば「「寝殿造」はなかった」といった言説は、そのひとつのあらわれであろう。しかもそうした「寝殿造」は未だ発掘されないという現実がこれを支え、補強しているのである。「寝殿造鳥瞰図」の影響はかように大きい。さらに加えて、既往の研究が正しく批判・継承されてこなかったということも見逃せない。

既往研究の断絶

東三条殿《ひがしさんじようでん》の復元に関する太田の研究が公表されたのは昭和十六年（一九四一）である。東三条殿の東対《ひがしのたい》が東西方向の棟をもつ東西棟の建物ではなく、南北方向の棟をもつ南北棟の建物であったことは、同じ年に関野克《まさる》が指摘している。ただし戦前にはじまる当該期の住宅の研究を主導した太田は、東三条殿だけではなく他邸での復元を積み重ねることで、東・西対の棟が南北方向であることを、より具体的に立証した。研究史上、それは自身による大きな成果であると太田は主張する。名垂が『家屋雑考』の「寝殿造鳥瞰図」で東・西対を東西棟の建物に描くのは間違いであり、正しくは南北棟なのだと。

この太田による大きな成果＝「新知見」はしかし、実は早くに固禅が東三条殿をもとに指摘していた。「東三条殿之図」（図40）は藤貞幹《とうていかん》（一七三二―九七）が作成した図の写本で、東三条殿を復元したものである。貞幹は固禅より四歳年長の京都の考証学者で、平安朝の公家文化に通じ、平安京や貴族邸に関する著述もあり、『大内裏図考証』の編輯《へんしゆう》に参

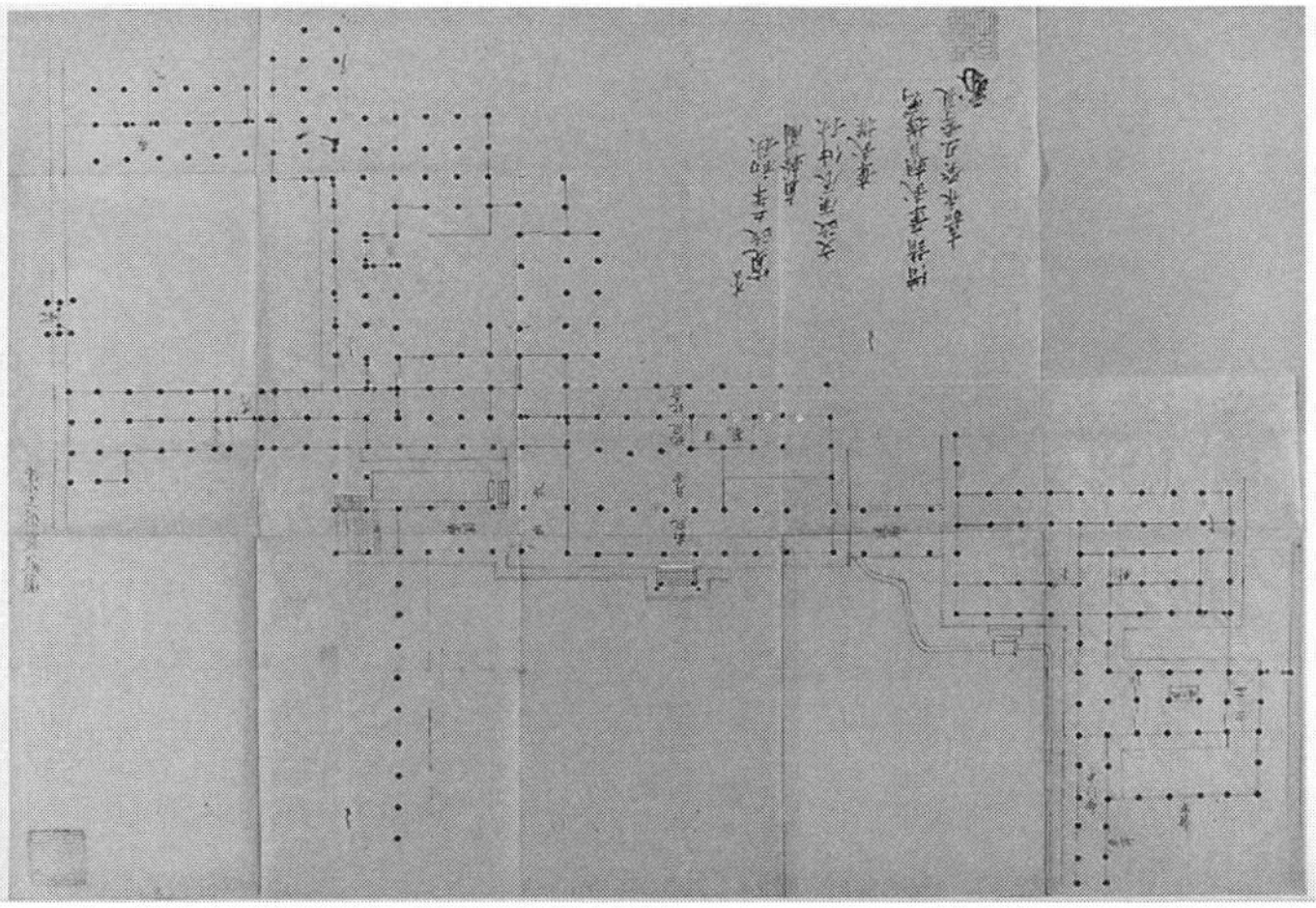

図40　東三条殿之図（藤貞幹，宮内庁書陵部蔵）

加するなど、固禅の研究を支えた人物でもある。おそらく貞幹本人によって「東三条殿之図」は固禅に提供されたのだろう。固禅は『院宮及私第図』に収載している。それが「東三条殿図」（図41）である。しかも固禅は貞幹が作成した「東三条殿之図」（図40）をそのまま掲載したのではなく、校訂を施しているのである。

注目すべきは校訂の内容である。「東三条殿図」（図41）をみると、東対の上方に「此間誤」、東対の母屋部分に「東対　南北行」と記し、さらにその南庇の正面中央に切妻の破風らしき線を描いていることがわかる。「東三条殿之図」（図40）では東対の東方の建物「二棟《ふたむね》出居《でい》」（東二棟廊《ひがしふたむねろう》）を含めた全体を「東対」と記し、東西棟の一つ

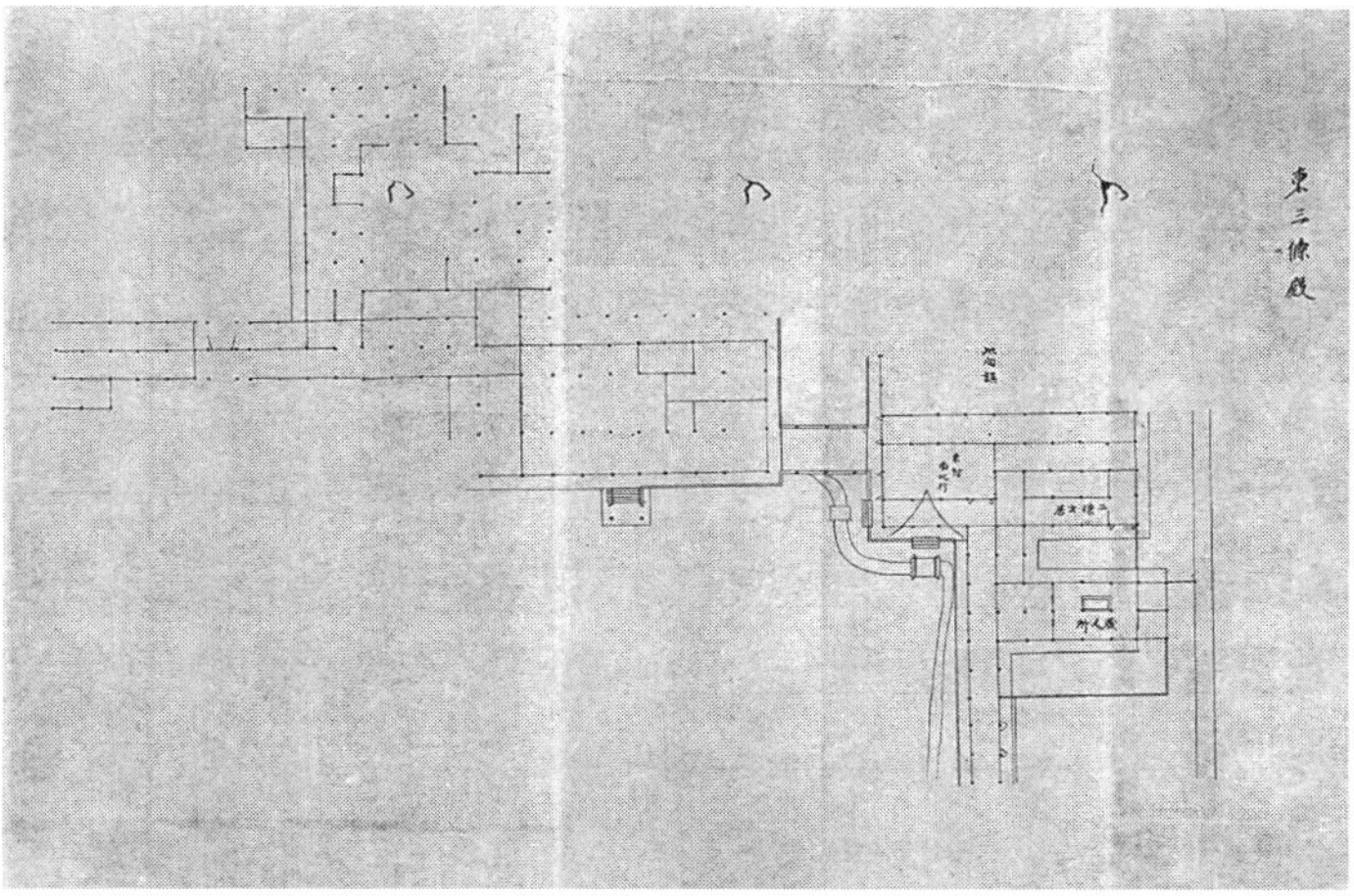

図41　『院宮及私第図』の「東三条殿図」（東京国立博物館蔵，Image：TNM Image Archives）

の建物のように描く。しかしそれは誤りで、東対は「南北行」すなわち南北棟の建物であると固禅は正しく認識していた。そして「二棟出居」（東二棟廊）は南の「蔵人《くろうど》所《どころ》」（侍廊《さぶらいろう》）と同様に東西棟の建物であって、東対の東面南端に接続するものとおそらく考えたのであろう。

東三条殿の東対についての固禅の卓見《たつけん》は、その後まったく無視されたわけではない。建築家であり東京高等工業学校（現東京工業大学）で教授を務め、寝殿造の研究でも知られる前田松韻《まつおと》（一八八〇―一九四四）である。前田が示す平安時代後期の東三条殿の図（図42）は、東対を南北棟に描くのである。作図にあたって根拠とした史料の一つに『院宮及私第図』を前田は挙げてい

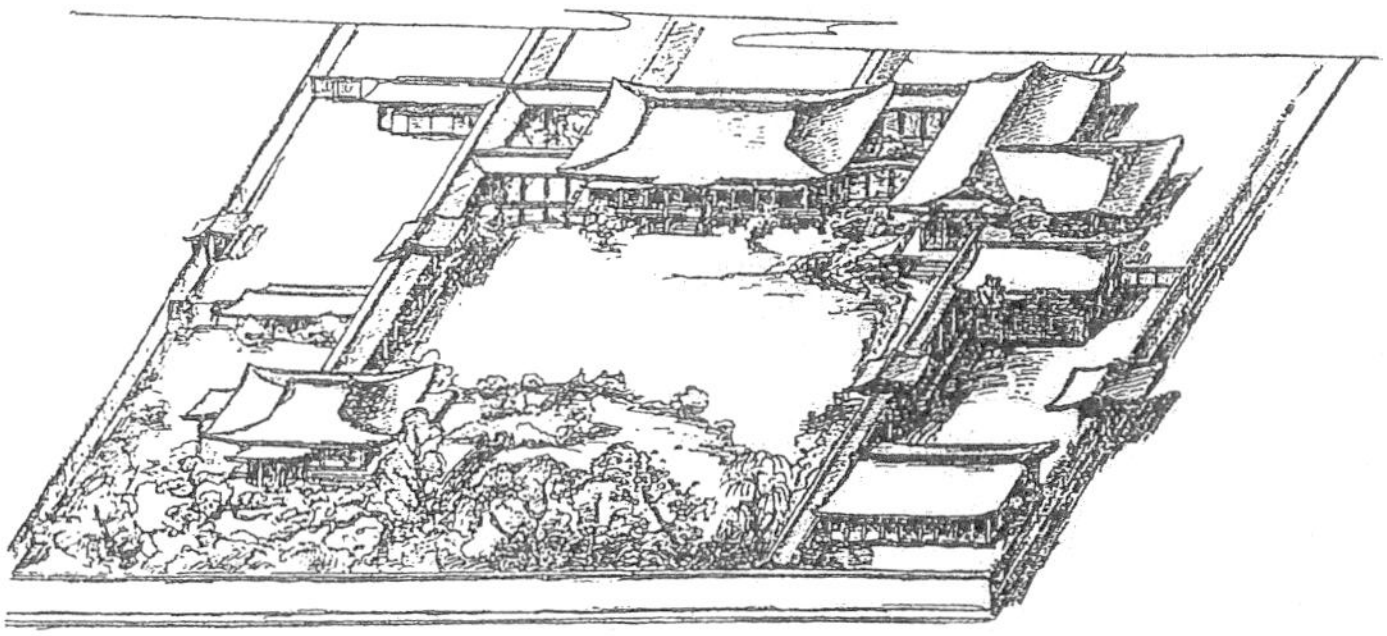

図42　前田松韻による東三条殿（「寝殿造の考究」『建築雑誌』491号，1927年）

る。「東三条殿図」（図41）および同図における固禅による校訂を、おそらく参照したのであろう。前田がこの図を提示したのは昭和二年（一九二七）なので、関野・太田に先行する。というより、彼らは前田の研究から刺激を受け、復元にもとづく、より具体的・実証的な研究にとりかかったのであった。東三条殿をめぐる江戸時代における既往の研究は、前田を介して後進へと引き継がれるはずであった。しかしそうはならず、以後、断絶したことになる。太田がそうした成果に言及し、前向きに評価することはほとんどなかった。

とはいえ制作の世界では、寝殿造の伝統は次代に受け継がれたこともまた書き留めておく必要がある。前田は日本住宅の特質として、時と場合に応じて室内を様々な用途に転用できることを挙げている。この室礼《しつらい》の考え方は、戦後、清家《せいけ》清《きよし》によって実践されたことになる（本書四〇―四三ページ参照）。前田がそうであったように、清家もまた同じ大学で教鞭をとる建築家（プロフェッサー・アーキテクト）であった。世代が異なる二人に直接の面識はなかったらしいともされるが（西山夘三《うぞう》『日本のすまいII』勁草書房、一九七六年）、住宅における我が国の国柄《くにがら》を大切におもう建築家によって、研究は途絶えることなく実作として形になったのであった。

『家屋雑考』への批判と限界

そもそも、寝殿造の実態解明のための前提は、『家屋雑考』そして同書に掲載される「寝殿造鳥瞰図」を疑う視点にあった。太田に代表される住宅史の研究者はこのような視点をもって研究に取り組んできたはずであるし、前記したように、東三条殿の復元研究の成果はそれを実証するものであった。ただし、こうした視点の重要性は、同時期の庭園史家や国文学者によってすでに指摘されていた。伊藤愼吾による次の一節がある。

龍居松之助氏が「庭園と風俗」に於いて、寝殿造の庭を説明された一節に、抑々《そもそも》家屋雑考は会津《あいづ》の藩士沢田名垂が天保十三年に記述したものである。それ故江戸時代も終に近い頃の人の考証《こうしょう》で、之《これ》を直《ただち》に鵜呑《うの》みにすることは危険である。而《しか》してこの書に挿入せられたる寝殿全図といふものも、一二の平面図も果《はた》して之《これ》を動かぬものとして信じ得るかどうか疑問である。それにも拘《かか》はらず之を丸呑《まるの》みにするに至つては呑気《のんき》千万《せんばん》な話である。（日本風俗史講座第二号所収、五頁）。

といはれて、家屋雑考の所説をその儘鵜呑《ままうの》みにした説明の多い弊《へい》を指摘されてゐる点を、遺憾ながら肯定せざるを得ない事情にあるのである。

（伊藤慎吾「寝殿造殿舎考―家屋雑考巻一及び巻二の所説の検討―」、『安藤教授還暦祝賀記念論文集』三省堂、一九四〇年）

「寝殿全図」とは「寝殿造鳥瞰図」のことであり、「一二の平面図」とは「古図」「図」のことである（本章七三ページ参照）。『家屋雑考』そして「寝殿造鳥瞰図」、さらにこの図のもとになった二点の図がもつ危険性は、昭和の初期、龍居松之助《たついまつのすけ》（一八八四―一九六一）によって指摘されていた（龍居「庭園と風俗」を収める『日本風俗史講座第二号』は昭和三年〈一九二八〉）。伊藤が引用した箇所につづけてさらに龍居は次のように記している。

以上説いた所でみても、寝殿造といふ住宅様式そのものが既に一般に誤った考を有たれてゐることが推察されるであらうが、こゝには庭園について説くのであるから、住宅そのものには余り深く説及ぼさぬとして、大體《だいたい》これまでの寝殿造といふもの、考が大分誤つてゐるといふことを云つておけばそれでよい。

龍居自身が記すように、引用文は庭園に関する叙述である。はたして『日本名園記』（嵩山房、一九二四年、『こと典百科全書　第50巻』として大空社より二〇一六年復刊）など日本庭園の通史をものしている龍居は庭園史家だったのだが、建築史家の関野貞《ただし》（一八六八

―一九三五、前記関野克の父）らから建築を学び、日本建築史に関する著作もある（『日本建築史要』アカギ叢書、一九一四年）。その龍居が『家屋雑考』の「寝殿造鳥瞰図」によるこれまでの寝殿造の理解は間違いであることを明言しているのである。こうした批判的な見方は龍居による後の著作でも確認できる（『近世の庭園』三笠書房、一九四二年）。国文学者の伊藤もこれに同調し再確認していた。住宅史研究の分野でも問題意識は共有できたはずである。しかし龍居や伊藤の言説に太田はなぜか言及しない。伊藤の著述から約三年後、分離派建築会の結成でも知られる建築家で建築史学者でもあった堀口捨己（一八九五―一九八四）によって同様の見解が示されたものの、そこでも彼らに言及されることはなかった（堀口捨己「書院造りと数寄屋造りについて」、一九四三年、後に『書院造りと数寄屋造りの研究』鹿島出版会、一九七八年）。はたして伊藤は右の論考で、その当時なお『家屋雑考』の所説にしたがうのが時代の成り行きであったことを述べ、次のようにも記していた。

これは只単に国文学に携はる学徒又は有職故実家のみではなく、建築史を専攻とせられてゐると思はれる学徒もなほかつこの家屋雑考の説を無條件に承認し之れを説いてゐる者が、極めて多いもののやうである。実に、家屋雑考の後世に及ぼせる影響は偉大であるといはざるを得ない。

『家屋雑考』、まさにおそるべしである。

寝殿造の本質とはなにか

不変的な「型」に本質を見いだす

視点の転回

寝殿造の定義をめぐる第一の問題点から問われているのは、その本質論であった（本書六三―六五ページ参照）。とはいえ何度も繰り返して恐縮だが、寝殿造の建物は現存しない。しかも成立期あるいはそれ以前にさかのぼる史料に乏しい。成立の過程を具体的に跡づけることができないため、寝殿造とはなにか、その本質はどこにあるのかという問いにこたえるのは、容易ではないのである。そこで視点の転回、より大きな転回が必要となる。

さて、西欧の建築史は様式の歴史であるという。寝殿造の時代、彼の地ではロマネスクからゴシックへと移り変わっていた。しかしキリスト教の大聖堂・教会堂という用途・機能は基本的に変わらない。様式が変わるのは時代の変化によるもので、建築の用途や機能によるものではない。様式は時代にしたがい、用途や機能は時代にしたがわないのである。いっぽう我が国ではどうか。

我が国では様式は時代にしたがわず、用途や機能にしたがう。用途や機能が変われば様式も変わる。しかし変わらなければ、様式は変化しない。様式は時代を越境し継続するということである（藤森照信『建築史的モンダイ』筑摩書房、二〇〇八年）。「様式」という言葉の意味には日欧間に微妙な差異がある。それにしても日本の住宅の歴史では、様式は時代を超えるのではないか。

ある様式が成立するまでには準備段階があり試行錯誤があり紆余曲折もあろう。さらに加えて何か大きな契機が必要かもしれない。しかしいったん成立すれば、これを支える社会が存続し、一定の用途や機能が継続的に求められる限り、様式は時代を容易に越境する。そのように時代を超えて変化しないものこそが様式であり、様式の本質は変化しないところにこそある。

寝殿造が成立するまでには前段階が当然あったはずである。ただし徐々に形成されたものでは、おそらくない。十世紀のある屋敷で実現し、その後、一気に普及したものと推定される。右大臣藤原師輔《もろすけ》（九〇八―九六〇）の屋敷あたりがそれではないかと筆者は考えている。師輔の屋敷には曽祖父良房《よしふさ》（八〇四―八七二）の代にさかのぼる東一条第《ひがしいちじょうてい》や、本宅の九条第がある。中門廊《ちゅうもんろう》や渡殿《わたどの》の初見が天暦四年（九五〇）で、東一条第である（『九暦』）。師輔の子の伊尹《これただ》・兼通《かねみち》・兼家《かねいえ》は摂関《せっかん》につき、兼家（九二九—九九〇）から道長《みちなが》（九六六—一〇二七）へとつづく通り、その家系は摂関の地位を占めることになる。また公家故実の九条流の祖であり、九条流は道長の御堂流へと受け継がれている。

ともあれ寝殿造の登場がいずれの屋敷であったにせよ、いったん成立した寝殿造は、それが様式である限り、本質は変わらない。成立の過程、その実態を実証的に検証し論じるには、史料が圧倒的に不足している。視点の大きな転回が必要であると前記した。いっぽう成立後はどうか。飛躍的に史料は増える。成立する以前にさかのぼって、また成立して以降、消滅するまで変化しない「型」を追跡すること。寝殿造の本質を見いだすための、それが有効な視角であり現実的な方法でもあると、筆者は考えるのである。

寝殿造成立以前の様相

「型」の追跡にあたってとくに注目すべきは何か。その手がかりは寝殿造が成立する以前の、発掘遺跡の中にある。十世紀より以前の住宅遺跡、敷地規模が方一町（一町×一町）もしくはこれに近い大規模な遺跡である。古い時期から順に見てみよう。

図43は、平安京右京一条三坊九町で発掘された遺跡（府立山城高校遺跡）である。時期は平安遷都間もない八世紀末〜九世紀初頭で、土御門《つちみかど》大路の南、馬代《ばだい》小路の西に位置し、

方一町の規模をもつ。北半の中央よりやや西寄りに、母屋のみ礎石建ての建物がたち、これを正殿とすると、その後方に正殿と柱筋をそろえてたつ建物は後殿である。それらの左・右（西・東）に各二棟、計四棟の脇殿が南北にならぶ。東の脇殿は母屋のみ、西の脇殿は母屋に東庇を付ける。それら南北にならぶ脇殿間の外側柱筋《そとがわばしらすじ》は柵列《さくれつ》でつながる。この柵列はさらに南方にのびて、敷地中央やや南寄りの東西溝へいたるものと考えられている。正殿の南正面は広庭で園池はなく、敷地の南北両面とも築地塀《ついじべい》で、正殿・後殿の南北中軸線の南延長線上に、南限の鷹司《たかつかさ》小路に開く四足門《よつあしもん》跡が検出され、これが正門と見なされる。大規模な貴族の住宅跡ではないかともいわれ、遺跡の存続期間が十数年と短いことから、居住者に伊予《いよ》親王（?―八〇七　桓武《かんむ》天皇の皇子）が想定されている。四足門を正門とするのは、大臣家とともに親王家としても整合的である

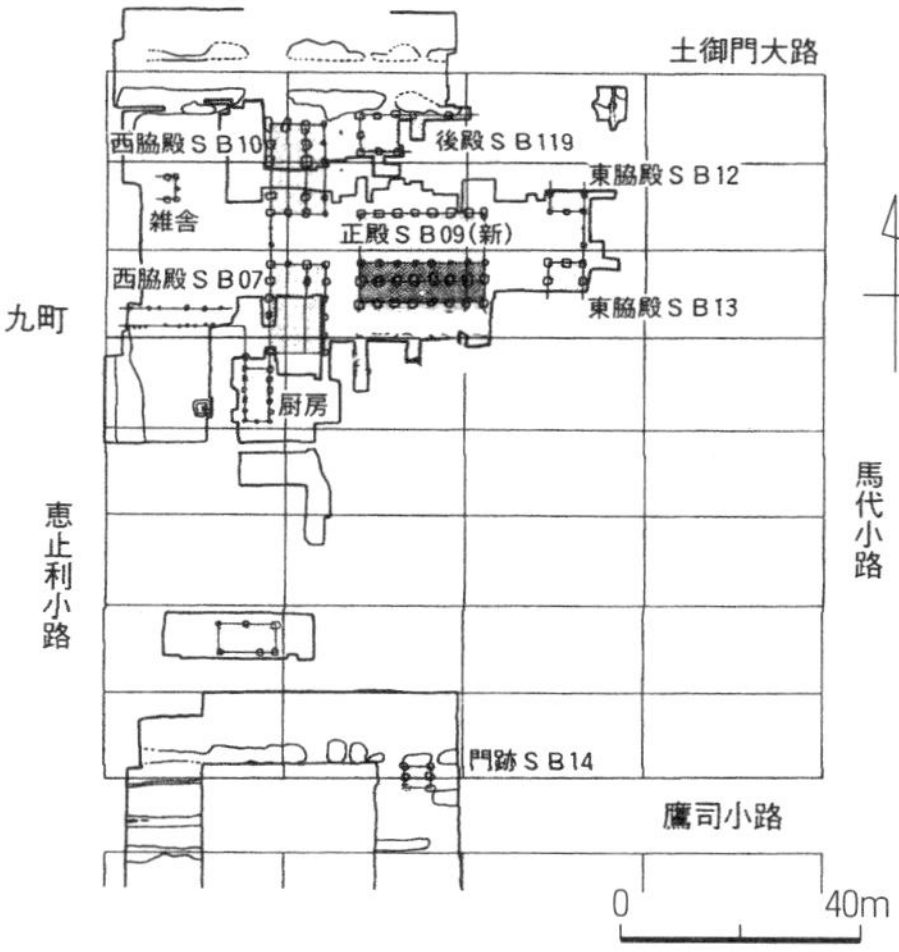

図43　平安京右京一条三坊九町の遺跡図
（『京都府遺跡調査概報』第92冊-4，京都府埋蔵文化財調査研究センター，2000年）

（本章一四九―一五〇ページ参照）。

図44は、平安京右京三条三坊五町の遺跡である。現在、島津製作所のある所で、三条大路の北、宇多小路《うたのこうじ》の西の方一町規模の敷地に推定されている。北半および南半東寄りに建物跡を検出し、平安京の造営以降、九世紀前半まで存続した屋敷とされる。北西部では東西棟の建物二棟が南北に並列し、南東部では東西棟の建物の西に南北棟の建物がたつ。いずれも大規模な掘立柱《ほったてばしら》の建物跡で、平安京の発掘遺構では最大級の規模をもつ。出土した遺物などから、居住者に嵯峨《さが》天皇（七八六―八四二）に関連する人物が推定されている。また「政所」「斎」などの文字を記した墨書土器から、北東部の建物跡は政所《まんどころ》の可能性があり、家政機関の区画を形成していたとされるが、伊勢《いせ》の「斎宮《さいぐう》」や賀茂《かも》の「斎王《さいおう》」との関連は不明である。なお宇多小路をはさんで東隣の右京三条三坊四町でもその北西部で大規模な建物跡を複数検出している。五町とのつながりも考えられるが、五町の地は表門を東面の道祖《さい》大路に開く一町規模の宅地と推定されている。

図45は、平安京右京三条一坊六町の遺跡である（京都市埋蔵文化財研究所『京都市埋蔵文化財研究所発掘調査報告二〇一一―九　平安京右京三条一坊六・七町跡　西三条第（百花亭）跡』、二〇一三年）。JR二条駅西側の再開発にともなう発掘調査によるものである。朱雀大路、平安宮の正門である朱雀門に至近のいわゆる一等地で、時期は九世紀である。発掘によっ

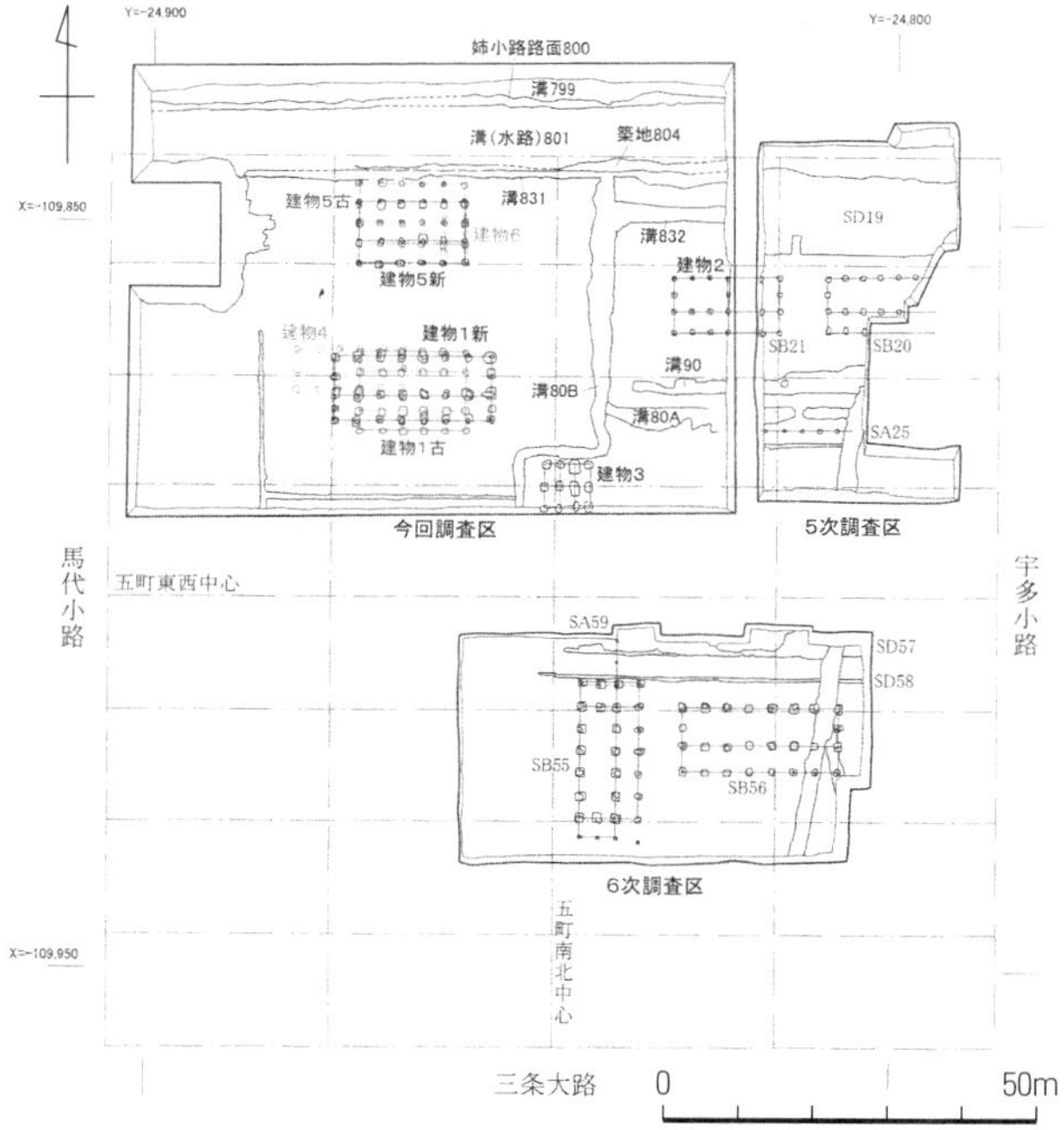

図44　平安京右京三条三坊五町の遺跡図
（京都市埋蔵文化財研究所『京都市埋蔵文化財研究所発掘調査報告2017-15 平安京右京三条三坊五町跡』2018年）

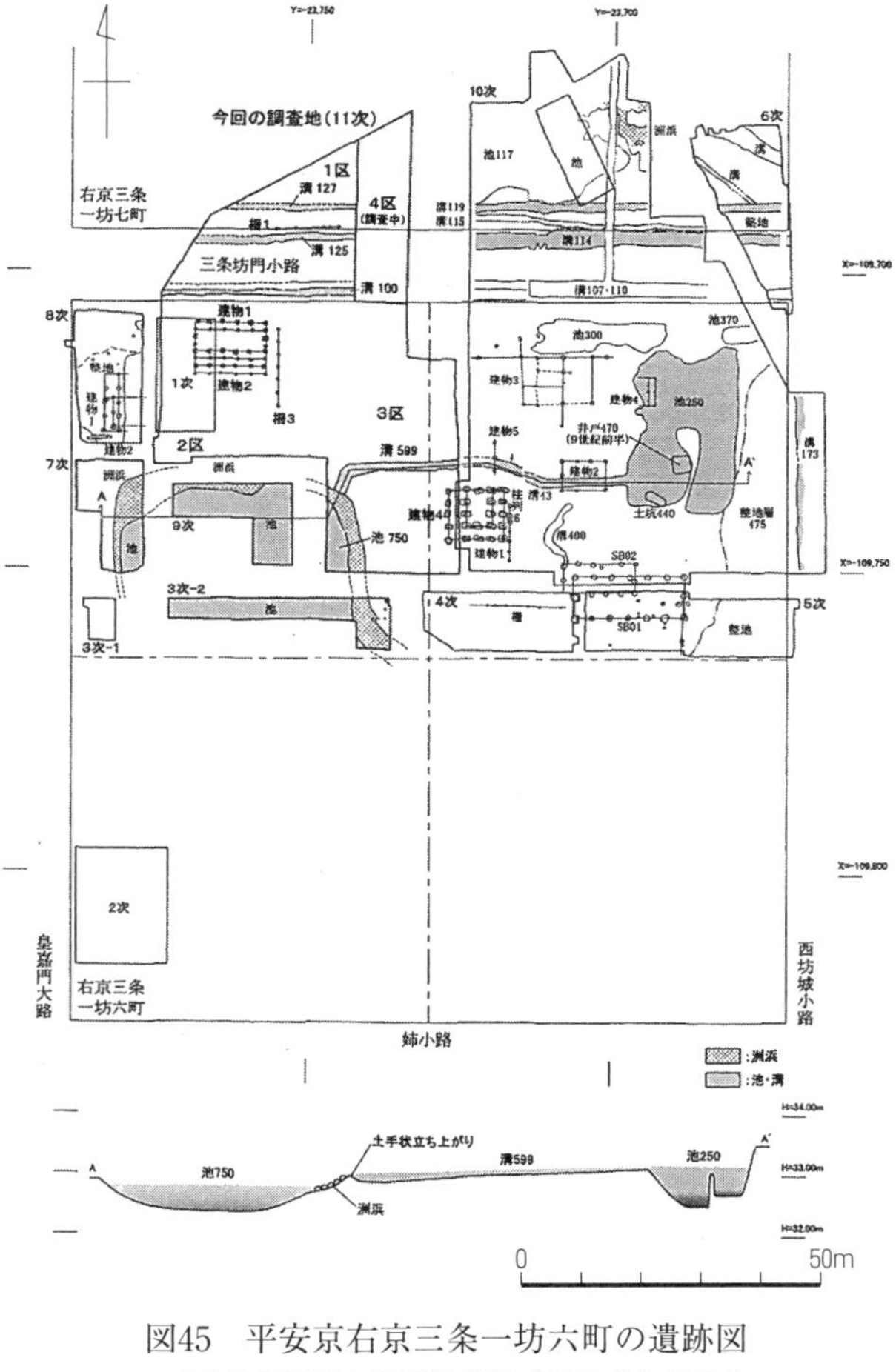

図45　平安京右京三条一坊六町の遺跡図
（京都市埋蔵文化財研究所『平安京右京三条一坊六町跡（藤原良相邸跡）発掘調査広報資料』2020年６月）

て六町の北半全体がほぼ調査され、庇をもつ掘立柱建物の跡や、東西に二つの池跡を検出。また二つの池は溝によって結ばれ、東から西へと流れる水路となっていた。西側の池には洲浜《すはま》（本書四七ページ参照）を設け、東側の池では「釣殿」の銘のある土師器《はじき》高坏《たかつき》、ひらがなの墨書土器が出土するなど、文献では知られていた右大臣藤原良相《よしみ》（八一三―八六七）の西三条第であることがあらためて裏付けられたことでも話題になった。

図46ａは、平安京右京六条一坊五町で発掘された遺跡（京都リサーチパーク遺跡）である。平安時代前期の九世紀中頃とされる。敷地は朱雀大路の近くで、六条大路の北、楊梅《やまもも》小路の南、西坊城小路の西を占めるが、西側は皇嘉門《こうかもん》大路には接しておらず、方一町の街区のうち東方約四分の三町の規模である。ほぼ中央に東西の柵列があり、主要な建物群は南半で、北半は小規模な建物がたち、菜園がつくられていたという。南半にたつ四面に庇をもつ建物が正殿で、その西の南北棟の建物も四面に庇をもち、両者は廊で結ばれる。また正殿の背後に南北二面に庇をもつ建物は後殿で、正殿と後殿は中軸線をそろえて並列する。後殿の東側には、西と南に庇をもつ東北脇殿、正殿東南方には、四面に庇をもつ東南脇殿があり、後殿と両脇殿は廊で連絡する。

図47は、平安京右京三条二坊十六町の遺跡である（京都市埋蔵文化財研究所『京都市埋蔵文化財研究所調査報告　第二一冊　平安京右京三条二坊十五・十六町―「斎宮」の邸宅跡』、二〇〇

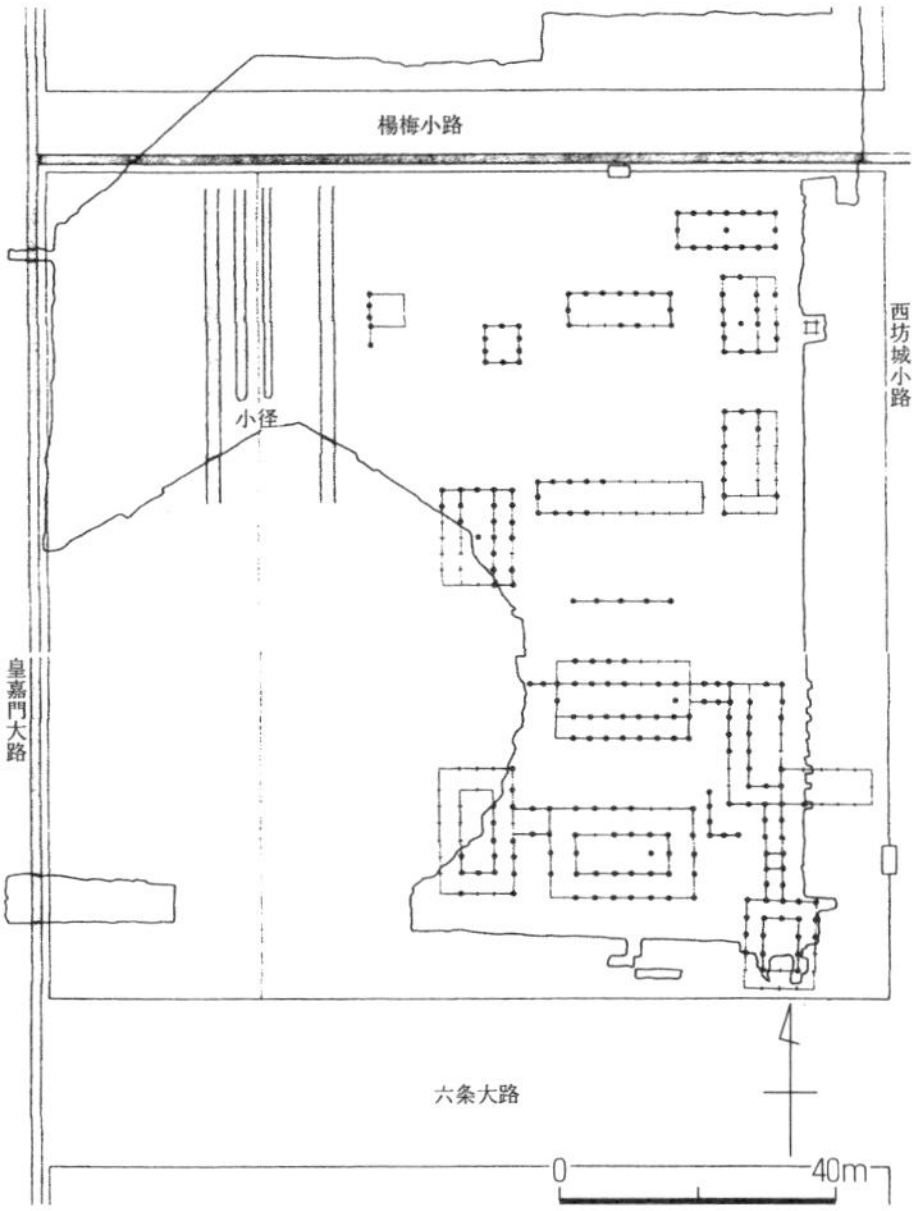

図46a　平安京右京六条一坊五町の遺跡図
(京都市埋蔵文化財研究所『平安京右京六条一坊―平安時代前期邸宅跡の調査―京都市埋蔵文化財調査報告第11冊』, 1992年)

図46b　平安京右京六条一坊五町模型
(京都市埋蔵文化財研究所蔵)

二年)。現在、京都市立西京《さいきょう》高等学校のある所で、二条大路の南、野寺小路の西の方一町規模の敷地である。先の右京三条三坊五町の遺跡(図44)からみて北東方向にあたり、両遺跡は至近の距離にある。「斎宮」「斎雑所」などの墨書土器が複数出土したことから、九世紀後半に営まれた後、伊勢斎宮の京の屋敷として九〇〇年前後に整備されたものとされる。複数の井戸を敷地最縁部で検出したことも、それを裏打ちする。北半やや西寄りの大きな池を取り囲むように主要な建物を配置する一方、南半には比較的小規模な建物が点在する。東面の野寺小路沿い、やや南寄りに四足門跡を検出していて、正門とみられる。

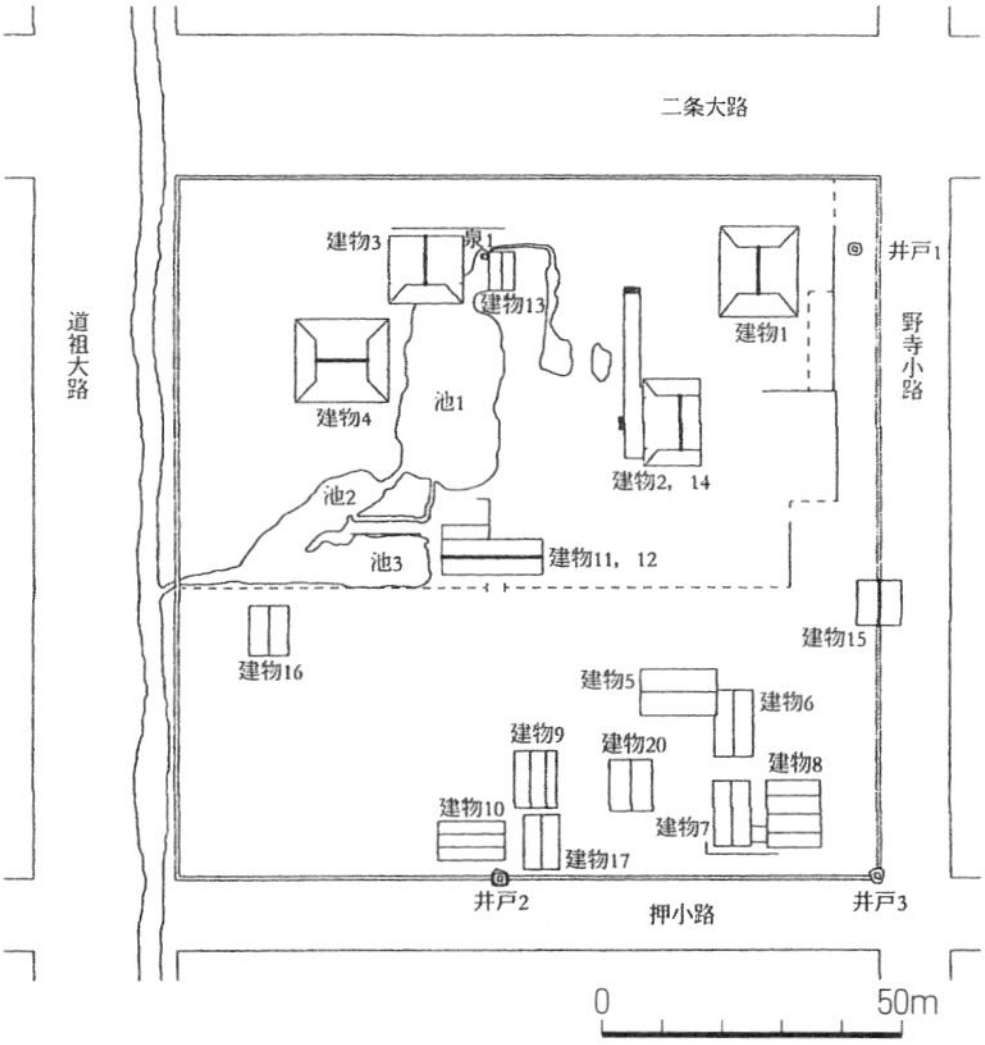

図47　平安京右京三条二坊十六町遺跡の屋根伏想定図（筆者作図）

以上通覧した中で、右京三条一坊六町の遺跡は居住者が特定されたこともあり、寝殿造との関係が取り沙汰され、それに沿った有識者によるコメントも出された。また時期的に寝殿造の成立と重なるのは、右京三条二坊十六町の遺跡である（西山良平・藤田勝也編『平安京の住まい』京都大学学術出版会、二〇〇七年）。しかしいずれも寝殿造の住宅とは様相を異にする。

一方で注目されるのは、府立山城

高校遺跡（図43）や京都リサーチバーク遺跡（図46ａ）である。正殿相当の建物の南正面に、建物や築地塀によって前庭をつくるからである。京都リサーチパーク遺跡では建物や塀によって前庭を取り囲もうという意志が一層明確である。平安貴族の住宅では寝殿とその前庭にあたり、建築的特徴の①〜③（本書五八—五九ページ）ほど明確ではないが、（Ⅰ）配置構成に見られる規範性に通じるものである。しかも京都リサーチパーク遺跡では、前庭は狭いものの、主要な建物の間で検出した遺構が、府立山城高校遺跡の柵列に対して、廊に推定されている。もしそうであれば東北脇殿と東南脇殿を結ぶ廊は、アプローチを形成する建物群の一つ、中門廊を想起させる。貴族の住宅との想定で製作された模型には、中門廊や中門、そして東面の西坊城小路に開く表門がつくられている（図46ｂ）。

寝殿造が成立した十世紀よりさかのぼって、大規模遺跡の建物配置にうかがえる規範性。ここに普遍的な「型」の一端が垣間見えるのである。このことを確認したうえで、寝殿造が成立して後の中世、鎌倉時代以降の住宅を通覧したい。むろん貴族の住宅が中心となるが、その影響を強く受け、中世の住宅を代表する存在として実態が明らかにされている室町幕府の足利将軍御所についても取り上げる。

鎌倉・南北朝時代の貴族住宅と室町幕府将軍御所

鎌倉時代の近衛殿と関白二条師忠邸

図48は、後に摂政・関白となる鷹司兼忠《たかつかさかねただ》（一二六二―一三〇一）が内大臣に任じられ、大饗《だいきょう》（多くの人々が招かれて開かれる大規模な宴会）が催されたときの近衛殿《このえでん》の図である。鎌倉時代後期の公卿《くぎょう》、広橋兼仲《ひろはしかねなか》が記した『勘仲記《かんちゅうき》』という日記の、正応《しょうおう》元年（一二八八）十月二十六日条に収められている。会場となった近衛殿は近衛家の本宅で、近衛大路の北、室町小路の東にあった。鷹司家は鎌倉時代にはいって近衛家から分立《ぶんりつ》した家であり、当時の兼忠の自邸は鷹司殿であったが、大饗には本家の儀礼御所として近衛殿が用いられたのである。鎌倉時代後期における近衛殿の、とくに寝殿とその周辺の様子が、この図からよくわかる。

南面する寝殿の東側は南北方向の小廊、そして昇がつづき、西側には西中門廊《にしちゅうもんろう》があっ

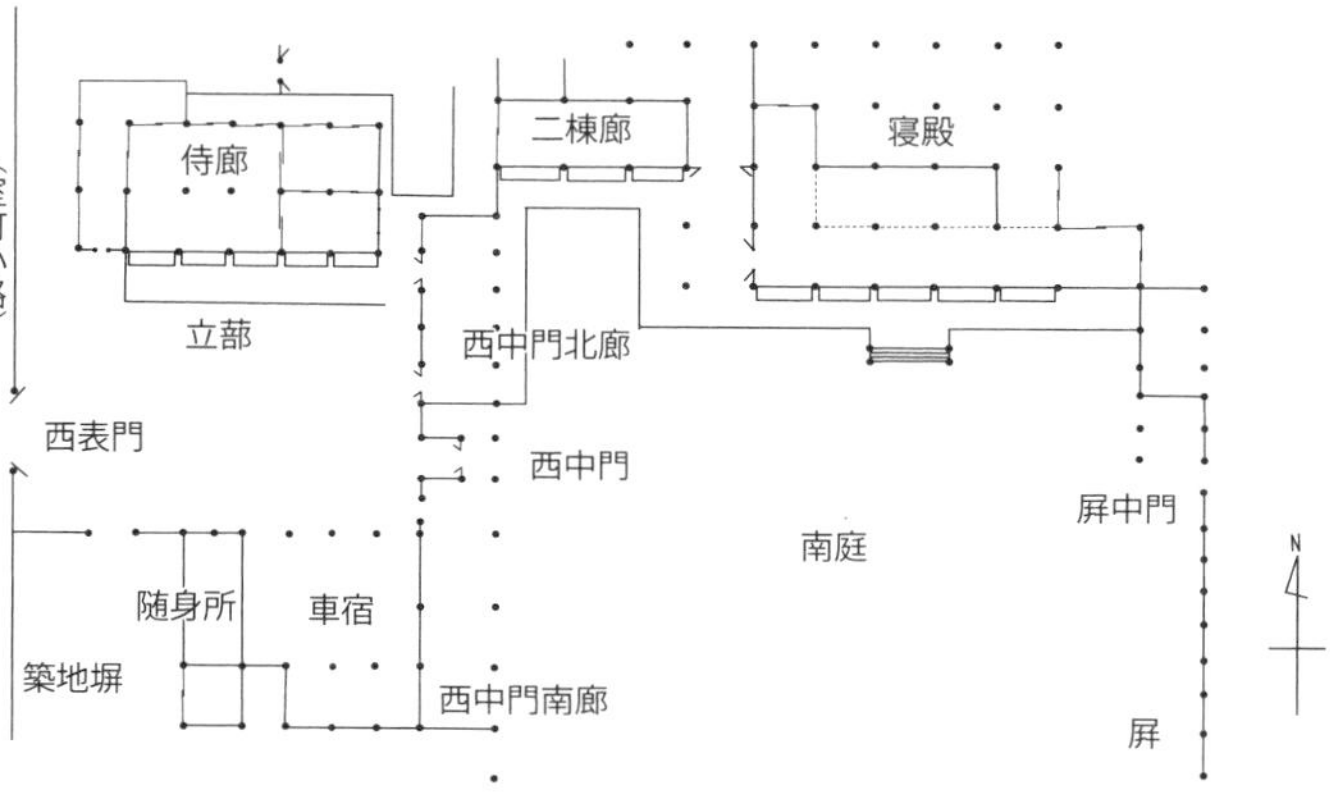

図48　近衛殿平面図（『勘仲記』正応元年10月26日の指図をもとに筆者作図）

て、寝殿前方を取り囲み、広い南庭をつくる。寝殿の西側に接続して二棟廊《ふたむねろう》、さらに直交して南に西中門北廊、西中門、西中門南廊がある。西中門北廊の西側に侍廊《さぶらいろう》、その南前方に目隠し屏（立《たて》蔀《じとみ》）がたち、また西中門南廊の西に車宿《くるまやどり》、随《ずい》身所《じんどころ》を設け、築地塀《ついじべい》に開く西表門《おもてもん》と西中門との間にも庭をつくる。表門を入ると左手に侍廊の前にたつ立蔀、右手に車宿・随身所をみて、さらに西中門あるいは西中門廊をへて寝殿にいたるというアプローチを構成する建物群の組み立てに、定型化した様子をみることができる。

　また『勘仲記』にある、同じ年の正月の関白拝礼や四月の初度上表《じょうひょう》の記事などから、新造された関白二条師忠《もろただ》（一二五四—一三四一）の屋敷の様子がうかがえる。寝殿、中門廊、中門、車宿、随身所、侍所、南庭がみえ、侍所にあてられたのはおそらく侍廊で、前方に目隠し屛があった。また寝殿と中門廊の間に公卿座があった。公卿座とは公卿の控室で、建物として独立するのは鎌倉時代であり、寝殿に接続する二棟廊がその場所であったと考えられる（『勘仲記』弘安十一年〈一二八八〉正月一日、四月二十七日各条ほか）。図が見あたらず近衛殿ほどには詳しくわからないのだが、記事中の建物名から、寝殿の一郭は近衛殿と同様の組み立てと構成をもっていたものとみて、おそらく間違いない。

南北朝時代の柳原邸

図49は、南北朝時代（室町時代初頭）の日野忠光《ひのただみつ》（一三三四―七九）の柳《やなぎ》原邸《わらてい》である。日野家の傍流柳原家は、日野俊光《としみつ》（一二六〇―一三二六）の四男資明《すけあきら》（一二九七―一三五三）にはじまる。柳原資明《すけあきら》によって新造された屋敷で、その時期は暦応年間《りゃくおう》（一三三八―四二）頃、寝殿の上棟《じょうとう》は貞和《じょうわ》元年（一三四五）十月であり、資明の没後は、息子の忠光が相続した。屋敷の東西は今出川と室町の間、北限は四辻（毘沙門堂大路）で、南限を今小路とすると、ほぼ方一町規模の敷地となる。後光厳《ごこうごん》天皇（一三三八―七四）の譲位《じょうい》後の御所すなわち院御所《いんのごしょ》としても用いられている。

当時の前内大臣三条公忠《さんじょうきんただ》の日記『後愚昧記《ごぐまいき》』の応安《おうあん》四年（一三七一）関係文書に、院御所となった柳原邸の図があり、北面の表門からその南方にたつ寝殿にいたるまでの、お

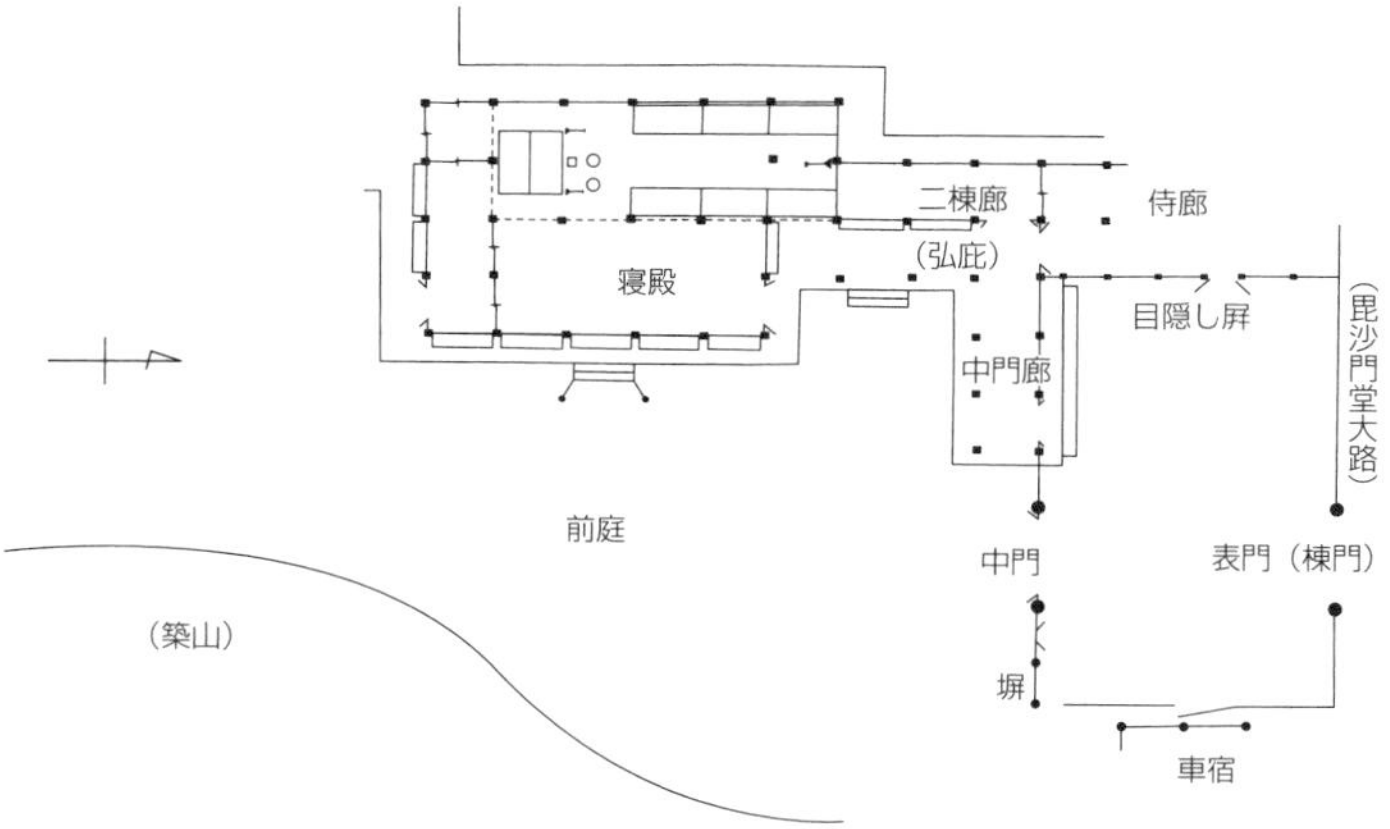

図49　柳原邸平面図（『後愚昧記』『後深心院関白記』の指図をもとに筆者作図）

もにハレ向きの建物の配置が知られる。また前関白近衛道嗣《このえみちつぐ》の日記『後深心院関白記《ごしんしんいんかんぱくき》』応安四年九月十三日条には、後光厳上皇の三席御会始の会場となった寝殿を中心に描いた図を載せている。それらをもとに作成したのが図49である。

棟門《むなもん》形式の表門が敷地の北面に開き、寝殿は敷地の東北部にあり、二棟廊、中門廊、中門、侍廊、車宿といった、寝殿から表門までのアプローチを形成する建物群を配置している。そして寝殿の前方に広庭、やや南寄りに築山《つきやま》をつくる。このように寝殿は南面ではなく東面する建物だが、敷地の全体を土地・建物ともにそのまま九〇度右回転させれば、寝殿とこれに連なる表門までの建物群の組み立てと構成は、図48の鎌倉時代の近衛殿と異なるものではない。寝殿の内部をみると、中央の柱列で東西に大きく二分していて、母屋《もや》と庇《ひさし》が明確な古代の平面構成ではなく、柱は丸柱ではなく角柱とするなど、前代からの変化が認められる。しかし建物の構成と配置はこれまでの定型化した貴族住宅のあり方から変化していない。前庭《ぜんてい》に面する側の柱間装置に蔀《しとみ》を多用するのも古式である。

さて、鎌倉時代後期から南北朝期の公卿で、有職故実《ゆうそくこじつ》に詳しい洞院公賢《とういんきんかた》（一二九一―一三六〇）によれば、文和四年（一三五五）二月、当時の貴族社会において体裁を整えた、洛中における唯一の屋敷であった前関白一条経通《つねみち》邸が、自火《じか》によって焼失してしまったという（『園太暦《えんたいりやく》』文和四年二月十三日条）。しかし、柳原邸（図49）の存在に鑑みて、公賢の認識はいささか誇張に過ぎるのではないか。

また後光厳天皇は、譲位の際の御所の選定に関して、階隠間《はしかくしのま》・中門・車宿を備えることをその条件に挙げている。階隠とは輿《こし》や牛車《ぎつしや》を建物に寄せるため、正面の階《きざはし》（階段）の上部に差しかけた屋根のことで（図8、図10参照）、階隠間とは階を上がったところの空間を指す。ここでは寝殿の正面中央に階隠があって、直接の昇降が可能であり、また中門や車宿を備えることをいっているのであろう。そのような屋敷は当時一～二ヶ所に過ぎず、しかもそれらは洛外（「城外」）にあり、あるいは魑魅《ちみ》の棲《す》むところであって、さらに人が居住するところではなかったと記す（『後光厳院御記』応安三年九月四日条、『大日本史料』

第六編之三二』所収）。当時の住宅事情のそれが一面であったにせよ（川上貢『室町建築日本の美術199』至文堂、一九八二年）、さらにつづけて皇居であった土御門東洞院殿でさえ見苦しい御所であると評しているのも、後光厳天皇である。「城外」とはいえ後光厳天皇の条件を満たす屋敷として柳原邸は存在し、実際、譲位のための御所となり、譲位後は上皇御所として用いられた。この時代の貴族住宅が規模と体裁においてなお、これまでの伝統を継承していたことをものがたるものであろう。

さらに付け加えて、日野家ならびに傍流である柳原家の家格《かかく》は名家《めいか》で、中流の公家である。にもかかわらず、ある程度整備された屋敷を本宅としてこのように維持し得たのには、柳原忠光が後光厳院の院執権であったことも無関係ではないだろう。伝統の継承は、家格を超え、あるいは家格とは別になされたようである。

寝殿ならびに表門までのハレのアプローチの建物群における組み立てと配置構成はすっかり定型化し、貴族たちはそれを墨守《ぼくしゅ》しようとした。寝殿は南面するというのがこれまでの通例だったはずだが、敷地条件など何らかの事情で南面しない場合もあった。それでも建物の全体構成と配置のあり方を寝殿の向きより優先し、重視した。時代は下がって江戸時代の摂関家《せっかんけ》の本宅では、寝殿が南面しない事例を複数見出すことができる（後述、本章の「江戸時代以降の貴族住宅」の節参照）。柳原邸はその最初期の事例として位置づけることもできるだろう。

室町時代の将軍
足利義教の室町殿

室町時代の永享《えいきょう》四年（一四三二）、室町幕府第六代将軍の足利義教《よしのり》（一三九四―一四四一）の、内大臣就任にともなう大饗《だいきょう》が室町殿で開催された。そのときの室礼図の写本が、長禄《ちょうろく》二年（一四五八）義教の息子で八代将軍義政《よしまさ》（一四三六―九〇）の、烏丸殿《からすまるでん》での同じ任内大臣大饗に際して作製され、今日《こんにち》まで伝えられている。図50の『室町殿御亭大饗指図《むろまちでんおんていだいきょうさしず》』（国立国会図書館蔵）がそれである。室町殿は、室町小路の東、北小路（現在の今出川通り）の北方にあり、敷地周囲に築地塀を築いていた。図は敷地の全体ではなく、屋敷の西寄りにあって大饗会場となった寝殿の一郭を中心に描いたものである。

西面の室町小路に開く表門は四足門《よつあしもん》の形式である。門を入ると南に車宿、随身所、反対側の北には侍廊とその南に目隠し屏があり、また東には中門廊があって、正面に中門が開く。中門北の中門北廊を北進すると東に直交して二棟廊そして寝殿へと続く。表門から寝殿にいたるアプローチの建物群である。また西側の中門廊、東側の南北方向の屏によって寝殿南正面を取り囲み、広庭（南庭）を形成していたことも確認できる（図には東側の屏は描かれないが、中門から屏までの距離を九丈八尺と記す）。

こうした建物群の構成と配置のあり方は、さかのぼって南北朝時代の柳原邸（図49）や、

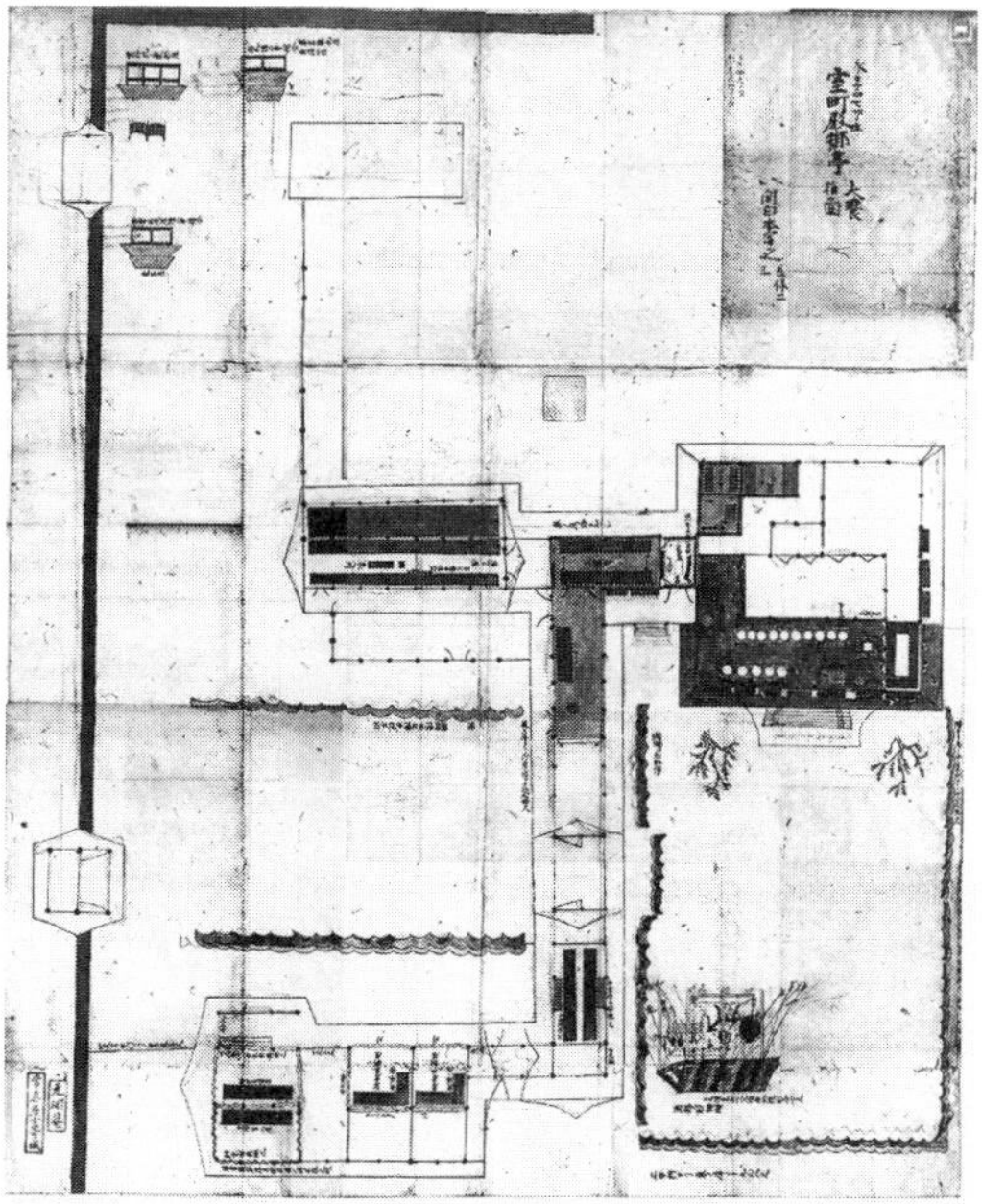

図50　室町殿御亭大饗指図（国立国会図書館蔵）

さらにさかのぼって鎌倉時代の近衛殿（図48）でもすでに確認したところである。近衛殿と、この足利義教の室町殿を比較すると、鎌倉時代から室町時代へと時代は大きく移り変わり、約百四十年間という年月の隔たりがある。にもかかわらず、両者はよく近似する（川上貢『日本中世住宅の研究〔新訂〕』中央公論美術出版、二〇〇二年）。住宅の規模は相違するものの、建物の配列と構成はまったく同一といってもよいほどである。

室町時代の足利将軍御所、とくにその寝殿一郭が貴族住宅のようにつくられたのは、宮廷の上位に位置する大臣家の格式・体面を保持するためであったとされる。足利将軍家の当主の公家化は三代将軍義満に著しいというが、実際に室町殿（花の御所）の寝殿は、花山院を摸して造営されたものであった（『在盛《ありもり》卿記』康暦元年〈一三七九〉六月二十四日条）。公家的な生活空間の具体化とは、寝殿を中心にした建物群の組み立てと配置をこのように整備することであり、公家大臣家の家作故実《かさくこじつ》に則《のっと》るとは、そういうことであった。はたして図50に関白本を写したとあるように、この図は義教のとき摂政二条持基《もちもと》（一三九〇―一四四五）が作成し、義政のときにその息子である関白二条持通《もちみち》（一四一六―九三）が写したもので、持基・持通ともに儀礼作法の指導をしている。

もっと時代をさかのぼって平安時代の東三条殿《ひがしさんじょうでん》（図5）と比較するとどうであろうか。東三条殿の東面に注目する。一見したところ、様相を異にするようにもみえるのは東対《ひがしのたい》があるからで、東対を取り除いてアプローチの建物群を寝殿に直接させれば、東三条殿における寝殿と東方の建物群の組み立てと配置は、室町殿の姿にほぼそのまま重なる（表門が東・西逆なので鏡像関係にある）。要するに平安時代から室町時代にいたるまで変わってはおらず、平安貴族の伝統と歴史を反映する住宅の様式が寝殿造であるとすると、その本質の一端は、このように時代を超えて継承されてきた建物群の普遍的なあり方に見いだすことができるのである。

室町時代の貴族住宅に寝殿不在というのは本当か

既往の住宅像

足利将軍の御所では八代将軍義政の時代まで、寝殿は代々たてられていた。しかし現在、銀閣寺（慈照寺《じしょうじ》）として知られる義政の将軍隠退後の御所、東山殿（東山山荘）に、寝殿はたてられなかった。武家社会では、寝殿はなくなる傾向にあった。同様に貴族社会でも、中世後半には寝殿をもたない住宅が多いとされる。根拠に挙げられるのは以下の諸例である。

まず、やや時代をさかのぼるが、十四世紀中頃に中納言甘露寺《かんろじ》藤長《ふじなが》（一三一九—六一）の屋敷は中門《ちゅうもん》も公卿座《くぎょうのざ》も備えておらず（『園太暦《えんたいりゃく》』貞和《じょうわ》四年〈一三四八〉四月十六日条）、新中納言正親町《おおぎまち》実綱《さねつな》（一三四三—七〇）の屋敷は中門をもたず、著しく不具合であるとされた（『門葉記《もんようき》』巻五一、応安元年〈一三六八〉五月十四日条）。十五世紀では、関白二条持《もち》基《もと》（一三九〇—一四四五）の屋敷に寝殿がなかったため、将軍御所の小御所《こごしょ》を譲り受け（『看聞御記《かんもんぎょき》』永享五年〈一四三五〉五月六日条。ただしこの邸は上記の実綱と同一邸）、正親町持季《もちすえ》（一四一五—七二）の屋敷（裏辻邸）に寝殿はなく、邸内にたつ建物は「廊屋」だけであった（『康富記《やすとみき》』嘉吉三年〈一四四三〉四月二十六日条）。同じ十五世紀前半、三条実量《さねかず》（一四一五—八四）の屋敷では、寝殿はあったが「本式」ではないと評され、高欄《こうらん》はなく、殿上《てんじょう》・公卿座を欠いた（『看聞御記』嘉吉三年十二月二十九日条、文安四年〈一四四七〉十一月十三日、二十六日、十二月二十五日条など）。享徳三年（一四五四）再建の興福寺大乗院門跡の住房禅定院《ぜんじょういん》には寝殿・中門廊《ちゅうもんろう》がなく、常御所《つねのごしょ》と障子上廊《しょうじのかみろう》をそれらの代替屋にあてていた。

右に列記したような事例から推して、寝殿をもたない、あるいは寝殿一郭が整わない状況が事実としてあったのは疑いない。しかし寝殿の不在が記録されること自体、寝殿が普遍的な存在として認識され、寝殿をもっていて当然とする住宅観がなお息づいていたことを反映するものでもある。また「本式」ではないとはいえ、寝殿が存在したことこそ寝殿を必要とする指向性を示唆するものであろう。むろん「本式」ではないという際の「本式」の内実は何か、慎重に吟味する必要はある。

十分な規模と体裁を持つ住宅が貴族社会に遍《あまね》く存在したわけではなかったようではあ

る。しかし右記の事例をもって、文字通り寝殿の不在が時代の傾向であり、さらに敷衍《ふえん》して多くが寝殿のない屋敷であったと推定するのは、いささか早計に過ぎる。室町時代の貴族住宅の中には、寝殿一郭をそれなりに備えるものも一定程度あった。次に記すように、実状は、既往の住宅像とは異なるのである。

三条実量の高倉殿

前項で挙げた十五世紀前半の三条実量邸とは、土御門高倉の西南角にあった高倉殿である。方一町の街区の四分の一を占め、三条実冬《さねふゆ》（一三五四―一四一一）、その息子三条公冬《きんふゆ》（一三九一―一四五九）、さらにその息子実量（一四一五―八四）と承継された三条家の屋敷である。三条家の家格は摂家に次ぐ清華家《せいがけ》であるが、公冬の叔母にあたる通陽門院《つうようもんいん》（三条厳子《たかこ》、後小松《ごこまつ》天皇の生母、一三五一―一四〇七）が御所とし、通陽門院の崩御の後は兄弟の実冬に譲られ、さらに公冬から実量へと引き継がれたのであった。応永十二年（一四〇五）後円融《ごえんゆう》天皇十三回聖忌の際、足利義満参内の出立所になったのも、この通陽門院御所であった（『荒暦《こうりゃく》』応永十二年四月二十七、二十八日各条、『大日本史料』第七編之七所収）。

前記したように、高倉殿の寝殿は「本式」ではないとされた（『看聞御記《かんもんぎょき》』）。それは嘉吉三年（一四四三）十二月より伏見宮貞成《さだふさ》親王の御所になった際の記事にあり、もとは通陽門院（三条厳子）の御所であったという出自によるものである。しかし、あるいはそれゆえであろうか、屋内の室礼、障子絵などはとくにすぐれ、南庭の前栽《せんざい》には梅や桜が数本植えられていたことから、「花亭」とも評されている。

さかのぼって正長元年（一四二八）七月、新主となる後花園《ごはなぞの》天皇（一四一九—七一）の皇居にあてられた。『薩戒記《さつかいき》』の記主中山定親《さだちか》らが歴覧した際の記事が、践祚《せんそ》・即位前日の同記七月二十七日条にみえる。とくに寝殿とその一郭に関して不備の点があり、「凡卑の躰」であると評する。「階」が無いため仮設したというのは寝殿正面中央にあるべき昇降の階《きざはし》（階段）のことで、縁には高欄もない。また屏中門《へいじゅうもん》ということは、中門より先は廊ではなく屏だったのだろう。さらに表門が四足門ではなく格下の棟門《むなもん》というのでは、たしかに不都合ではある。ただしそういった不備や問題点の指摘は、いずれも新主である後花園天皇の皇居として見た場合である。高倉殿が「狭少」というのも同様である。文安四年（一四四七）、貞成親王に太上天皇の尊号が宣下され、居所の高倉殿は院御所に格上げされた。そして屋敷は「狭少」のため改修工事がなされた（『康富記《やすとみき》』文安四年十一月二十七日条）。ここで「狭少」というのも、先の皇居の場合と同様、院御所としての評価である。

高倉殿は寝殿をもっていた。寝殿は南面し、東方に車宿《くるまやどり》、屏中門があって、寝殿前庭と表門前の外郭を分け、東の高倉小路に棟門を開いて表門としていた（『建内記《けんないき》』文安四年三月十四日条）。また表門とは別に土門《つちもん》（築地塀《ついじべい》の一部を開口してつくった門）を開いた

（『建内記』文安元年四月二十六日条）。内裏や院御所として、いたらない点はあったのだろう。しかし寝殿の一郭はそれなりに体裁を整えていた。だからこそ新主の皇居に転用され、また院御所にもなったのである。

正親町三条家の武者小路今出川邸

武者小路《むしゃのこうじ》今出川《いまでがわ》邸は正親町三条《おおぎまちさんじょう》実雅《さねまさ》（一四〇九—六七）の屋敷である（『康富記』康正元年〈一四五五〉十一月四日条）。宝徳二年（一四五〇）六月、三条西公保《きみやす》（一三九七—一四六〇）の内大臣御拝賀で出立所にあてられた際の様子を、『康富記』同年六月十九日条が詳記する。それによると、一条大路より北にある武者小路の北、北小路南の南北一町を占め、今出川に東面し、西の境界は不明だが、敷地規模は二分の一町かそれ以上だったらしい。公保、実雅など公卿が着座したのは寝殿の東西三間×南北二間の空間で、寝殿のほかに中門、中門廊妻戸《つまど》、中門南沓脱《くつぬぎ》、東庭、棟門、南庭、屏中門が確認できる。南面する寝殿を備え、中門廊とともに南庭を形成していた。中門廊の南端に中門、さらにその南は廊ではなく屏によって画され、中門は屏中門と呼ばれた。この中門に向き合って表門が東面の今出川に開いた。寝殿南庭とは別に、表門と中門廊・中門との間に東庭を形成し、表門は棟門の形式であった。寝殿を中心に中門廊から表門へいたるアプローチの建物群があり、寝殿と中門廊が南庭を取り囲み、寝殿一郭は整備された施設構成をもっていたようである。

正親町三条家は摂家、清華家に次ぐ大臣家の家格である。また実雅の妹、尹子《ただこ》（瑞春院）は足利義教《よしのり》の妻で、実雅は義教の義兄にあたり、養母として義教の長男義勝《よしかつ》（七代将軍）を育てている。公家としての家格とは別に、将軍家との浅からぬ関係が屋敷のあり方に反映したのかもしれない。鎌倉時代の近衛殿にみられるような寝殿一郭の組み立てと配置構成は、この時期なお継承されていたようなのである。

応仁の乱以前における貴族住宅の実態

表1は、室町時代の十五世紀、応仁の乱以前における貴族住宅の実態について、寝殿の有無に注目してまとめたものである。これまで記した諸邸のほかにも、日野資教《すけのり》（一三五六—一四二八）の一条南・東洞院西の屋敷や、花山院持忠《かざんいんもちただ》（一四〇五—六七）、勧修寺経成《かじゅうじつねなり》（一三九六—一四三七）、大炊御門信宗《おおいみかどのぶむね》（一三九一—?）、久我通尚《こがみちなお》（一四七三年より通博《みちひろ》、一四二六—八二）の屋敷など、この時期の貴族の住宅に寝殿は確認できる。二棟廊《ふたむねろう》や中門廊、屏中門、四足門《よつあしもん》といった諸施設が確認できる事例もある。しかも清華家から名家《めいか》・羽林家《うりんけ》にいたるまで幅広い家格でみられることがわかる。一方、本節の冒頭に記した通り、正親町持季《もちすえ》邸に寝殿はなかった。また幼少期の足利義政が過ごした烏丸資任《からすまるすけとう》（一四一七—八二）の屋敷では、将軍職に就いたことで花御所（室町殿）より寝殿その他を移築しており、移築以前に寝殿はなかった可能性がある。こうして名家・羽林家といった中流公家の中に寝殿を持たない住

宅があったのもまた事実である。

貴族社会の最上位に位置する摂家ではどのような状況だったのだろうか。摂家とは摂政・関白をだす家柄である。摂関は藤原道長の子孫に独占されていたが、平安時代後期に近衛家、九条家に分かれ、さらに近衛家から鷹司家、九条家から一条家、二条家が分立《ぶんりつ》して五摂家《ごせつけ》となった。

五摂家の当時の本宅屋敷について、表1の下半に示した。五摂家の中で本宅に寝殿があったのは二条家、一条家、九条家である。ただし二条家の寝殿は足利義教から下賜《かし》されたものであった。鷹司家《たかつかさけ》、近衛家では寝殿をもたなかった可能性がある。また寝殿の有無にかかわらず、拝賀等での出立所には他邸をもってあて、本宅は用いられなかった。鷹司家では、内裏との距離が自邸より明らかに遠方の場合でもそのように所作された。寝殿から表門にいたる施設の組み立てと配置は、これまでのように十分整備されたものではもはやなかったらしく、家格では下位に属する住宅と比較しても、むしろ見劣りするのが摂家の実情であった。

当時の貴族社会における寝殿不在の象徴的な出来事の一つとして挙げられるのは、摂家である二条家が寝殿を将軍義教から拝受した事実である。摂家は貴族社会の最上位に位置する。したがって本来なら寝殿を自前で新造し、もっていて当然である、という前提をも

建　物	寝殿の有無	家格
寝殿・車宿・屏中門・棟門	○	清華家
寝殿・中門・屏中門・棟門	○	大臣家
寝殿・二棟廊・中門廊・門	○	名　家
寝殿・北子午廊・北方卯酉廊・北四足門	○	清華家
寝殿・中門廊・会所・常御所・寝居之間	○	名　家
寝殿・持仏堂	○	清華家
寝殿	○	清華家
寝殿なし，廊屋のみ，中門なし？，唐門	×	羽林家
寝殿なし？　唐門	×？	名　家
当初は寝殿なし，棟門も，対屋	△	摂　家
寝殿なし？，中門廊，公卿座	×？	摂　家
寝殿，公卿座	○	摂　家
寝殿なし？　四足門，小門	×？	摂　家
寝殿，棟門，中門，北ノ脇戸，北対	○	摂　家

表1　室町時代（15世紀～応仁の乱以前）の貴族住宅の実態—寝殿の有無—

邸　名	邸　主
高　倉　殿	三条実冬・公冬・実量
武者小路今出川邸	正親町三条実雅
一条南・東洞院西邸	日野資教
花山院持忠邸	花山院持忠
勧修寺経成邸	勧修寺経成
大炊御門信宗邸	大炊御門信宗
久我通尚邸	久我通尚
正親町持季邸（裏辻邸）	正親町持季
烏丸（日野）資任邸	烏丸資任
二　条　家	二条持基
鷹　司　家	鷹司房平
一　条　家	一条兼良
近　衛　家	近衛房嗣
九　条　家	九条政忠

とにした見方であろう。しかし摂家という家格が住宅のあり方を必ずしも反映するわけではなく、摂家の本宅の状況をもって下位の貴族住宅全般に敷衍《ふえん》できるわけでもない、というのがこの時代の趨勢《すうせい》であり実情であった。摂家以下における寝殿不在の事例は一面的で、寝殿や周辺施設の不備という評価は、内裏あるいは院御所として見た場合である。清華家から名家にいたるまで、寝殿一郭の諸施設を整える住宅は存在したし、また寝殿をたとえ

もたない場合であっても、当然あるべき建物として認識されていた。

応仁の乱後の貴族住宅—日野政資邸

十五世紀後半に勃発した応仁の乱は時代の画期とされ、貴族社会をとりまく状況も大きく変化したものと考えられている。乱をへて京中の住まいは荒廃し、乱後に避難先から戻っても、かつての住宅を復興させるのは容易ではなく、摂家をはじめ上級貴族でさえ、借住や小屋での仮住まいを余儀なくされたという。そのような時勢にあってなお、ちかごろではすばらしい家であると賞賛される屋敷があった（『大乗院寺社雑事記《だいじょういんじしゃぞうじき》』文明十一年〈一四七九〉七月十四日裏文書「随心院厳宝書状」）。将軍足利義政の室、日野富子《ひのとみこ》（一四四〇—九六）の甥にあたる侍従《じじゅう》日野政資《まさすけ》（一四六九—九五）の住宅である。

乱の後、もとの場所に再建された屋敷は一条北、室町西を占め、室町小路に東面して表門を開く「東晴」であった。「東晴」とは主要な出入り口となる晴門（正門）が東面にあって、寝殿東方に表向きの主要な建物群が晴門と寝殿の間に整備・配置されることをいう。日野政資邸では寝殿とその東方に公卿座、中門廊がつづき、公卿座の東に奏者所（殿上）があって、また対屋《たいのや》が寝殿と小庭を隔てた所にたっていた。さらに「東御門」、「南御門」（『長興宿禰記《ながおきすくねき》』文明十一年九月十五日条）、「東門」（『長興宿禰記』同年十二月七日条）が街路に面して開いていた。寝殿をはじめとするこのような建物の構成と配置は、前代までの貴族住宅の伝統を継承するものに他ならない。

このことは屋敷の沿革が示唆する。文明十年（一四七八）八月に新造上棟し、翌十一年二月二十一日、室町幕府九代将軍足利義尚《よしひさ》が方違《かたたが》えのために訪れ（『晴富宿禰記《はるとみすくねき》』同日条）、同年七月には皇居北小路殿の焼失によって、十二月の土御門内裏への遷幸《せんこう》まで、後土御門天皇の仮皇居になることもあった（『長興宿禰記』文明十一年七月十一日、十二月七日各条）。その後、文明十二年の三月二十二日、一条冬良《ふゆよし》が任左大将拝賀の出立所に用い（『長興宿禰記』『宣胤卿記《のぶたねきょうき》』文明十二年三月二十二日条）、同じ月の二十六日、近衛政家《まさいえ》もまた任関白拝賀で出立所とし（『長興宿禰記』『後法興院政家記』同日条）、さらに政家は長享二年（一四八八）九月十七日、任太政大臣節会《せちえ》でも、出立所に用いている（『後法興院政家記《ごほうこういんまさいえき》』同日条）。

乱後における公卿らの帰京、これにともなう旧地での再建と移徙《いし》は史料からうかがえるが、建物の構成や施設の詳細は必ずしも明らかではない。このように屋敷の様子が比較的よくわかる日野政資邸は、ある意味、希少な存在であったともいえる。しかも乱後間もない時期にもかかわらず、寝殿を中心に諸々の儀礼の開催に対応し得る建物群を備え、整備された建物構成をもっていた。乱前まで継承されてきた寝殿一郭のあり方は、乱をへたこの時期においてなお保持されていたのである。

江戸時代以降の貴族住宅

内裏の平安復古と摂関家の本宅

これまで見てきた寝殿一郭の定型化した姿は、さらに江戸時代の五摂家の本宅に確認できる（図51）。

五摂家の一つ、鷹司家《たかつかさけ》の本宅は、宝永《ほうえい》六年（一七〇九）以降明治にいたるまで院御所（仙洞御所）の南方西寄りにあった。天明《てんめい》の大火（天明八年〈一七八八〉）で内裏とともに焼失した後、再建された本宅の、とくに寝殿一郭を描いた図がいくつかのこされている。図52の『鷹司様表向御絵図写』寛政《かんせい》二年（一七九〇、寛政八年写、東京都立中央図書館蔵）はそのうちの一つで、竣工後の姿を描いたものである。図は上が東で、西面する寝殿をはじめ二棟廊《ふたむねろう》、中門廊《ちゅうもんろう》、侍廊《さぶらいろう》、侍廊《さぶらいろう》前の屏（立蔀）が定型通り配置されていた様子がわかる。図にはみえないが、中門廊の先（図では下方）に中門《ちゅうもん》が

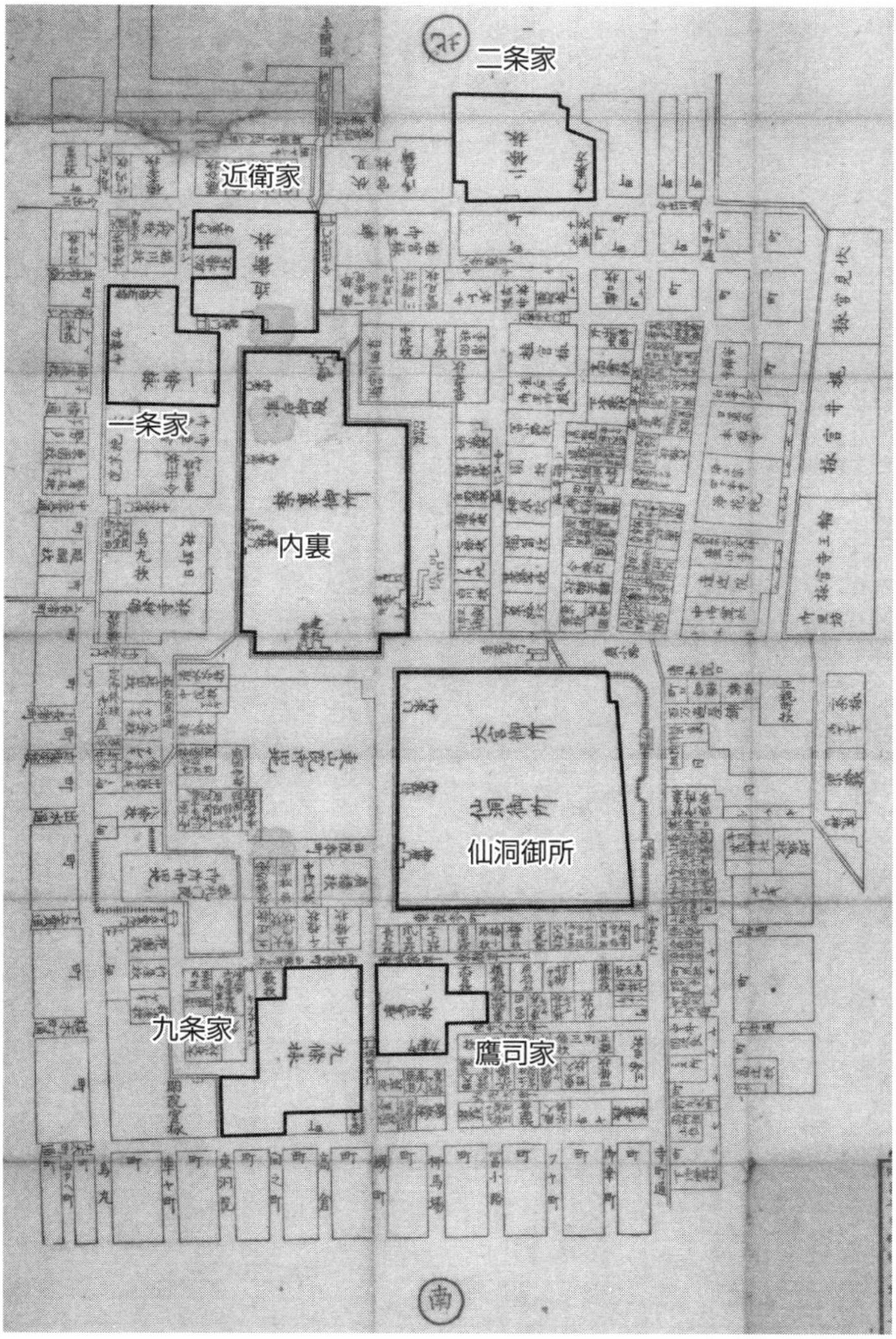

図51　江戸時代後期の内裏と五摂家の位置（「御築地内独案内 天保８年刊」京都市歴史資料館蔵に一部加筆）

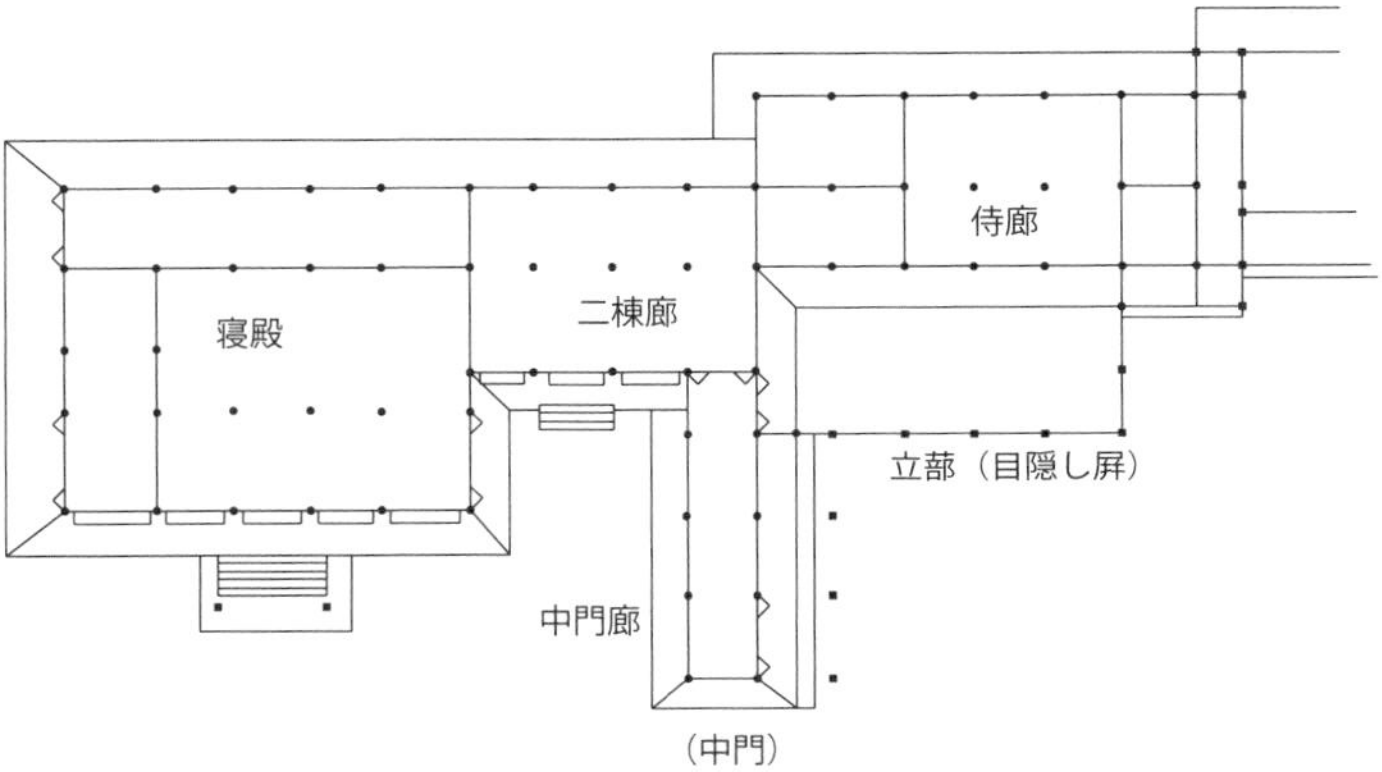

図52　鷹司家本宅の寝殿一郭（『鷹司様表向御絵図写』東京都立中央図書館蔵をもとに筆者作図）

あったことも、ほかの図から確認できる。

寛政二年竣工の寛政度の内裏《だいり》造営は平安朝の古儀によるもので、裏松固禅《うらまつこぜん》の『大内裏図《だいだいりず》考証《こうしょう》』が活用されたことはよく知られている。そしてこれはあまり知られていないのだが、鷹司家本宅の寝殿一郭（図52）でも固禅による考証が用いられている。固禅が考証の際に活用した史料の一つは、本章一一三—一一四ページでも紹介した広橋兼仲の日録『勘《かん》仲記《ちゅうき》』の、建治二年（一二七六）十二月十四日条にある鎌倉時代における猪隈殿《いのくまでん》の寝殿の図であった（図53）。固禅は当時の鷹司家の当主輔平《すけひら》（一七三九—一八一三）が所持していた本を借り出し、書写しているのである（藤田勝也編『裏松固禅「院宮及私第図」の研究』中央公論美術出版、二〇〇七年）。

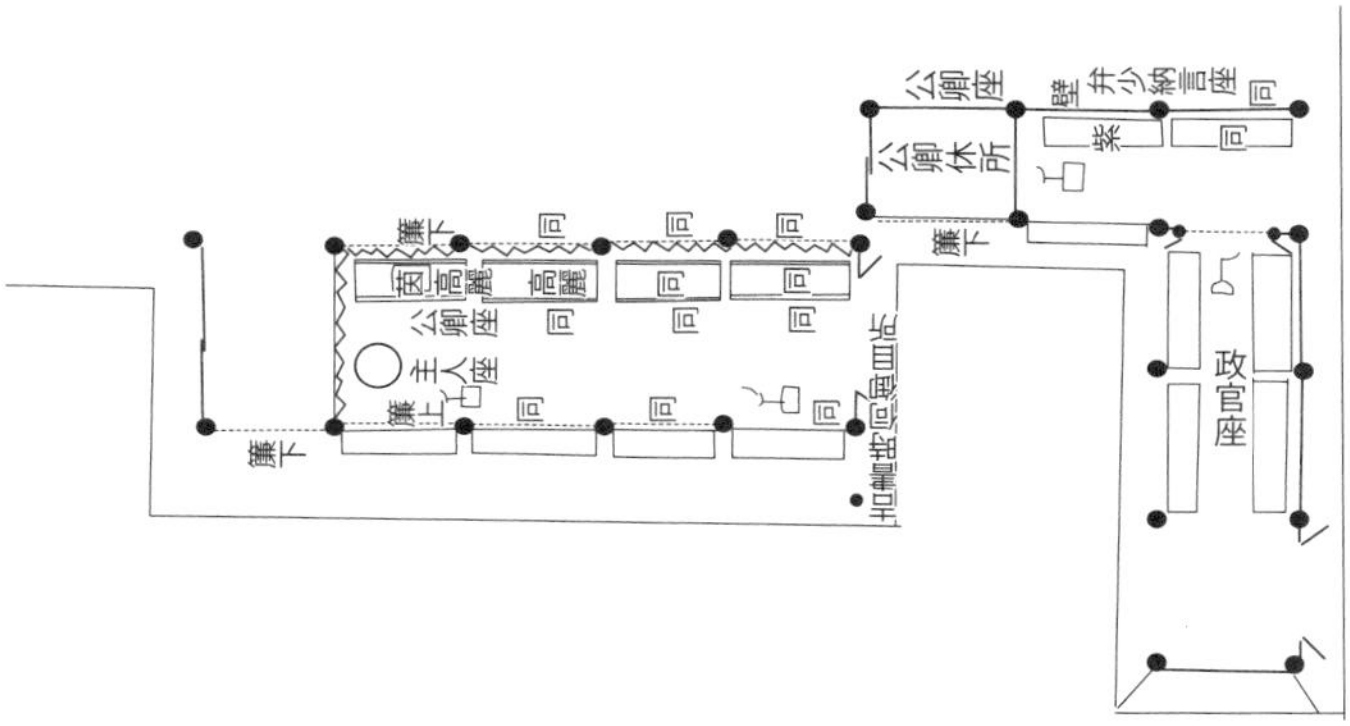

図53　鎌倉時代の猪隈殿（『勘仲記』建治２年12月14日の指図をもとに筆者作図）

猪隈殿は、鎌倉時代前期の公卿《くぎょう》で摂政・関白をつとめた近衛基通《このえもとみち》（一一六〇―一二三三）が、承元《じょうげん》五年（一二一一）に創建した近衛殿の別所であり、近衛家の菩提所《ぼだいしょ》として機能し、次の家実《いえざね》（一一七九―一二四三）の代には本所としての役割を担っていた（本章一二〇ページ川上前掲書）。当日行われた摂政鷹司兼平《かねひら》（一二二八―九四）の太政大臣任命にともない吉書《きっしょ》を猪隈殿で見ていて、図53は会場となった寝殿一郭での室礼《しつらい》を示したものである。寝殿の南面とその東方につづく二棟廊《ふたむねろう》、さらに南に折れて中門廊が接続している様子がわかる。図52を図53と見比べると、固禅による考証が鷹司家の寝殿一郭に活かされたことが確認できる。

もう一つ、同じ時期の二条家について見て

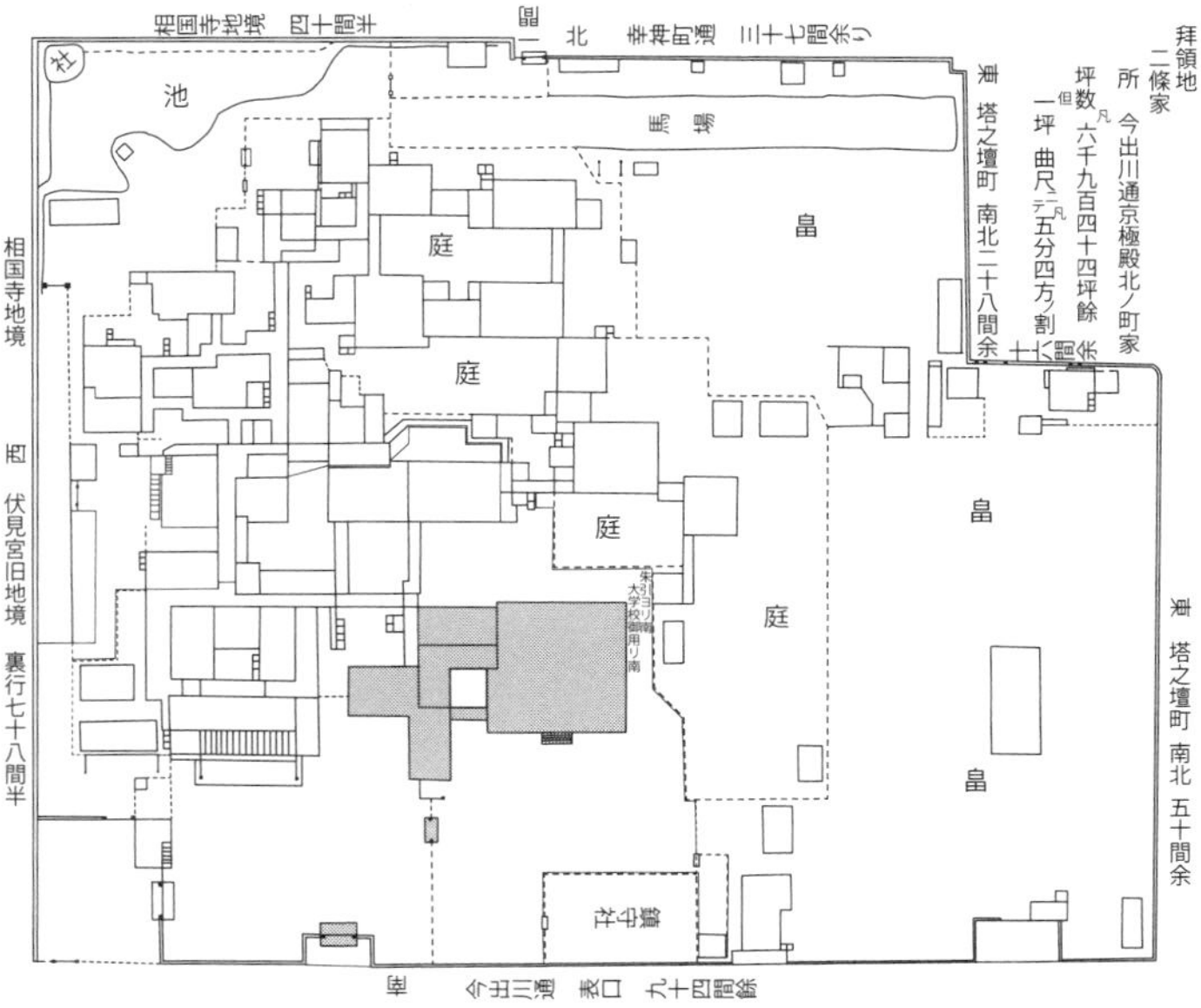

図54a　二条家本宅今出川邸の屋敷図（明治初頭『二条家拝領地図面』宮内庁書陵部蔵をもとに筆者作図）

みよう。現在の今出川通りをはさんで京都御苑《きょうとぎょえん》の北側に、同志社女子大学のキャンパスがある。万治《まんじ》四年（一六六一）以降、二条家はこの場所に本宅の今出川邸をかまえていた。ここもまた内裏や他の貴族邸と同様、天明《てんめい》の大火（一七八八年）による焼失後に再建され、幕末・明治を迎えている。『二条家拝領地図面』（図54a、宮内庁書陵部蔵）は今出川邸の全体を描いた屋敷図で、明治の初頭頃の状況を示したものである。当主の二条斉敬《なりゆき》（一八一六—七八）が居住した表方の御殿群《ごてんぐん》は敷地の西

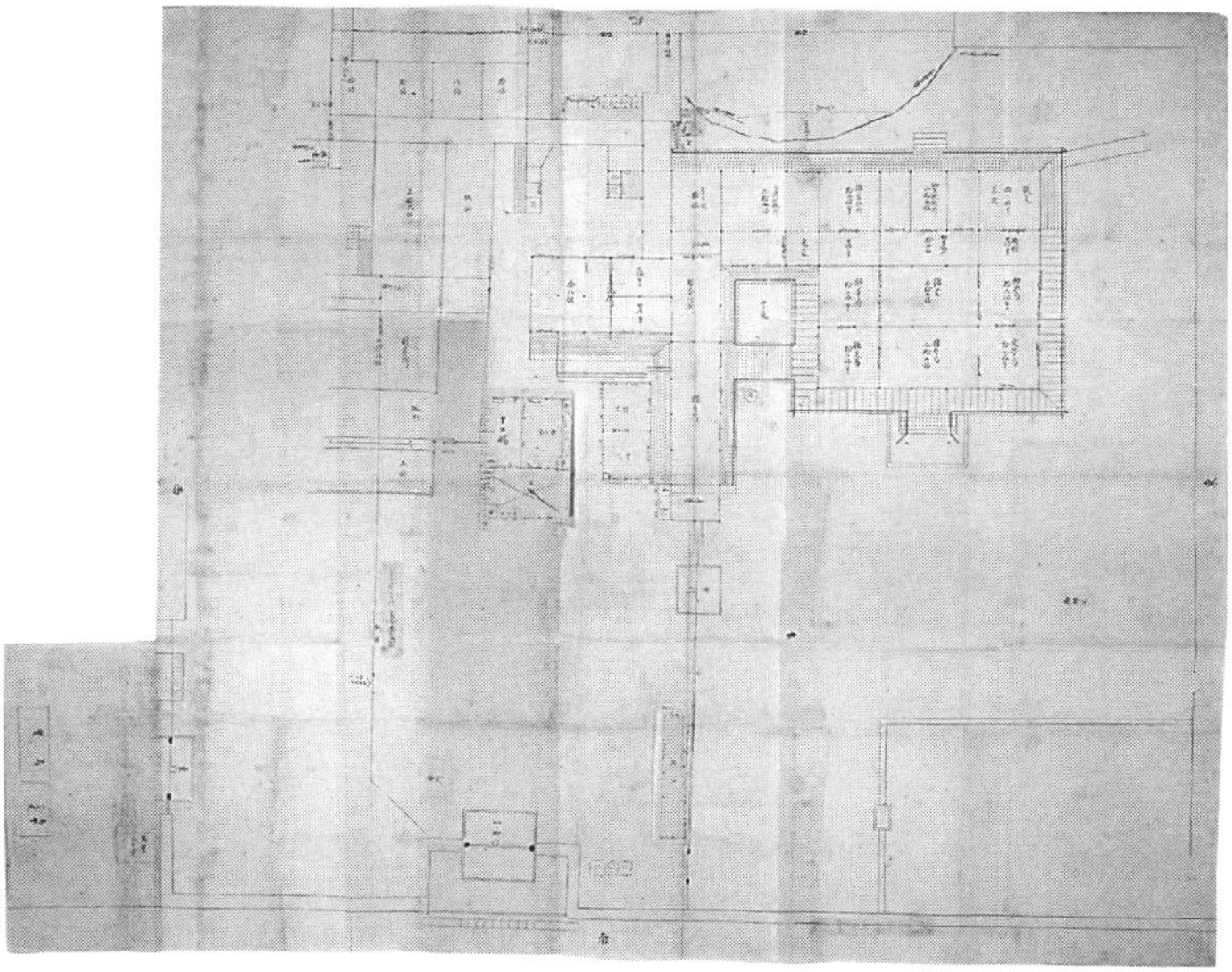

図54b　二条家本宅今出川邸の寝殿一郭（明治初頭『住宅（御殿）指図』東京都立中央図書館特別文庫室蔵）

半に寄せて配置し、その南方部に前庭を含めて大きな面積を占めたのが寝殿一郭の建物群である（図54ａの網掛け部分）。

図54ｂは『住宅（御殿）指図』（東京都立中央図書館特別文庫室蔵）と仮題される図である。「仮題」とされるのは、どこの屋敷なのか特定されていなかったからであるが、描写内容から図54ａの二条家の本宅、今出川邸にあった寝殿一郭と判断され、この図も明治初頭頃の状況を描いたものである。寝殿から二棟廊、透渡殿《すきわたどの》、侍廊、侍廊前の屏《へい》、中門廊、中門という建物群の組

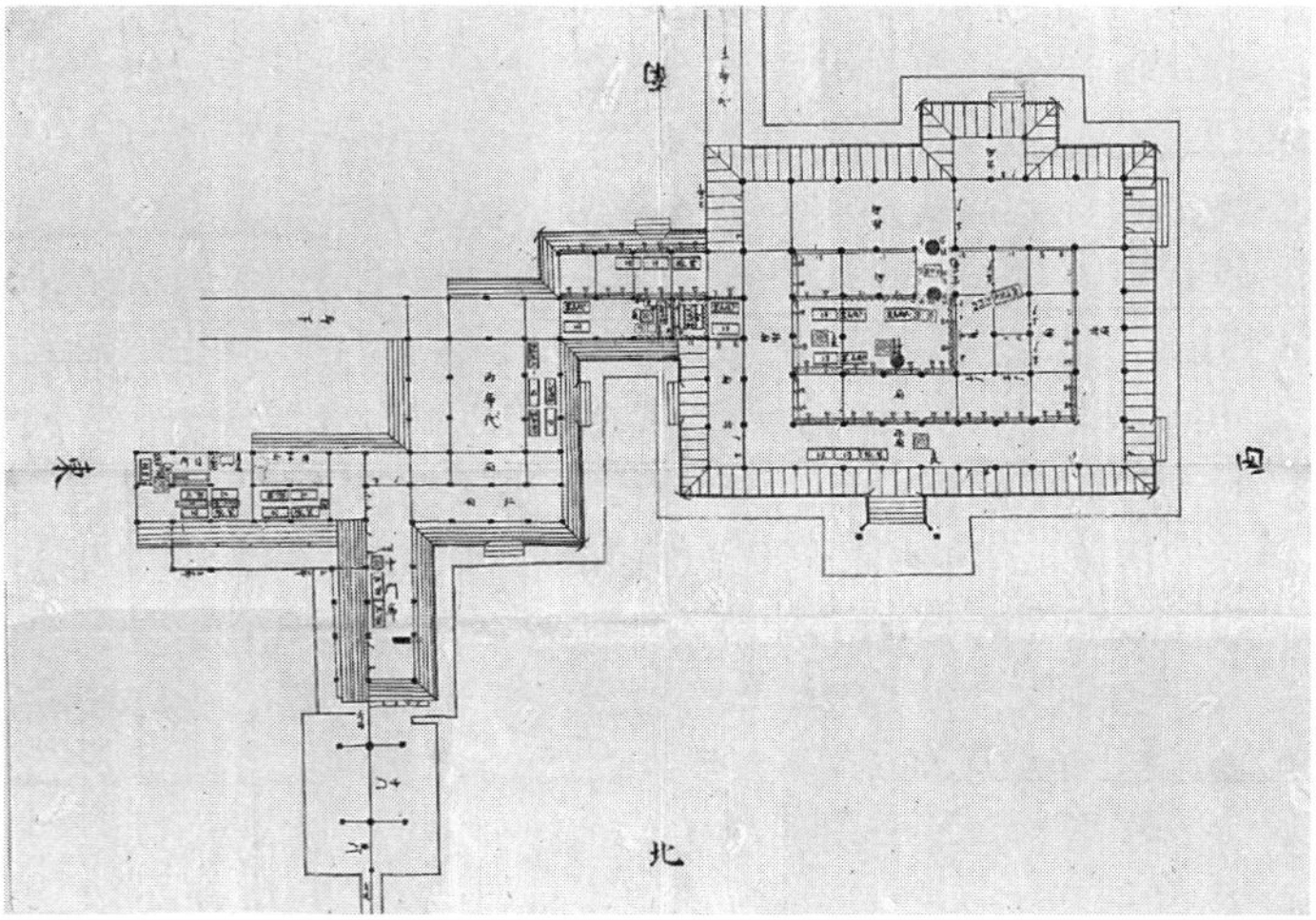

図55　九条家本宅の寝殿一郭（『幸経朝臣御元服次第』天保５年，国立公文書館蔵）

み立てと構成は、貴族住宅のアプローチの定型的なあり方を示す。南面して今出川通りに開く表門《おもてもん》は、四足門《よつあしもん》の形式である。寝殿の前面を中門廊と塀によって取り囲み、広い前庭（南庭）をつくっている。図は摂関家の近代、明治の姿である。しかし鎌倉時代の十三世紀末、近衛殿（図48）などと比べても、両者に大きな違いはなく、時の経過にともなう変化は認められない。

平安復古による内裏の再建がそうであったように、五摂家での寝殿一郭の整備においても、当時の復古意識の高まりがその背景にはあったのだろう。鷹司家や二条家での実態は右に見た通りだが、より一層復古の傾向が著しいのは九条家ともいわれる。はたして九条家では、平安時代ではないかと思わせるような寝殿一郭が、十九世紀前半の本宅内に営まれている（図55）。寝殿の平面は東三条殿のそれを想起させるとともに、注目されるのは寝殿の脇に寝殿とは棟の方向を直交させてたつ建物である。寝殿は北面しているので（図の下が北）、この建物は東対に相当する。東三条殿にも東対があった。しかし図には「東」ではなく、「西廊代」とある。たしかに寝殿が南面していれば、この建物は寝殿の西にたっていることになる。寝殿は南面するという古制へのこだわりが垣間見えるのである。

近代まで継承された寝殿造

ただし、内裏の平安復古に注視するあまり、摂関家におけるこうした寝殿一郭の状況もまた、十八世紀後半における平安復古の風潮にともなう、いわゆる期間限定、一過性の現象と見なしてしまっては、迂闊《うかつ》の謗《そし》りを免《まぬか》れない。実際には江戸時代を通じてほぼ一貫して見られるからである。

九条家では、十七世紀前半～中頃の寝殿一郭（図85、図86）に確認できる。北面する寝殿とその周辺の建物群の組み立てや配置構成は、中世のそれを踏襲したものである（本書二一六―二一八ページ参照）。

二条家でもそうした寝殿を早くから設けている。江戸時代前期に本宅のあった新在家町の、寝殿一郭での摂政家拝礼を描いた図が、九条道房《みちふさ》（一六〇九―四七）の日記『道房公

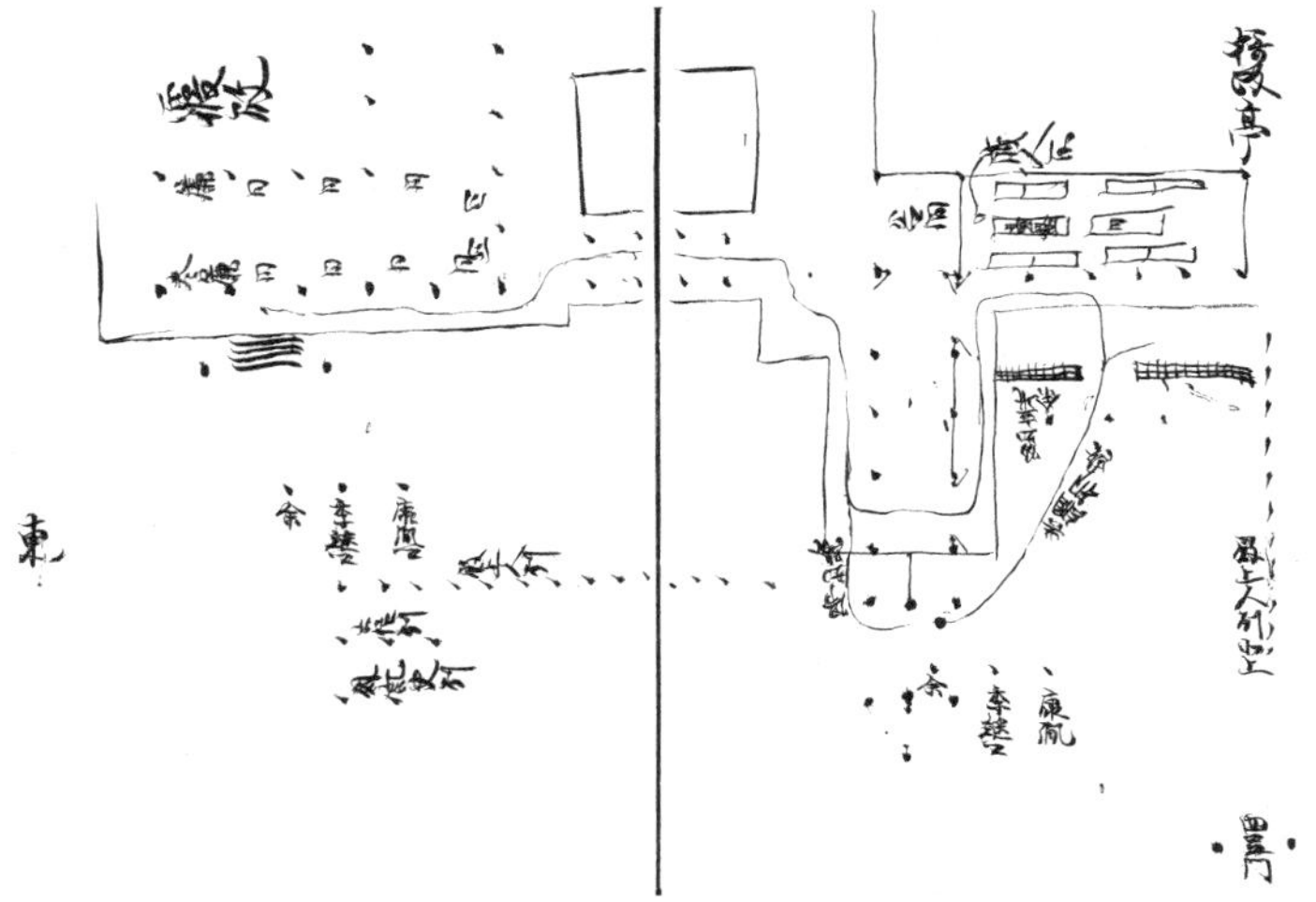

図56　二条家本宅新在家町邸の寝殿一郭（『道房公記』寛永13年正月２日，宮内庁書陵部蔵）

記』寛永十三年（一六三六）正月二日の条に「摂政亭」と題して収められている（図56）。当時の二条家の当主、摂政康道《やすみち》（一六〇七―六六）は九条幸《ゆき》家《いえ》（一五八六―一六六五）の息子であり、記主道房の兄にあたる。北面する寝殿の西半周辺に描写の範囲は限られるものの、中門廊や侍廊を型通りに配置していた様子がわかる。本宅が今出川に移ってからも状況は変わらない。

図57は天明《てんめい》の大火（一七八八年）以前における本宅今出川邸での寝殿一郭で、明和六年（一七六九）十二月に催された二条治孝《はるたか》（一七五四―一八二六）の元服《げんぷく》式の室礼《しつらい》を描いた図である。会場となった寝殿と東方（図右方）の廊

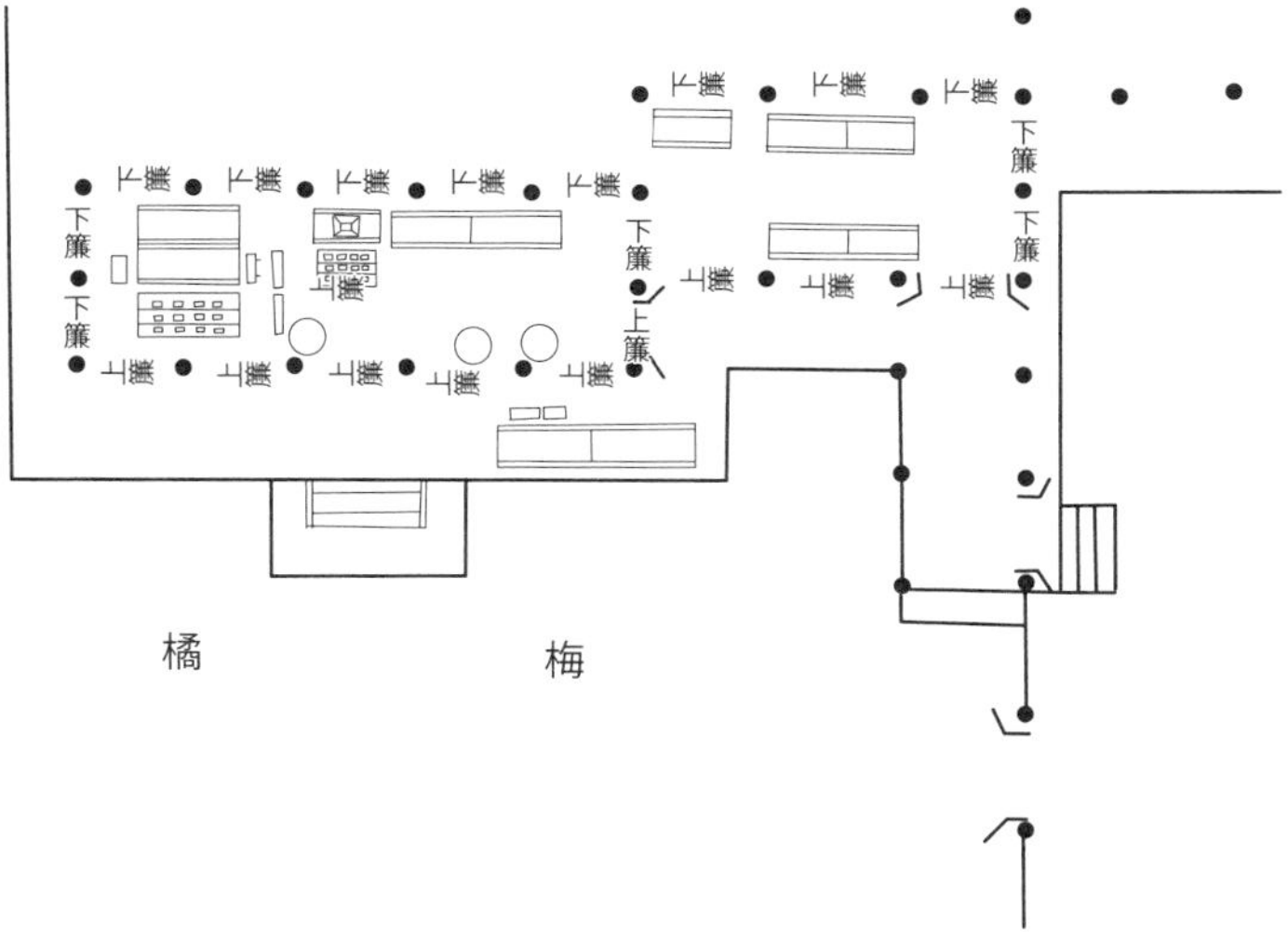

図57　天明の大火以前 二条家本宅今出川邸の寝殿一郭
（明和６年『二条治孝元服次第』宮内庁書陵部蔵をもとに筆者作図）

（おそらく二棟廊）、これに直交する中門廊そして中門から塀がのびる。図にはないが、さらに東に侍廊がつづいていたのであろう。寝殿と東方の建物群はやはり型通りで、しかも寝殿南庭の東に梅、西に橘を植栽するのは、古式へのこだわりをうかがわせる。

延宝五年（一六七七）の一条家本宅の寝殿一郭（図58）もそうである。延宝の火災後に再建され、天明の大火（一七八八年）で再び焼失するまで存続した屋敷で、この図は起こし絵図をもとに作図したものである。そして近衛家は、五摂家の中では他家に比べてやや遅れるものの、十七世紀の後半には寝殿一郭を型通りに営んでいて、天

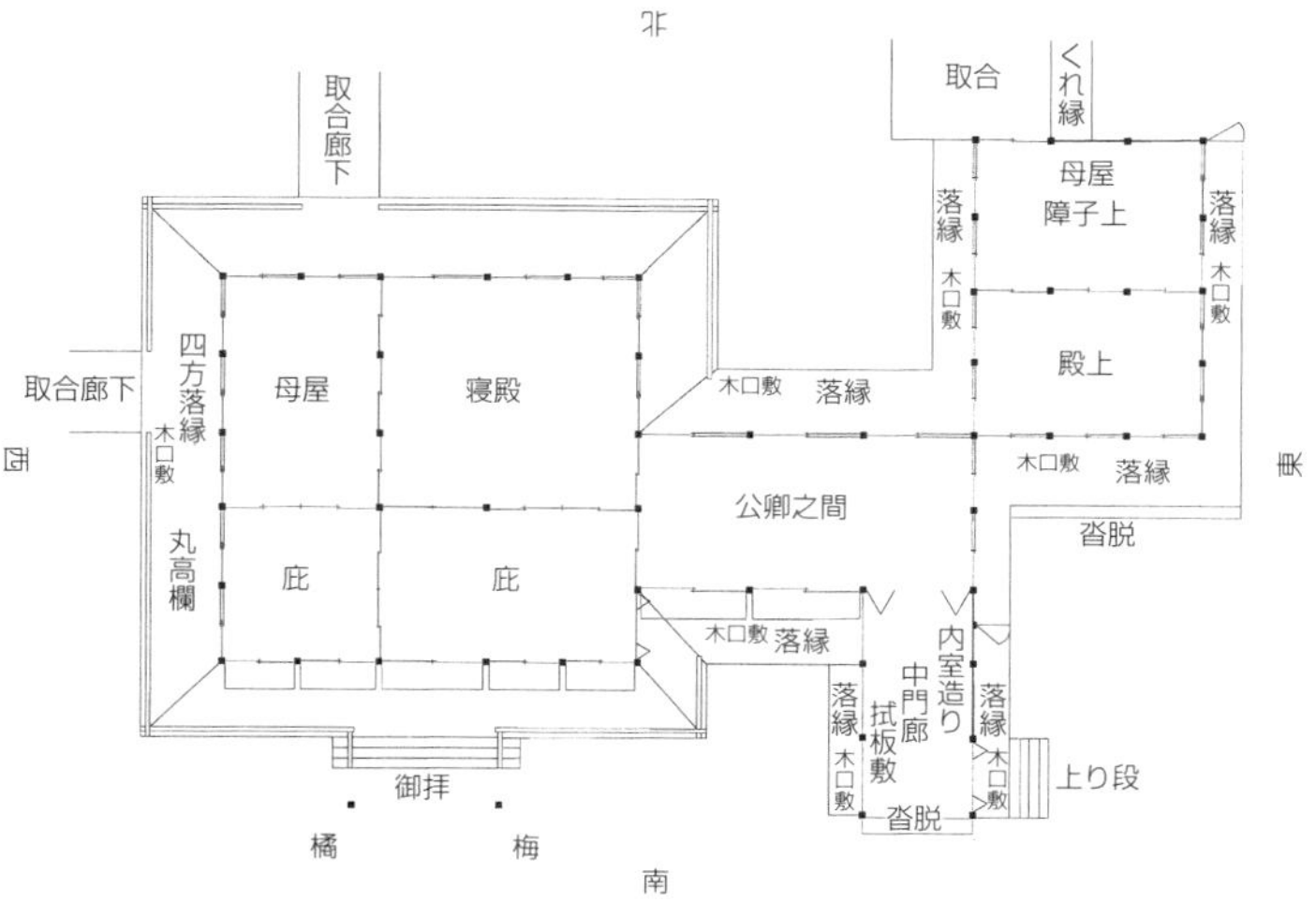

図58　一条家本宅の寝殿一郭（延宝５年『一条邸寝殿起絵図』東京都立中央図書館蔵をもとに筆者作図）

明の大火後の再建でも踏襲されたのは他家と同様である。

このように中世の貴族住宅にみられた寝殿一郭のあり方は、五摂家では江戸時代を通して近代まで確認できる。内裏の周辺に広大な敷地を占めつつ（図51）、多くの建物をかかえる摂家の本宅では（図54 a参照）、いずれの家でも例外なく寝殿造にもとづく建物群を常に更新し、維持し、継承してきたのであった。

母屋と庇へのこだわりと室礼

本書三一―三五ページに記したように、内部空間には母屋《もや》と庇《ひさし》さらに孫庇《まごひさし》からなる空間の序列《じょれつ》があり、この序列にこだわるのが平安貴族の住宅の大きな特徴であった。それは木造

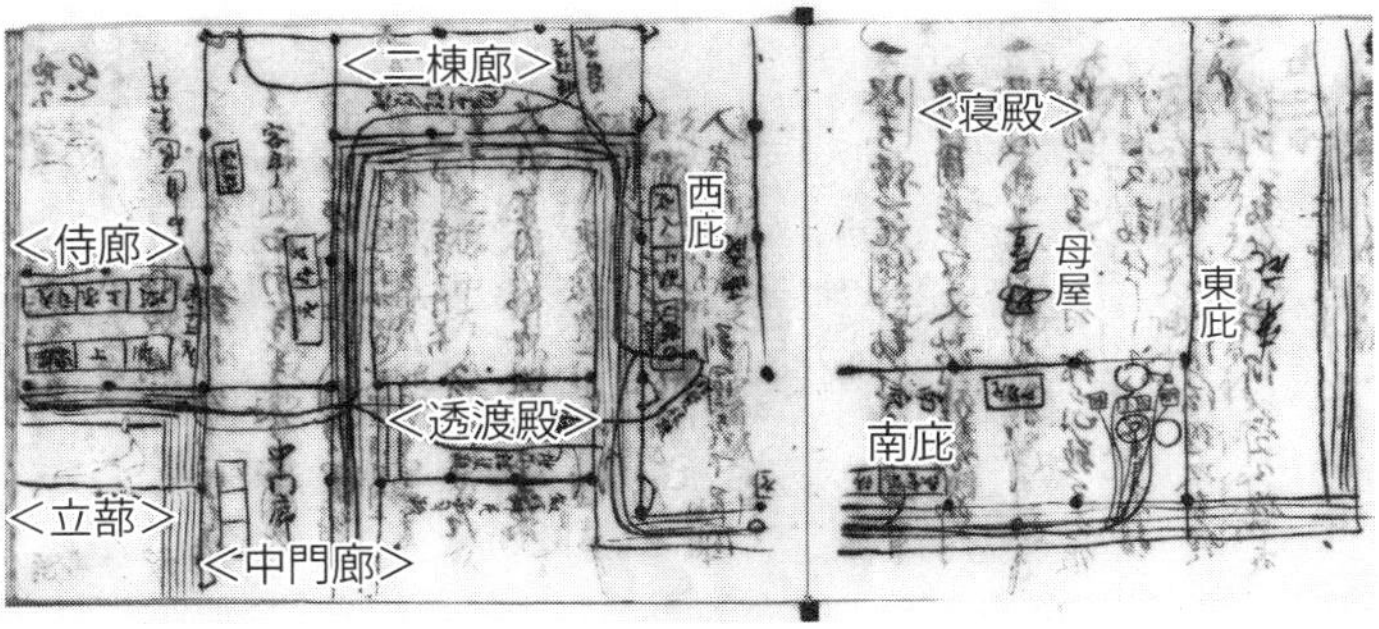

図59　天明の大火以後　二条家本宅今出川邸の寝殿一郭
（文政７年『二条斎敬元服理髪以下之事』宮内庁書陵部蔵に一部加筆）

の建物の構造的な制約と密接に結びついており、古代の建物にあてはまる話であった。中世以降、建物構造の進化とともに制約はうすれ、そのような空間をもつ必然性はなくなってゆく。構造的な制約からの解放は、母屋と庇さらに孫庇という空間の序列の解体をもたらすということである（太田博太郎「書院造」、『日本住宅史の研究（日本建築史論集Ⅱ）』岩波書店、一九八四年）。

　住宅の場合もむろん例外ではない、はずである。しかし実際にはそうはならなかった。貴族住宅の内部では母屋、庇、孫庇、さらに縁《えん》も含めて、空間の序列を強く意識しているのである。

　一例として、図59を挙げた。『二《に》条斉《じょうなり》

敬元服理髪以下之事《ゆきげんぷくりはついかのこと》』（宮内庁書陵部蔵）という史料にある図で、江戸時代の後半、天明の大火（一七八八年）後の二条家の本宅、今出川邸において、文政《ぶんせい》七年（一八二四）五月、寝殿を会場に開かれた二条斉敬（一八一六—七八）の元服式の様子を描いたものである。寝殿の一部は前記した『住宅（御殿）指図』（図54ｂ）にある通りで、ここでは寝殿の南半および二棟廊、透渡殿、中門廊そして侍廊の一部が描かれる。

図54ｂでの寝殿の内部は、縦横の間仕切り《まじき》によって各室を羅列したに過ぎないようにもみえる。しかし図59の方をみると、寝殿中央の部屋を「母屋」、東半の二室をあわせて「東庇」、西半の二室をあわせて「西庇」とし、さらに南半中央の部屋を「南庇」と記している。構造的な制約から解放された江戸時代の建物なので、内部空間をひろげるのに、母屋を中心に庇を付け加えるといった、古代の建物のような方法をとる必要はまったくない。にもかかわらず「母屋」「庇」と記すのは、構造とは関係なく、儀式時における空間の序列を示すものである。ここでは一部の間仕切りを撤去《てっきょ》して、母屋と庇の空間がつくられた。そして元服式のための家具・調度による室礼《しつらい》がなされたのである。

寝殿造の本質

寝殿造の「型」と本質

寝殿造の本質を探るべく、本章では、寝殿造が成立する以前の九世紀を中心に大規模遺跡に目を通した後、十三世紀から十九世紀まで通覧することで、「型」を追跡した。時代を超えて変化しない「型」として抽出できたのは、寝殿を中心とする建物群の組み立てと配置構成であった。まとめるとこうなる。

(1)寝殿を中心に建物が取り囲んで前庭をつくり、寝殿と前庭は一体的な空間を形成する。

中門廊や塀《へい》、柵列などによって、寝殿は正面に前庭をもつ。寝殿と前庭は一体的に活用される空間で、伝統的な諸儀式の舞台となる。寝殿が南面する場合は南庭だが、時代が下がると「南」庭とは限らない。

（2）寝殿から表門にいたるまで、定型化したアプローチの建物群をもつ。
寝殿から二棟廊、侍廊《さぶらいろう》、中門廊《ちゅうもんろう》、中門《ちゅうもん》そして表門にいたるというアプローチを形成する建物群は一定の組み立てをもち、配置構成も変化しない。

また、一貫して変わらない内部空間のあり方に次の点がある。

（3）母屋《もや》と庇《ひさし》さらに孫庇、縁《えん》という空間の序列《じょれつ》に強くこだわる。

それはまた古代的な空間の維持、あるいは再編を意味するもので、必然的に室礼《しつらい》を導くことになろう。そこで派生して、次の点を加えることができる。

（4）室礼によって、大空間を適宜、間仕切り、家具・調度を置き、用途・機能に応じた空間をつくる。

時代を超えて存在する「型」、一貫して変化しない「型」。それが様式であるなら、寝殿造という様式は上記の（1）と（2）、そして（3）、さらに（4）を加えた都合四点に、その本質が見いだせるということである。ただし（4）は（3）に付随し、貴族住宅に特有というわけでもないことは、すでに述べた通りである（本書三一—三五ページ参照）。

寝殿造の本質と意義

振り返って右記の（1）（2）は、本書五八—六三ページにおいて貴族住宅がもつ空間的特徴として挙げた（Ⅰ）配置構成の①〜③の「規範性」に通じ、（3）（4）は（Ⅱ）内部空間の特徴⑤⑥である。

こうした規範性や建物内部のあり方を担保したのは、寝殿造による貴族の住宅が、墨守すべき儀礼遂行のための舞台であり、社会秩序を可視化するための装置として機能したことが大きいであろう。

機能・用途が変わらなければ、それを支える様式も存続する（本章一〇二—一〇四ページ参照）。寝殿とその一郭は儀礼の主会場であったから、寝殿は時代を超えて営まれ、寝殿とともに前面を取り囲む空間（前庭）も確保された。さらに、寝殿に連なる二棟廊（公卿座）、侍廊、そして中門、表門にいたるアプローチを形成する建物群もまた、欠くべからざる存在として型通り配置されたのであった。中門廊は出入口として省略できない存在であり、「寝殿造の必須の条件は、寝殿と中門廊とである」と言われることさえあった（太田博太郎「日本住宅史」、『日本住宅史の研究　日本建築史論集Ⅱ』岩波書店、一九八四年）。それら二つの建物だけでアプローチを構成するのはさすがにむずかしいと思われるが、寝殿造におけるアプローチの重要性は、先学も示唆していたのであった。

アプローチを構成する建物群に一定の法式があったことは、中世の故実書から知られる。室町時代、応永二十七年（一四二〇）に仁和寺の恵命院権僧正《えみょういんごんのそうじょう》の宣守《せんしゅ》が著した有職故《ゆうそくこ》実《じつ》に関する随録《ずいろく》『海人藻芥《あまのもくず》』は、その後半に家作の故実を扱っていて、公家・寺家・武家ごとにしかるべき法式があったことを記すが、その内容はとくにアプローチを構成する建物群に関することがらである。「大臣家」や「親王家」がそなえるべき建物として列記されるのは、四足門《よつあしもん》・上中門《あげちゅうもん》・殿上・公卿座・障子上《しょうじのかみ》・蔵人所さらに車宿《くるまやどり》・随身所《ずいじんどころ》である。また車宿の柱は丸柱とする。いっぽう格下の「名家《めいか》以下月卿雲客《げっけいうんかく》」の住宅では、四足門をはじめ殿上、障子上などの建物群を備えてはならず、寝殿には階隠《はしかくし》（本章一一七ページ参照）を設けず、車宿の柱は角柱（「四方」）とする。

また南北朝から室町時代における三条流の故実書、家訓・家例書に、前内大臣、転法輪《てんぽうりん》三条公忠《さんじょうきんただ》（一三二五―八三）の『後押小路内府抄《のちのおしこうじないふしょう》』や、その息子で太政大臣に上りつめた転法輪三条実冬《さねふゆ》（一三五四?―一四一一）による『後三条相国抄《のちのさんじょうしょうこくしょう》』がある。前者では公卿座（客亭座）、中門廊、侍屋（障子上を含む）といったアプローチを構成する建物群が客人の身分に応じて振り分けられたこと、後者では中門からの出入りに関する公卿と殿上人の身分による違いが記されている。

儀礼の遂行は貴族社会のアイデンティティであり、その内実がたとえ形骸化していたとしても、継承されるべき伝統であった。儀礼を具体化する舞台、可視化する装置が存続するのは必然であろう。内部空間では、母屋と庇という空間の序列へのこだわりとしてあらわれ、室礼もまた継承されたのである。

こう記すと、あるいは次のような批判があるかもしれない。東三条殿《ひがしさんじょうでん》では東対に加え、後方に北対も想定される。十二世紀までの貴族住宅には、寝殿の東・西あるいは後方に対《たい》があった。しかし十三世紀以降の事例では、東・西に対はなく、北対《きたのたい》も対屋《たいのや》へとその性格を変えている（本書一五九―一六二ページ参照）。対の有無という点において、両者の建物構成には大きな違いがある。王朝時代の貴族住宅こそが寝殿造であり、寝殿造には寝殿とともに対が不可欠な存在ではなかったのか。東・西対の消滅は、貴族社会の衰退、経済的困窮あるいは居住形態の変化と軌を一にする現象であって、十三世紀以降の貴族住宅は規模を縮小し、簡略化した姿に他ならないのであると。

そのような理解がこれまでは一般的であった。あるいはまた、東・西対の有無という点を重視して、十二世紀以前と十三世紀以後で、寝殿造を二類型に分けて把握するという見方も可能ではないのかと言われることもある。

そうではない。後世まで存続したのは寝殿で、東・西対の方は消滅した。対は寝殿の脇殿であり、結局のところ、寝殿に対して副次的、二義的な存在でしかなかった。そのことを史実は明確に示している。いっぽう東・西対の有無にかかわらず、上記(1)と(2)（さらに(3)(4)）は一貫して保持し続けた。東・西対の存在は寝殿造の本質に直接関わるものではないのである。

貴族社会が少なくとも表向きは完全に崩壊、消滅したのは十九世紀後半、明治である。

それまで伝統は継承され、とりわけ江戸時代以降の摂家において、寝殿造はそのもっとも本質的な部分を顕在化させつつ存続したのであった。

平安貴族の住宅の変容

院政期の実態

私的空間の充実

平安貴族の住宅の様式として十世紀に成立した寝殿造は、近代にいたるまで変わることなくきわめて長期にわたって生き続けた。しかし一方で、平安貴族の住宅は時代の要求に応じて大きく変容している。著しいのは日本社会が古代から中世へと転換した院政期である（藤田勝也『日本古代中世住宅史論』中央公論美術出版、二〇〇二年）。何がどのように変わったのだろうか。

小寝殿の登場

第一に、私的な生活空間の充実がある。象徴的な現象の一つが小寝殿《こしんでん》の登場である。小寝殿とは、「寝殿」の頭に「小」をつけた建物の呼称である。「小」は小さいという文字通りの意味に加えて、主に対して副、二番目という意味がある。同じ屋敷地内の建物だが、寝殿とは別のもう一つの寝殿が小寝殿である。しかも小寝殿は院政期、十一世紀末～十二世紀に登場する。小寝殿という呼称の建物はそれ以前にはなく、それ以後見られない。小寝殿は院政期に特有で、平安貴族の住宅の変容を象徴する建物なのである。

後白河上皇の御所、法住寺南殿《ほうじゅうじみなみどの》は、本書二一―二六ページでも取り上げた屋敷である。永暦《えいりゃく》二年（一一六一）創建の屋敷の様子は『年中行事絵巻』に描かれるが、仁安《にんあん》二年（一一六七）にたて替えられて以降、記録に頻繁に登場するのが小寝殿である。

南面する寝殿の西側に対《たい》、さらに中門廊《ちゅうもんろう》や中門、表門（四足門《よつあしもん》）などアプローチを構成する建物群があって、儀礼のためのハレの領域は屋敷の西方である。いっぽう寝殿の東側はというと、対ではなく小寝殿がたっていた。対であれば南北方向に棟《むね》をもつ南北棟の建物ということになるが、小寝殿は寝殿と同様、東西方向に棟をもつ東西棟の南面する建物である。史料には「東小寝殿」ともみえる、この建物の規模はよくわからないが、寝殿よりやや小規模ではあっただろう。とはいえ小寝殿は寝殿とともに南面してならびたち、西側のハレの領域とは正反対の側にあって、後白河上皇や女院の御座所にあてられ、仏事・遊興に用いられる内向きの建物であった。

なお東三条殿がそうであるように（本書一五ページ、図5）、法住寺南殿にも復元模型（縮尺一／一〇〇、神奈川県立博物館蔵）があり、小寝殿は模型を写真掲載する書物を通して確認できるのだが、屋敷の創建時とたて替え後の両方を混在させた復元にもとづくもので正確さを欠いたためであろうか、模型の現物を実見することはできないようである。

小寝殿の展開

法住寺南殿の小寝殿は寝殿とならびたち、両者は比較的近接していたらしい。しかし寝殿の一郭とは距離をおく小寝殿、さらには別区画の中に独立してたつ小寝殿も登場する。藤原頼通《よりみち》（九九二―一〇七四）の息子師実《もろざね》（一〇四二―一一〇一）が十一世紀末期に再建した高陽院《かやのいん》、十二世紀初頭の三条烏丸殿《さんじょうからすまるでん》や土御門烏丸《つちみかどからすまる》殿《でん》などの小寝殿である。

高陽院の小寝殿は中心部の建物群から離れた邸内東方にあって、太皇太后寛子《ひろこ》（頼通の娘、師実の姉、一〇三六―一一二七）の御所として、あるいは師実の北政所麗子《きたのまんどころよしこ》（源師房《もろふさ》の女《むすめ》、？―一一一四）による私的な仏事の場として用いられている。三条大路の北、室町小路の東にあった三条烏丸殿では、白河法皇崩御の後、屋敷の修造によって新設されたのが小寝殿である。南面する建物で、東方と南方は廊に囲まれ、西側は室町小路に面する築地塀《ついじべい》によって画されていたらしい。つまり小寝殿は、方一町の敷地のおそらく西北部の別区画にたつ御所施設であった。

また土御門大路の北、烏丸小路の西にあった土御門烏丸殿は、当初から平安宮の内裏（一七二ページ図65参照）を模して造営された屋敷で（『永久五年遷幸記』、この屋敷は本書六三ページでも触れた）、方一町の敷地内に南殿（紫宸殿《ししんでん》）を中心とする建物群が整然と配置

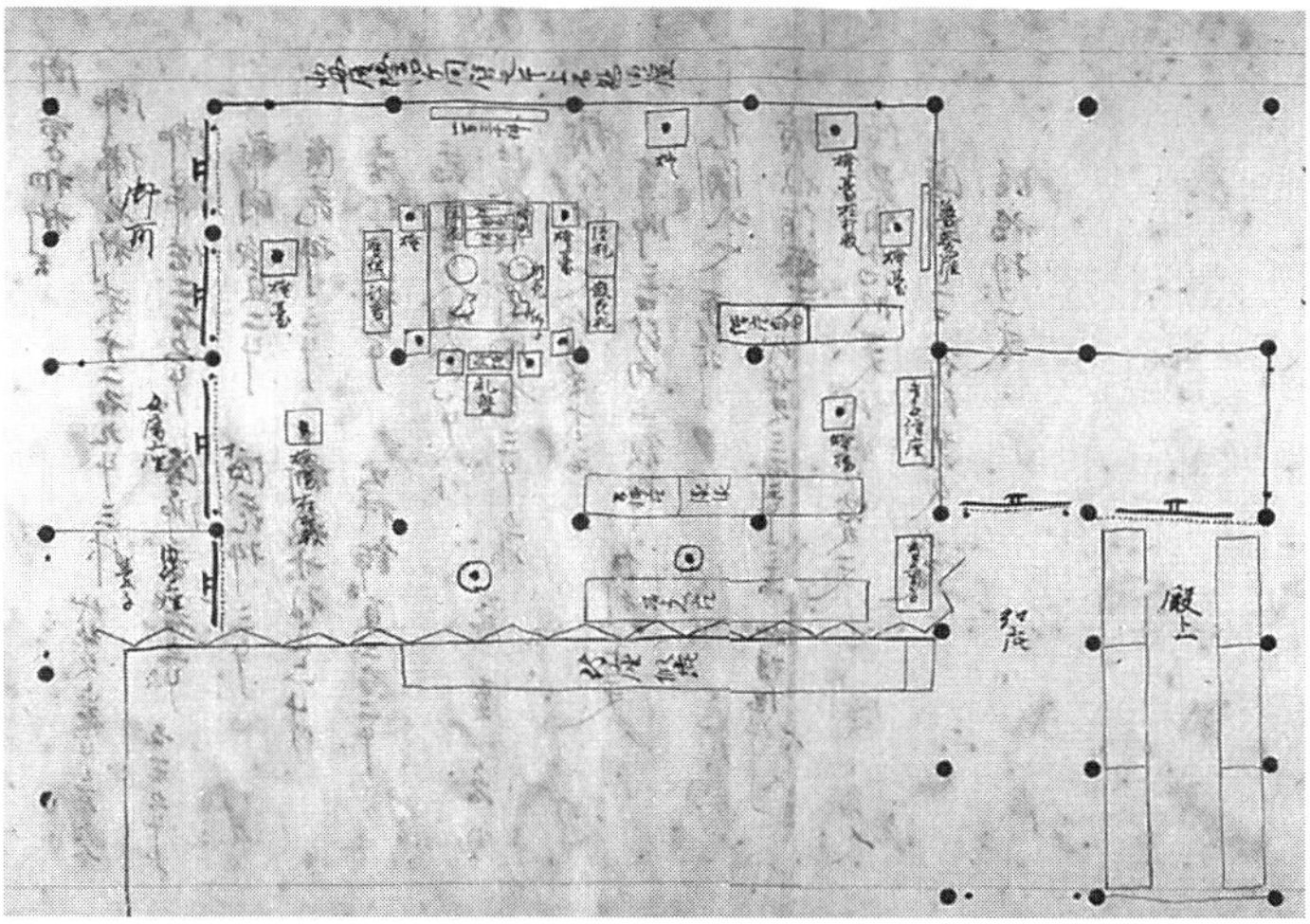

図60　土御門烏丸殿の小寝殿（『兵範記』長承元年12月22日，京都大学附属図書館蔵）

されていた。しかし崇徳《すとく》天皇（一一一九—六四）の中宮《ちゆうぐう》となった、藤原忠《ただ》通《みち》（一〇九七—一一六四）の娘聖子《きよこ》（一一二二—八二）のために営まれた小寝殿は、敷地西北部における既存建物の撤去、再開発によるもので、南殿をはじめとする主要な建物群とは切り離された別御所であった。兵部卿《ひようぶきよう》の平信範《のぶのり》（一一一二—八七）が記した日録『兵範記《へいはんき》』に、この小寝殿を描いた図が複数収められている。そのうち図60は、長承元年（一一三二）十二月に小寝殿を会場にして中宮の御仏名が開催された際の室礼《しつらい》を描いたものである。南面する東西棟の建物で、規模はおそらく「四間四面」（正面柱間四間の母屋

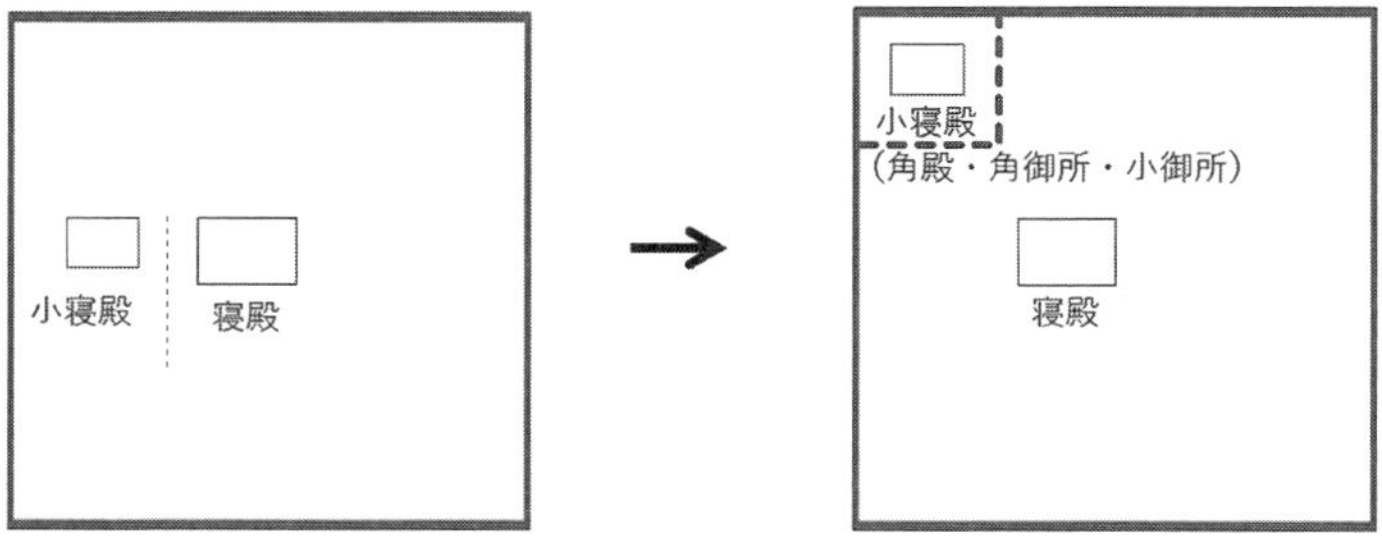

図61　小寝殿の展開模式図
寝殿に並立する小寝殿（左）と，別区画の小寝殿（右）

の四面に庇をまわす建物）で東孫庇をもち、東南部には西を弘庇とする子午廊《しご》（南北方向に棟をもつ南北棟の廊）を突出した形式であったと考えられる。

法住寺南殿での寝殿と小寝殿がともに南面して並立する姿は、各々が個別の領域をつくっていたことを示唆する。そのことを明確に示すのが、同じ敷地内に別区画の御所施設を形成する小寝殿である（図61）。儀礼空間として公的な役割を担う寝殿とは別に設けられた、もう一つの寝殿が小寝殿であり、小寝殿はおもに私的な生活空間を充実させるべく生まれた。同一敷地内にたつことから、寝殿に対して「小」寝殿と呼ばれたわけだが、小寝殿が郭内に別御所を形成し、事実上、寝殿とは分離した御所の場合には、ことさら「小」を冠して呼ぶことで寝殿と区別する必要はもはやない。「小寝殿」という呼称は消え、代わって角殿や角御所と称され、さらに鎌倉時代後半における、別御所の形式をとる小御所《こごしょ》へと継承されることになる。

北対の変容

私的な生活空間の充実。それは北対《きたのたい》の変容にも見ることができる。寝殿の東・西にたつ建物が各々、東対《ひがしのたい》・西対《にしのたい》と呼ばれたように、寝殿の北側にたつ建物が北対である。したがって呼称についてみれば、北対は東対や西対と同様の建物ともいえる。しかし両者は決定的に異なる。位置したのが寝殿の北、すなわち寝殿の前庭とは正反対の側である。東対や西対も共有した寝殿の前庭は、儀礼開催の表向きの領域である。一方、北対は正反対の側、内向きの領域に属する。北対が院政期以降、大きく変容したのは、そしてまた後世まで存続することになったのも、そのためである。

十〜十一世紀の摂関期《せつかんき》、北対は東・西の対《たい》と同様の形態をもつ建物であった。寝殿あるいは東・西の対がそうであったように、御所の空間として用いられていた。天皇の御座所《ござしょ》にあてられた事実がそれを裏打ちする。

長徳四年（九九八）に再建された一条院が長保元年（九九九）六月の内裏焼失にともない皇居となった際、紫宸殿には寝殿をあて、清涼殿《せいりようでん》すなわち一条天皇（九八〇—一〇一一）の御座所にあてられたのは北対であった（『権記《ごんき》』）。この一条院は寛弘六年（一〇〇九）に焼失し、翌年再建されたが、寛弘八年譲位後も御所としていた一条天皇（上皇）が崩御したのは、北対（後殿）であった（『日本紀略』）。さらに長和五年（一〇一六）後一条天皇（一〇〇八—三六）はこの一条院を皇居として用いるべく、一条天皇が崩御した北対のたて替え工事を行い、ふたたび北対は天皇の御在所となっている（『小右記』）。十一世紀初頭、藤原道長（九六六―一〇二八）の枇杷第《びわてい》が三条天皇（九七六―一〇一七）の皇居となった際、天皇は北対を御所とし（『小右記』）、譲位後も引き続き北対を用いた（『左経記《さけいき》』）。また十一世紀中頃、藤原頼通《よりみち》の再建による土御門第《つちみかどてい》が後朱雀《ごすざく》天皇（一〇〇九―四五）の皇居となった際にも、天皇は北対を御所とし、石灰壇《いしばいのだん》や夜御殿《よんのおとど》、鬼間《おにのま》、台盤所《だいばんどころ》ほか清涼殿に固有の各室が北対に設《しつら》えられた（『春記《しゅんき》』）。

しかし院政期、北対の用法は大きく転回する。中宮や女御などの御座所、五節《ごせち》の会場のほか、摂関の直廬《じきろ》（宿直室のこと）そして女房局《にょうぼうのつぼね》にあてられるのである。屋敷が皇居になった際、北対が後宮として機能していたことをそれらは示すものである（本章一七三ページ参照）。とくに女房局という用法は院政初期にはなお流動的であったが、皇居として用いられていない時にも見られ、北対の用法として定着してゆく。北対は女房局という内向きの生活空間へと変質するのである。

用法の転回、性格の変質にともない、建物の規模・形態も変わる。十一世紀末の堀河院の北対は桁行《けたゆき》（東西方向）一一間以上（『為房卿記《ためふさきょうき》』）、十二世紀中頃、藤原忠通《ただみち》の九条殿の北対は桁行八間以上（『兵範記《へいはんき》』）、同時期の閑院《かんいん》の北対は桁行一三間（『兵範記』）、十二世紀末、後鳥羽《ごとば》上皇（一一八〇―一二三九）の二条殿の北対は桁行一三間といった具合で

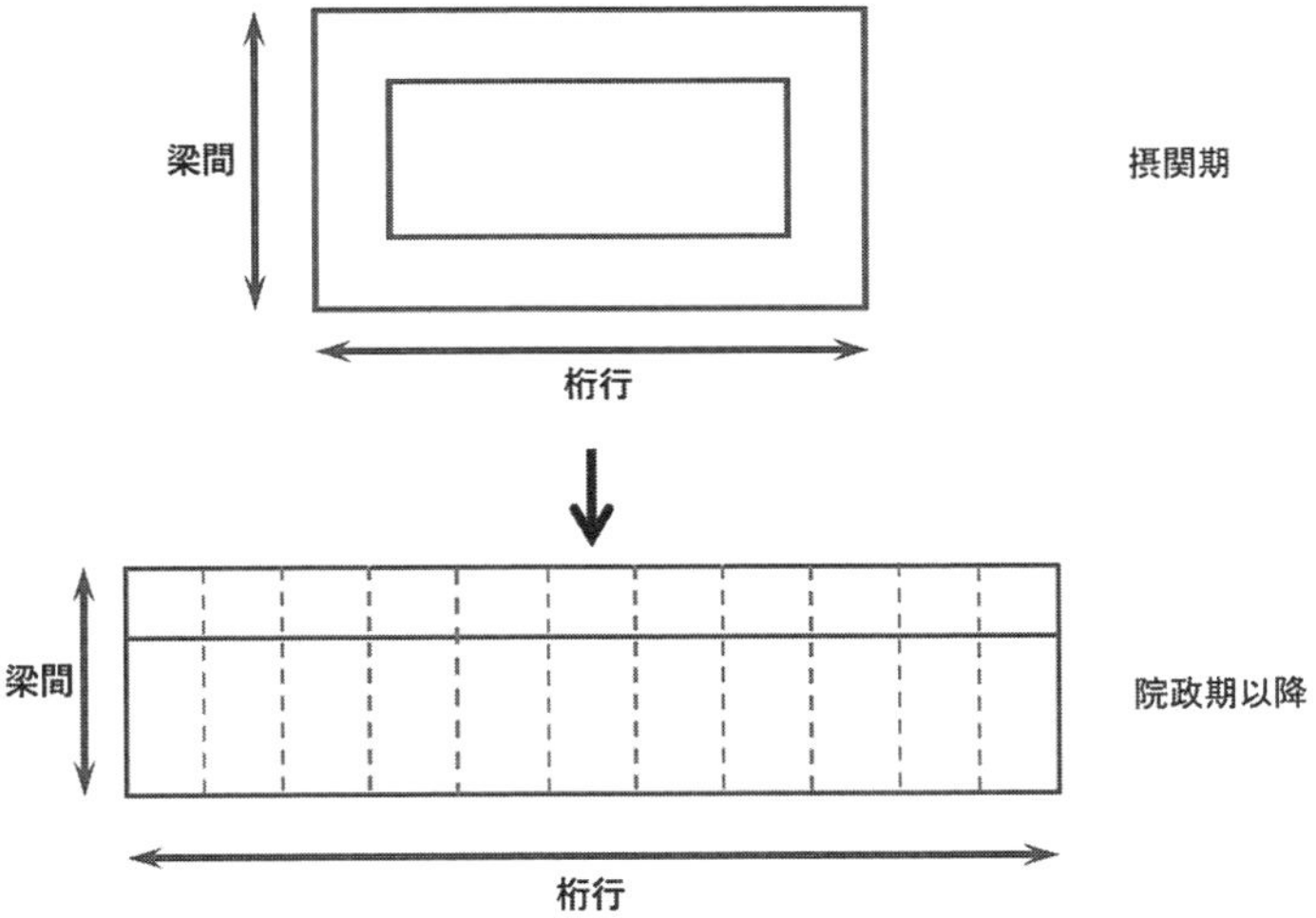

図62　北対変容の模式図

ある（『明月記《めいげつき》』）。それらの「〜間」の「間」とは柱間の数を意味する。ということは、桁行方向に柱間数が多い、細長い形態の建物なのである。そして建物内部は一間ごとに仕切って複数の局《つぼね》をつくっていた（『山丞記《さんじようき》』）。北対は複数の局がならんだ棟割《むねわ》り長屋のような建物だったことになる。摂関期には御所に用いられ、寝殿や東・西対と同じ形態をもつ建物であったのが、院政期には局の集合体、桁行方向に長大な建物へと変わっていたのである（図62）。

北対から対屋へ

さて、平安時代の貴族住宅、寝殿造の住宅を解説する諸書の中で、寝殿の東方にたつ東対《ひがしのたい》、西方にたつ西対《にしのたい》を指して、「東《ひがしの》とえば図33参照)。前二者は「対屋」の頭に方位の「東」「西」を付けたものであろう。しかし、正しくは「対《たい》」あるいは「対の屋《たいのや》」、すなわち「東対」「西対」あるいは「東対の屋」「西対の屋」であって、「東対屋」「西対屋」「東の対屋」「西の対屋」のように「対屋」と記すのは正しくない。一方で、「対屋」という語も史料に見える。ただしそれはおもに中世、十二世紀後半以降である。しかも実体は、桁行に細長い長屋形式の建物である。「対」と「対屋」。「屋」が付くか付かないか。たった一文字の違いである。しかし両者は似て非なるものなのである。

この「対屋」に関連して注目されるのは雑舎《ぞうしゃ》である。雑舎とは、貴族住宅の屋敷内、寝殿一郭が占める南半とは反対側の北半にたてられた建物で、生活を背後から支えるのに不可欠な存在であり、屋敷の規模や居住者の階層によらない普遍的な施設であった。雑舎は屋敷内に一棟の場合もあれば、その規模や性格を反映して複数設けられることもあったが、いずれも長屋形式をとる傾向にあった。

このように「対屋」も雑舎も、院政期に変容した北対と同様の形態をもっていたことになる。またいずれも寝殿の北方に位置するという点で共通する。対屋—雑舎—北対の三者は互いに密接に関連する建物であったことがわかる。北対の変容は雑舎への接近であり、

「対」という語を含むことから、北対の変容した結果が「対屋」であったとも見なされるのである。

雑舎的な変容によって、北対は「対」から「対屋」へと転換し、転換した対屋は雑舎的な建物であるがゆえに、東・西の対のように消滅することなく、後世まで存続したのであろう。対屋は近世の住宅にも見られる。屋敷内で働く使用人たちの住まいとしてである（本書二一九ページ参照）。北対は用法と性格そしてその形態を変えることで近世まで継承された。私的な生活空間の充実、内向きの空間の重要性を端的にものがたる建物。それが北対なのである。

萱葺き建物と萱御所

檜《ひのき》の樹皮（檜皮）で屋根を葺く檜皮葺《ひわだぶき》が許されたのは五位以上の貴族で（本書六二ページ参照）、檜皮葺には格式表現の側面がおそらくあった。六位以下には、実状はともかく禁止されていて、板葺きが主流だったらしい。庶民の住まいになると、板葺きのほか草葺きも候補に挙げられるだろう。平安京の当初はそれも想像されるが、しかし都市住宅として成立した町屋は、板葺きであった（図4参照）。都市化した京内であっても、草葺きの建物はむろん皆無ではない（『一遍上人絵伝《いっぺんしょうにんえでん》』、市屋道場を囲む桟敷建物）。ただし簡略な建物、仮設的な建物であった。地方では板葺きや草葺き屋根なので（『今昔物語集』巻二二第七、『鎌倉遺文』二〇七一七号、『法然上人絵伝』

巻一など)、住宅の草葺き(萱葺《かや》き)は地方の屋根であった。要するに、草葺き(萱葺き)は都市では通常採用せず、貴族の住宅ではとくにそうであった。彼らにとって質素で粗末な手法と見なされていたのである(『宇津保物語』十世紀後半成立、藤原の君の巻)。

しかし一方で、萱葺きが数寄的な空間演出のための手法とされることがあった。屋敷内に人為的な山里を設け、また文芸的な隠遁者《いんとんしゃ》が都近郊に庵《いおり》を営むとき、萱葺きをあえて好んで採り入れた。こうした伝統は古く奈良時代にも見られたが、院政期になると、遊興・数寄の手法として積極的に用いようとする意識の高まりと定着を背景に、萱葺きの建物が貴族の住宅内につくられた。特徴的な事例に藤原忠通《ただみち》の九条殿がある。

九条殿では、寝殿など主要な建物群とは別に、萱葺きの建物が複数営まれている。萱葺長屋に萱屋そして、北向きに開く四足門《よつあしもん》の表門が萱葺きであった。さらに南庭の田の傍《かたわ》らにあった庵もおそらく萱葺きで、屋敷は山里的な景観を呈していた。忠通が九条殿で過ごしたのは氏長者の地位を奪われた後、中央政界から距離を置いていた時期であり、九条殿は文人貴族としての忠通による別業的色彩の濃い住まいであった。娘の皇嘉門院《こうかもんいん》(藤原聖子《きよこ》)が余生《よせい》を過ごす御所にもなっており、また保元二年(一一五七)、後白河《ごしらかわ》天皇(一一二七—九二)が方違《かたたが》えの御所として九条殿を用いた際には、萱葺長屋に天皇の御座間が設けられ、内向きの御所空間にあてられている(『兵範記』)。

萱葺き屋根によって特徴づけられる建物あるいは屋敷は、萱御所《かやごしょ》と呼ばれる施設として結実する。萱御所が史料に頻出するのは、後白河上皇の時代である。後白河院政の拠点であった法住寺殿《ほうじゅうじどの》には、七条殿に萱御所（『玉葉《ぎょくよう》』）、最勝光院《さいしょうこういん》に南萱御所（『玉葉』）があった。また斎院《さいいん》御所（式子内親王《のりこないしんのう》御所）に萱御所（『明月記《めいげつき》』）があり、内親王は「萱斎院」とも称されていた（『愚秘抄《ぐひしょう》』）。文治四年（一一八八）の焼亡後、方一町に規模を拡張して再建・整備された後白河院御所の六条殿にも、萱小御所があった（『吉記《きっき》』『玉葉』）。六条殿は東面の西洞院大路《にしのとういんおおじ》に正門を開いたが、萱小御所は正門とは反対側の西面北部にあって、別御所の体裁をもつ内向きの施設であった。また後鳥羽上皇の時代、院御所高陽院で開催された連歌の会場が「萱屋」であった（『後鳥羽院御記』）。上皇の京外御所の一つ、水無瀬殿《みなせどの》の景観について、「かやぶきの廊・渡殿など、はるばると艶《えん》におかしうさせ給へり」（『増鏡』おどろのした）とある。萱葺きによって風趣《ふうしゅ》を高めようとする意図がうかがえる一節であろう。

萱葺きは粗末で質素な手法である。都会的ではない、田舎《いなか》の手法といってよいかもしれない（田舎が悪いといっているのではむろんない）。平安貴族は都市の住人である。しかも貴族だけに許される檜皮葺がある。にもかかわらず檜皮葺にせず、あえて萱葺きを選択する。そこには遊興・数寄的なおもむきのある空間を創り出そうという意図が濃厚である。

萱葺きの建物は都市内の草庵《そうあん》のごとき存在であり、寝殿をはじめとする主要な建物群とは別の、私的な生活空間に新たに生まれた御所施設が、萱御所であった。

したがって萱葺きの建物、萱御所の登場は、平安京の都市化と分かちがたく結びついていた。田舎では単に粗末な手法に過ぎない萱葺きである。しかし都市では、否、都市であるからこそ、遊興・数寄の趣向がより一層きわだつのである。はたして、人口の増加とりわけ左京域での人家・人々の密集化、平安京周辺部における市街地の開発など、院政期の平安京は都市的進展と成熟の時代であった。平安貴族の住宅をとりまく周辺環境、社会状況が大きく変化した院政期という時代の風潮を、萱御所は映し出す鏡でもあった。

織戸・織戸中門

風流・風雅の趣向を意図した、いわゆる数寄的手法として萱御所が登場したように、織戸《おりど》や織戸中門があらわれたことも、同じ院政期に特有の現象として注目される（西山良平・鈴木久男・藤田勝也編『平安京の地域形成』京都大学学術出版会、二〇一六年）。織戸とは、檜などの細木や竹、葦《よし》などを斜めや縦横に織ってつくった戸で、これを扉《とびら》に用いた中門が織戸中門である。中門の扉のほか、屋敷内を画する塀に開く戸、敷地の内外を画する築地塀《ついじべい》に開く戸などとして、織戸は広範に用いられている。

平安京の庶民の住まい、町屋の外壁が網代《あじろ》壁で（図4参照）、富裕な家の板壁と対比される（『伴大納言絵詞《ばんだいなごんえことば》』）。網代の織戸もまた、宮廷、貴族社会では格下というのが共通の認識であり、公的儀礼の空間にふさわしくないものと考えられていた（『古事談』巻一 王道后宮九一「藤原忠通　鳥羽法皇への元日拝礼の事」）。ところが京外の院御所や女院御所、遊興的な性格の濃厚な御所、菩提所《ぼだいしょ》的な御所や屋敷内の御堂、また病中にあった貴族や出家し臨終をむかえていた貴族の住宅など、いずれも裏方、内向きの空間では、織戸や織戸中門が確認できる。

図63　中野家住宅の茶室皎庵《こうあん》（京都府長岡京市，国登録有形文化財，北村傳兵衛，昭和26年）の網代天井（筆者撮影）

　都市化する平安京にあって、鄙《ひな》びた風情をなんとも漂《ただよ》わせる網代組《あじろぐみ》の戸は、都市の街路に、あるいは屋敷の門前に、異彩を放つ存在であったと想像される。人目に触れる機会は萱御所よりおそらく多く、あるいは都市の景観により大きな存在感を示していたかもしれない。後世、数寄屋《すきや》の建物で、織戸を特徴づける網代組のデザインが天井の造作《ぞうさく》や建具などに多用されるのは、よく知られるところであろう（図63）。

図64　『春日権現験記絵』巻４に描かれる織戸中門
（東京国立博物館蔵，Image：TNM Image Archives）

織戸や織戸中門は絵巻物に少なからずみえる。ここでは一例として、『春日《かすが》権現《ごんげん》験記《げんき》絵《え》』巻四（十四世紀初頭）に描かれる織戸中門を挙げる（図64）。寿永二年（一一八三）内大臣に就任した齢《よわい》四十五歳の藤原実定《さねさだ》（一一三九―九一）は、前関白藤原基房《もとふさ》（一一五六―一二三〇）によって当時十二歳であった基房の三男師家《もろいえ》（一一七二―一二三八）にその職を振り替えられたことから悲嘆にくれる。しかし春日大明神に日夜祈り、神のご加護によって還任《かんにん》を果たす。内大臣更迭《こうてつ》後の実定がひきこもる屋敷に参入して陣《じん》の座への出仕をうながす僧に対し、御簾《みす》からわずかに姿をあらわす実定の姿が印象的な、歌人としても知られる実定がみた夢の場面である。

切妻造で妻入りという、やや変則的な外観の中門が織戸中門である。檜皮葺屋根の建物を見ると、外回りの建具は妻戸や蔀《しとみ》で、開口部に吊るされるのは御簾（縁《へり》付きの高級な簾《すだれ》）である。更迭《こうてつ》中とはいえ高位の貴族である内大臣の屋敷らしく整備されたおもむきがある。しかし御簾によって閉ざされ屋内をうかがうことは一切できないところに、実定が置かれていた当時の状況がよく示される。そうした邸主の身にふさわしいのが織戸の中門なのである。

この例のほかにも絵巻物に描かれるのは、豪邸であっても病中の住まい、出家を決意した人の住まいであり、ハレの公的、儀礼的な空間ではない。萱御所がそうであったように、織戸や織戸中門もまた、貴族住宅の、私的な内向きの空間に見られる、新たな変化なのである。

廊状の空間が重要性を増す

国政の場としての廊

私的な生活空間の充実とともに、院政期に著しい貴族住宅の変容として挙げられるのは、廊状の空間が重要性を増したことである。まず、国政の舞台に廊状の空間が活用されたということがある。

国政は、天皇の内裏や上皇の院御所、あるいは摂関の摂関邸で行われた。しかし平安時代中期以降、貴族の住宅が皇居（里内裏《さとだいり》）や院御所にあてられたから、その時々の主導権の所在にかかわらず、国政の舞台として重要な役割を担ったのは、貴族の住宅であった。国政に大きな位置を占めたのは公卿議定《くぎょうぎじょう》である。公卿議定とは公卿（上達部《かんだちめ》、三位以上と四位の参議）が集まる会議のことである。公卿議定を代表するのは陣定《じんのさだめ》で、摂関政治の全盛期には大小様々な議題をめぐって審議された。陣定の会場は左・右近衛陣《こんえのじん》の陣座で、左近衛陣は日華門《にっかもん》の北、宜陽殿《ぎようでん》の西廂《ひさし》（後に紫宸殿《ししんでん》東方北廊の南面）、右近衛陣は月《げっ》華門《かもん》の北、校書殿《きょうしょでん》の東廂にあった（図65参照）。しかし院政期になると、陣定にかわって多様な議定があらわれる。天皇の御座所で行われる御前定《ごぜんのさだめ》、殿上《てんじょう》で開かれる殿上定《てんじょうのさだめ》、皇居における摂関の直廬《じきろ》（本書一六〇ページ参照）で開かれる殿下直廬議定、摂関邸での殿下議定（「殿下《でんか》」とは摂政・関白の唐名）、さらには院御所の殿上で開かれる院殿上定や御前での院御前定である。

そうした議定の開催場所すなわち国政の舞台について見ると、御前定や院御前定、殿下議定は、各々、天皇や上皇、摂関の御座所前での会議であり、いずれも庇空間があてられていた。注目されるのは殿上定や殿下直廬議定の開催場所である。殿上定が開催される殿上の間は、平安宮内裏では清涼殿《せいりょうでん》の南庇にあったが、貴族の住宅が皇居となった際に活用されたのは侍廊《さぶらいろう》であった。また摂関の宿直・休息室である殿下直廬には、侍廊や北《きたの》対《たい》が多くあてられた。

侍廊は、侍所《さむらいどころ》が置かれた建物である。侍所は上級貴族の家政機関であり、主人の近くに仕える人々が詰める所である。ただし侍所が成立したのは宮中で、それは殿上の別称であって、殿上の影響を受けつつ整備されたのが摂関家の侍所であった（元木泰雄『院政期政治史研究』思文閣出版、一九九六年）。したがって貴族の住宅が皇居として用いられる

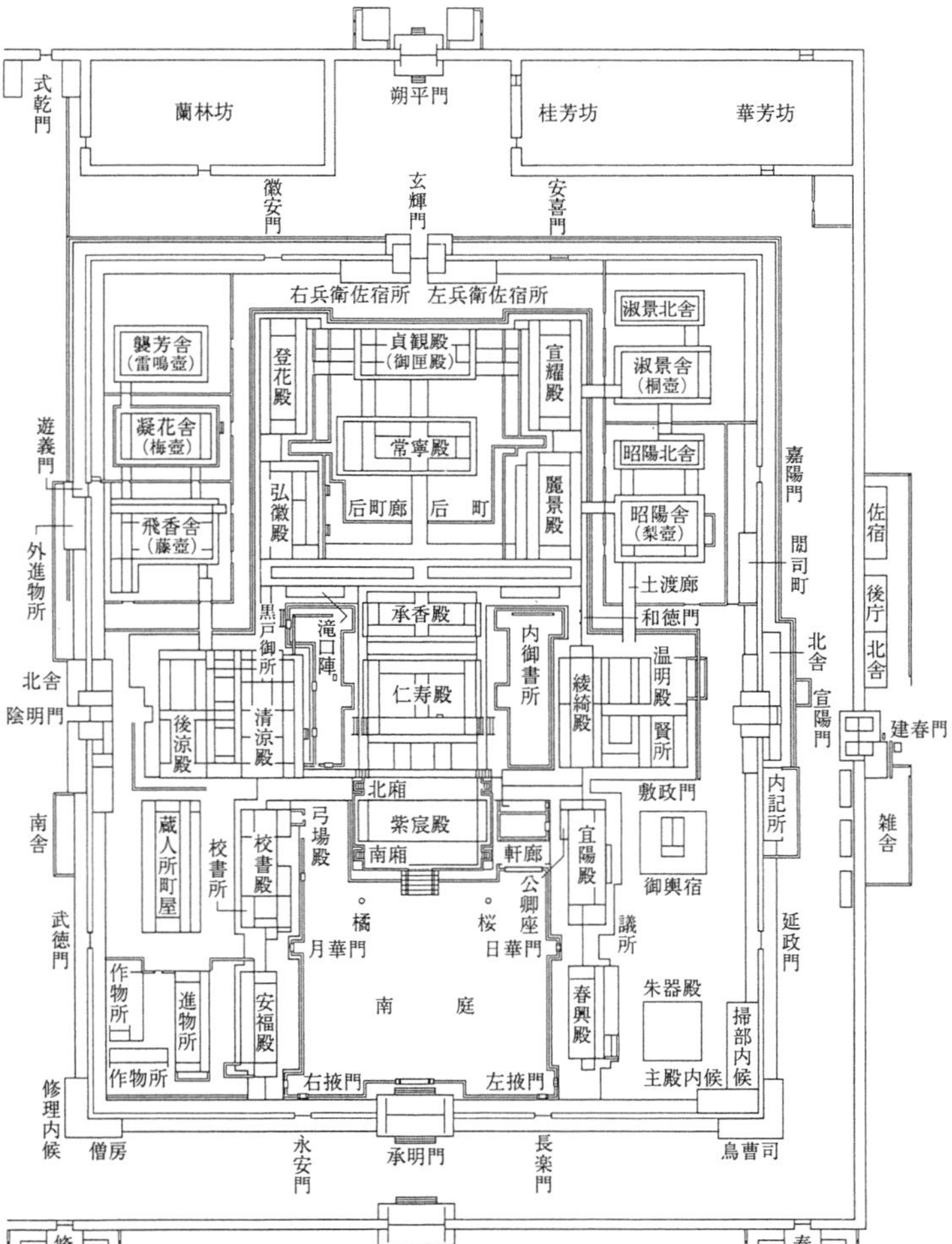

図65　平安宮の内裏（『新版 角川日本史辞典』角川書店，1996年）

際に、宮中の侍所である殿上が侍廊に設けられたのは当然の成り行きであった。また殿下直廬に北対があてられることがあったのには、平安宮内裏での直廬に淑景舎《しげいしゃ》や凝華舎《ぎようかしゃ》・飛香舎《ひぎょうしゃ》など後宮《こうきゅう》の建物（図65参照）が用いられたことが関係していよう。

ただし殿下直廬は単なる宿直・休息のための部屋だったのではない。そこには諸卿を一堂に会して行う議定をはじめ、叙位《じょい》（位階を授ける儀式）や除目《じもく》（官職を任命する儀式）といった政務機能を満たすための空間が必要とされた。したがって侍廊や北対が殿下直廬に活用された、より直接的な理由は、建物の形態にあったものと考えられる。諸卿を一堂に会する空間として求められたのは横方向の広がりではなく、細長い直線的な奥行きであった。侍廊のような廊状の建物は、議定開催に適した空間を提供し得た。そしてこの時期の北対が細長い建物であったことは、前記した通りである（本章一五九―一六一ページ参照）。

侍廊が殿下直廬にあてられた具体例を見てみよう。大炊御門《おおいみかど》大路の北、東洞院《ひがしのとういん》大路の西にあった白河《しらかわ》上皇の御所、大炊御門殿である。この屋敷は鳥羽《とば》天皇（一一〇三―五六）が嘉承二年（一一〇七）七月に践祚《せんそ》して皇居となり、殿下直廬には東侍廊があてられた。図66は同年十一月に行われた、この直廬での叙位の室礼《しつらい》を描いたものである。東侍廊は東西八間で、西は南端に中門をもつ東中門廊に接続し、すぐ東方には東洞院大路に面して築《つい》地塀《じべい》があり、東門を開いている。また東侍廊の南には目隠し屛がたつ様子もわかる。

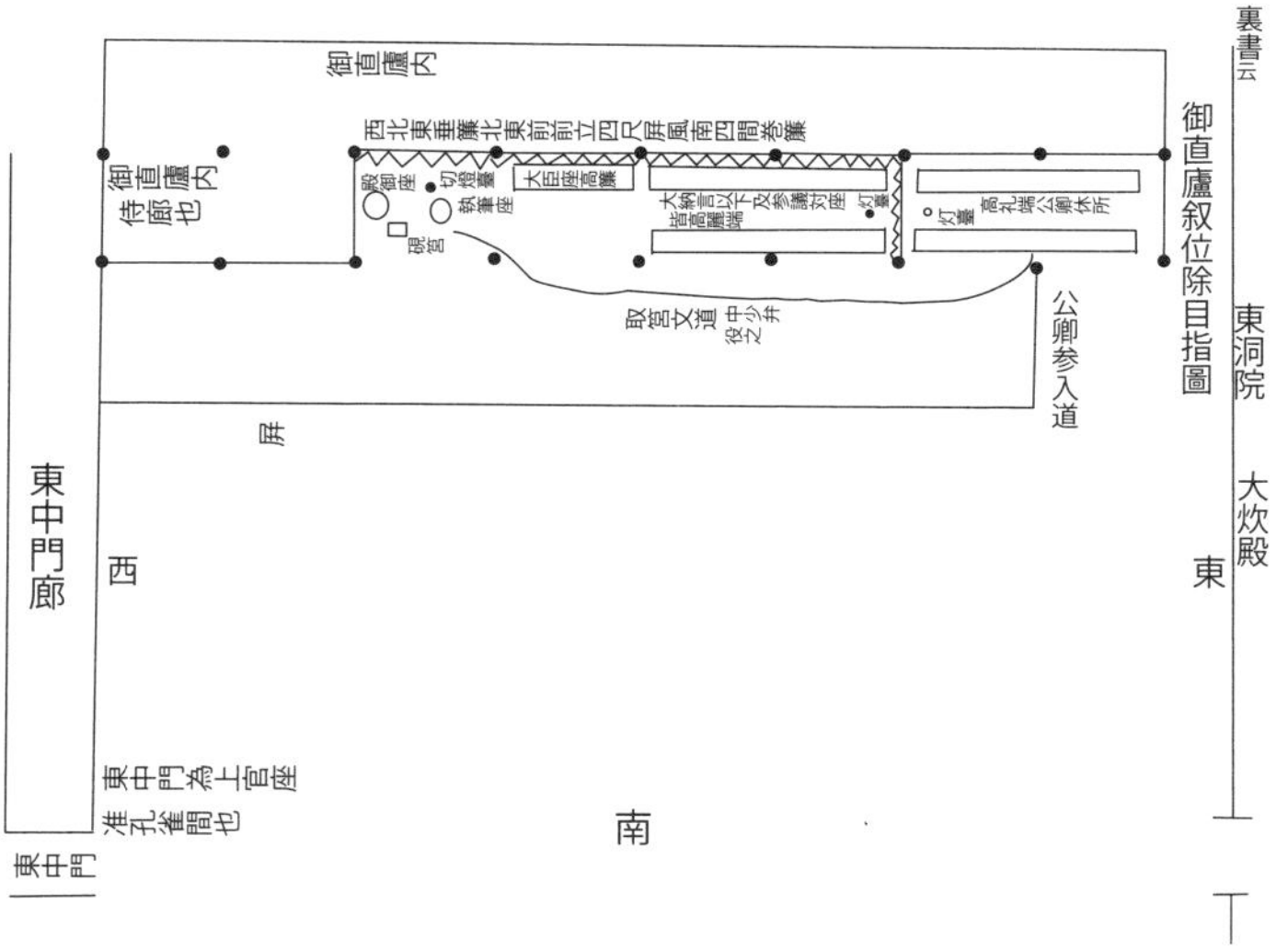

図66　大炊御門殿　東侍廊の殿下直廬（『中右記』嘉承２年11月29日の指図をもとに筆者作図）

東侍廊に設《しつら》えられたのは南半の母屋一間通りの東から六間分である。その西から四ヵ間分（柱四本で囲まれた空間が「一ヵ間」）の空間が主会場で、北と東の二面を屏風で囲み、西から順に殿下（摂政藤原忠実《ただざね》）の御座と執筆の座に一ヵ間、大臣座に一ヵ間、そして向き合って座る対座形式の公卿座に二ヵ間という構成で、さらに東に東西二ヵ間の公卿休所を設けている。東侍廊をこうして直線上に用いる室礼のあり方はほぼ固定化していて、ほかにも同様の室礼が確認できる（『殿暦《でんりやく》』嘉承二年十月十七日条、同二十二日条）。

院政権の確立とともに、公卿議定

の中核として位置づけられたのは、院御所での議定である。とくに院殿上定では国政の重要事項が審議された。院御所において院の殿上にあてられたのも、殿下直廬や皇居での殿上と同様、侍廊であった。院御所でも侍廊は国政上重要な役割を担っていたのである。侍廊は殿上廊へと次第に呼称を変えていて、後白河院政期には、侍廊ではなく「殿上廊」と呼ばれている。

神鏡を祀る内侍所（賢所）

廊状の空間の重要性を裏打ちするのは、そこから新たな建物が生まれていることである。その建物とは内侍所《ないしどころ》、あるいは賢所《かしこどころ》とも称される建物である。

内侍所は宮中の家政機関の一つである。女官の内侍が勤める内侍司《ないしのつかさ》の小庁で、諸行事の奉仕など様々な職掌《しょくしょう》を担っており、その中に宝器である鏡（賢所）を守護するという重要な役割があった。そう、鏡とは、三種の神器《じんぎ》の一つとしてよく知られる八咫鏡《やたのかがみ》のことである。

平安宮の内裏で鏡が安置されていたのは、紫宸殿《ししんでん》の東北方、綾綺殿《りょうきでん》の東側にたつ温明殿《うんめいでん》である（『西宮記《さいきゅうき》』、図65参照）。平安時代の中期以降、宝器から神鏡へと鏡の神聖化が進むと神事儀礼も整備され、前庭で御神楽《みかぐら》が行われるなど、内侍所は宮中祭祀のための施設になってゆく。一方、天皇の住まいも変転した。本来の住まいは平安宮の内裏である。

しかし貴族の住宅を一時的に皇居として用いる状態が恒常化し、鎌倉時代には平安宮の内裏は消滅して、皇居として用いることを当初から計画した屋敷が新造されるにいたる。そうした中で、皇居となった貴族の住宅において、祭祀施設としての内侍所が一定の規模と形式を備えた建物として生まれるのである。

その成立の過程をたどる前に、時代は下がって、江戸時代の内侍所を見てみよう。江戸時代の内裏は慶長《けいちょう》、寛永《かんえい》に造替、その後は承応《じょうおう》、寛文《かんぶん》、延宝《えんぽう》、宝永《ほうえい》、寛政《かんせい》そして安政《あんせい》と火災による六回の大きな再建工事があった。あわせて八回におよぶ内裏の造替・再建を経ても、内侍所の建物の規模と形式は固く守られ継承されている。

一例を挙げる。寛永十九年（一六四二）の造替による寛永度の内裏は承応二年（一六五三）に焼失する。江戸時代にはいって最初の内裏火災である。これをうけて承応四年に再建されたのが承応度の内裏である。図67はそのとき再建された内侍所で、江戸時代における定型化した内侍所の姿である。

当時の内侍所は、春興殿《しゅんこうでん》とも呼ばれていた。春興殿は、平安時代の平安宮内裏では紫宸殿の東南方、日華門《にっかもん》をはさんで宜陽殿《ぎようでん》の南にあって（図65参照）、武具を収める殿舎であり、また南庭での儀式の際には北の宜陽殿とともに諸卿が列立する舞台にもなっている。しかし後述するように、鎌倉時代、十三世紀初頭の閑院《かんいん》内裏以降、春興殿は神鏡を安置する内侍所の呼称となる。

さて図67にある通り、建物の規模は桁行《けたゆき》五間、梁間《はりま》二間で西面し、周囲に縁《えん》をまわし、柱はすべて丸柱である。内部は南北に大きく二分し、北はさらに東西に二分して、東方は西面して神鏡を安置する空間、西方は礼拝の空間、そして南は神鏡守護に務める女官の控え室である。以上三室とも床は拭《ぬぐい》板敷（表面を平滑に仕上げた板床）だが、天井は北の東側（神鏡安置の空間）から順に折上《おりあげ》小組格《こぐみごう》天井、格天井、化粧屋根裏《けしょうやねうら》天井といったように上下の格差をつけている。

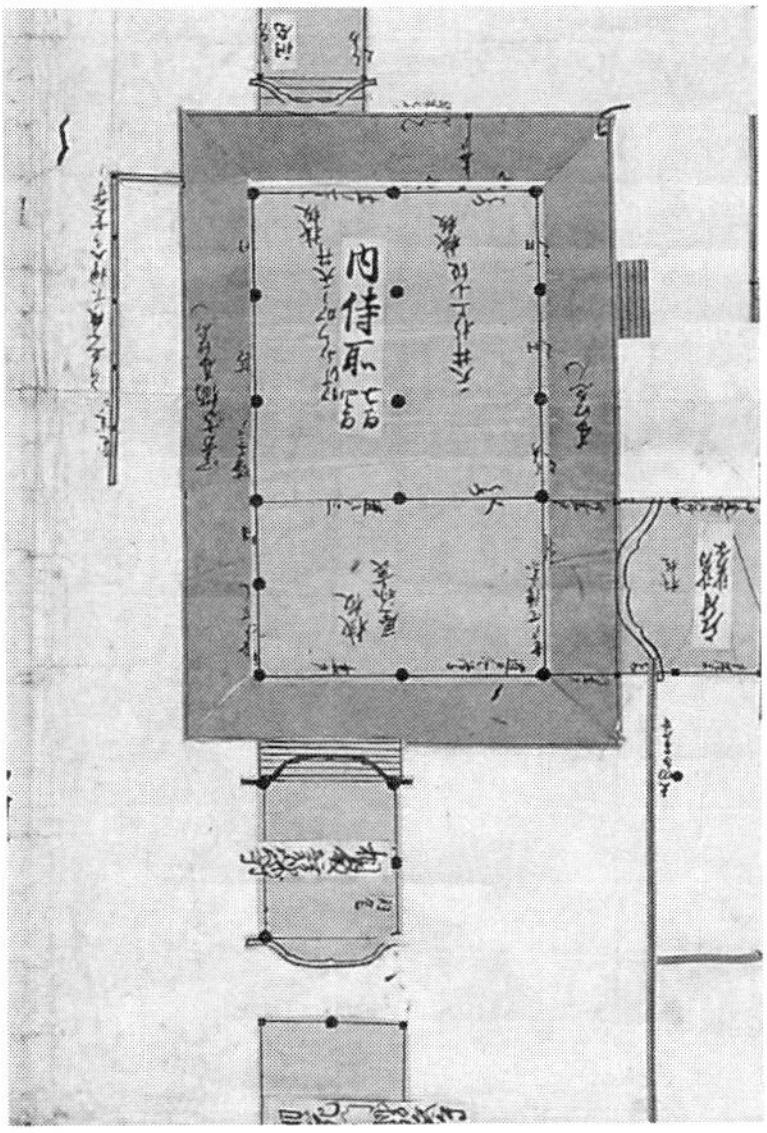

図67　承応度内裏の内侍所
（『承応度禁中御指図』, 京都府立京都学・歴彩館蔵, 部分）

こうした江戸時代の内侍所の建物は、実は、現在も健在である。奈良県橿原《かしはら》市に明治二十三年（一八九〇）創建された橿原神宮は、神武《じんむ》天皇と皇后を祀る神社である。国の重要文化財に指定されている本殿は、江戸時代最後の安政度の内裏造営で安政二年（一八五五）にたてられた内侍所が下賜《かし》・移築されたものなのである。

図68a　下御霊神社（筆者撮影）京都市中京区寺町通り丸太町下る，寺町通りに西面する

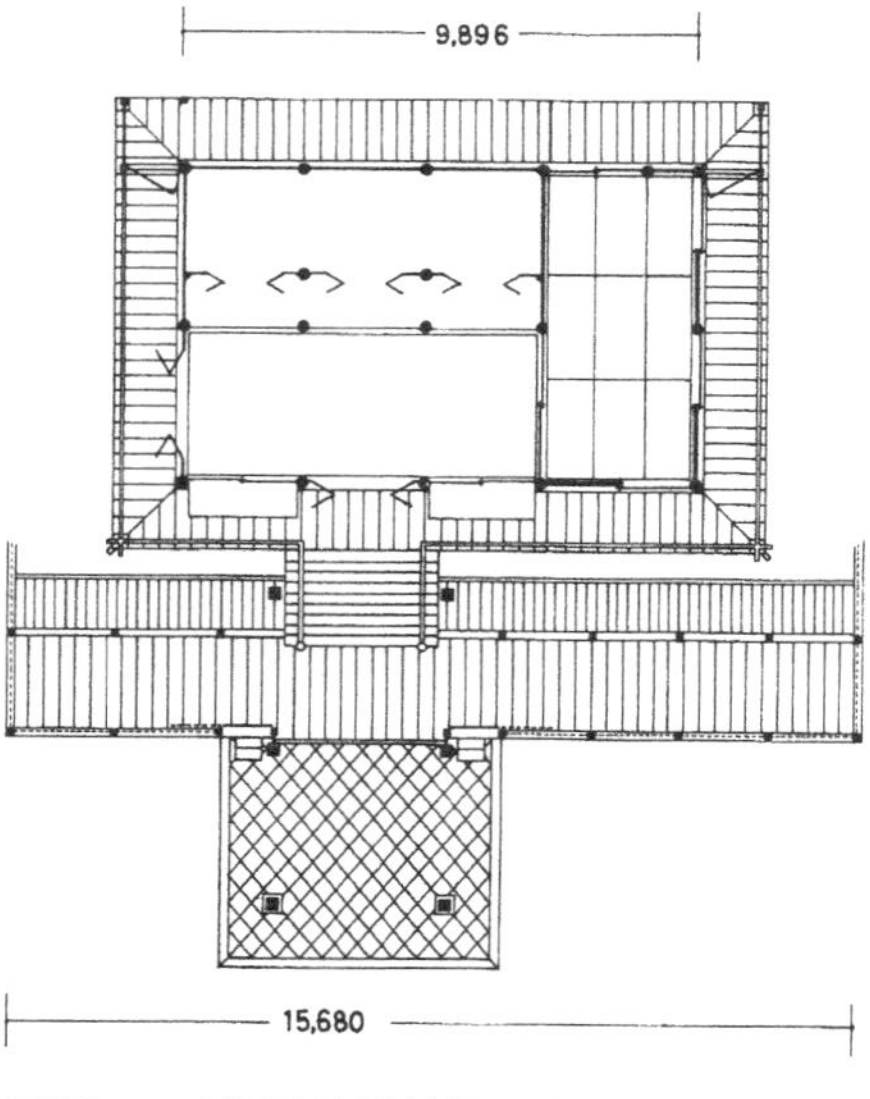

図68b　下御霊神社社殿　平面図（本殿・幣殿・拝所・南北廊，京都府教育庁文化財保護課編『京都府の近世社寺建築』京都府教育委員会，1983年）

また内裏の火災にともなう建物の焼失や修理の際に、神鏡を一時的に別の場所にうつし、奉安しておくために仮殿がたてられた。この仮殿もまた、もとの建物と同様の形式であった。内侍所が新造され、あるいは修理が終わると、用済みになった仮殿は各所に下賜・移築された。京都市内に鎮座する下御霊《しもごりょう》神社（中京区、図68ａ）の本殿はその希少な遺構で、京都市の指定文化財である。この本殿は、天明の大火（一七八八年）の後、仮皇居の聖護院《しょうごいん》にたてられた仮殿が、寛政三年（一七九一）頃に下賜・移築されたものである（図68ｂ）。橿原神宮本殿と同様、平面構成もほとんど改変されておらず、いずれも内・外観ともに神社の本殿として他に例をみない形式である。

江戸時代の内裏にみられる、このように定型化した内侍所の建物が生まれたのが、廊状の空間からであった。平安貴族の住宅にさかのぼって見てみよう。

内侍所の成立

摂関期の頃、里内裏での内侍所には、東対《ひがしのたい》や西対《にしのたい》といった寝殿近くの主要な建物にその場所が仮設的にあてられていた。しかし鏡の神聖化が進み、祭祀施設として確立する院政期には、中門南廊（中門廊のうち中門より南の部分）に設けられることが恒例化する。仮の皇居なので、既存の建物を一時用いる、これもまた仮設的・臨時的な措置ではあったのだが、鎌倉時代、十三世紀初頭の閑院《かんいん》内裏では、内侍所は独立した祭祀施設となる

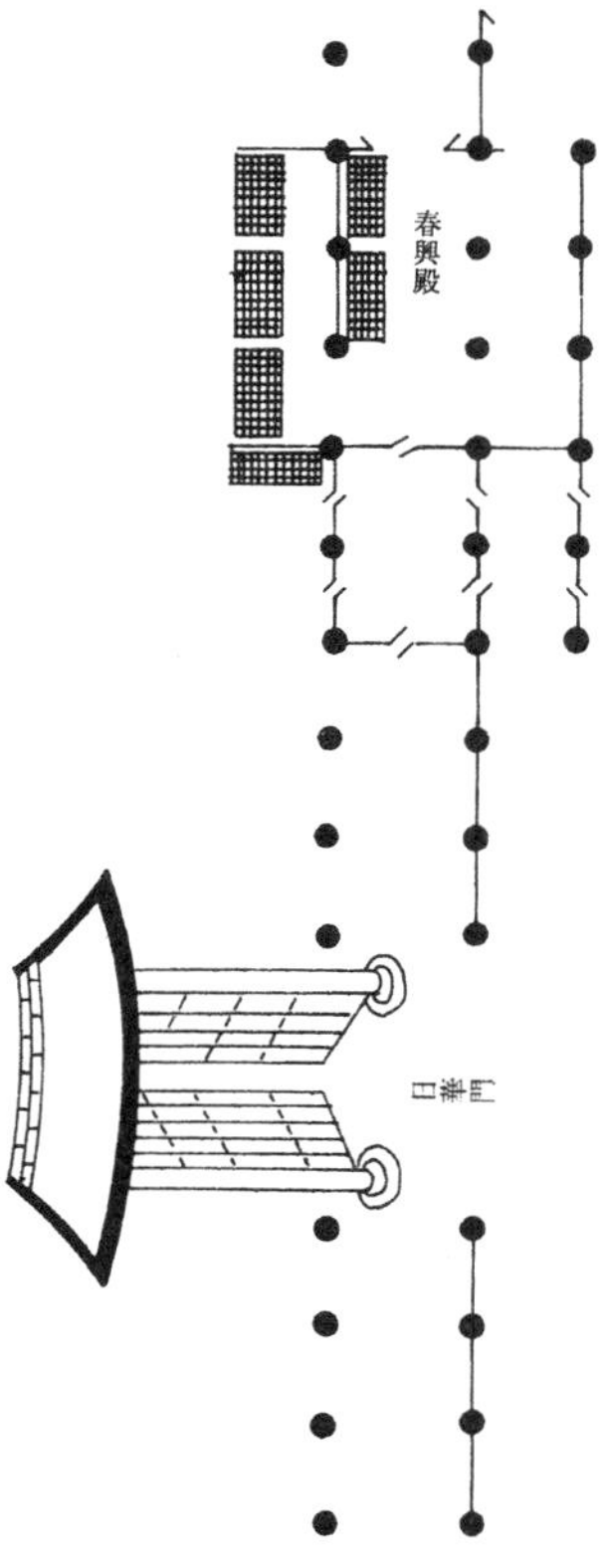

図69　応永度内裏の内侍所
（『福照院関白記』所収の内裏図，部分，『大日本史料』第7編之5より）

（『順徳院御記《じゅんとくいんぎょき》』『民経記《みんけいき》』）。しかもそれは日華門の南脇すなわち中門南廊に相当する位置であった。そこは平安宮内裏では春興殿がたつ場所であり（図65参照）、前項で述べたように、内侍所は春興殿とも呼ばれた。さらに加えて空間のあり方は、後の内侍所の原型と目されるものであった。

その後、室町時代、十五世紀初頭の応永《おうえい》度内裏には敷地全体の図があって、内侍所とその周辺の様子がわかる（図69）。「春興殿」と記されているのが内侍所である。前記したように日華門は貴族住宅では東の中門に相当する門であり、ここでの春興殿は中門南廊ではなく、中門北廊にあたる場所を占めている。平安宮内裏では宜陽殿がたつ位置だが（図65

参照）、この内裏での宜陽殿は、紫宸殿の南西方、月華門北の、南庭をはさんで春興殿と向き合う位置にたつ。図の春興殿には蔀《しとみ》や妻戸、遣戸といった柱間装置が描かれているので、独立した一つの建物として認識はできる。しかしそれらを消去すると、日華門につながる廊の一部にもみえ、内侍所の建物が廊から生まれ出たものであることを示唆するかのようである。

江戸時代の内侍所（春興殿）は内裏の一殿舎、宮中の祭祀施設として欠かせない存在であった。その場所は応永度内裏と同様、宝永度までは紫宸殿の東南方、日華門の北脇にあった。次の寛政度および、さらに次の江戸時代最後の安政度では、紫宸殿や南庭を取り囲む回廊が平安の古儀で再建されたためであろう、場所をその東方に変えている。しかし建物の規模や形式に改変はない。下賜・移築により神社の本殿として今ものこる遺構があることは前項で紹介した。その内侍所の建物の起源をたどると、時代をはるかにさかのぼって院政期の貴族住宅の中門南廊に行き着く。寝殿などの主要な建物からではなく、廊状の一空間から新たな建物は生まれ成立したこと、廊状の空間の重要性が、ここでも確認できるのである。

なお、いま神鏡が祀られているのは皇居の吹上御苑《ふきあげぎょえん》にある宮中三殿（の賢所《かしこどころ》）であるが、京都御所に内侍所の建物がある（図70）。はたして春興殿とも呼ばれている。ただし位置するのは江戸時代における寛政度以降の内裏と同じ、紫宸殿前庭を取り囲む回廊の外側東方である。入母屋造の屋根は銅板葺《どういたぶき》で南面するこの建物は、大正の御大礼《ごたいれい》の際に賢所遷御の所として新たにたてられたものであり、外観はもとより平面構成も、江戸時代の内侍所（図67）とは、したがって橿原神宮や下御霊神社の本殿（図68ｂ）とも、まったく異なる。近代以降に新築された和風の建物、いわゆる近代和風建築である。

廊状の空間は、文芸の会場としても活用されている。ここで取り上げるのは歌合《うたあわせ》である。

図70　京都御所の春興殿（内侍所　筆者撮影）
左手むこうに紫宸殿の屋根がみえる

歌合と弘御所

歌合とは、左方と右方に分かれた方人《かとうど》が同じ題で詠《えい》じた和歌を披露《ひろう》し、判者《はんじゃ》が優劣を判定して勝敗を決める文学的遊戯で、和歌会の発展形として九世紀末、光孝《こうこう》天皇（八三〇―八八七）の時代にはじまり、中世の連歌に引き継がれたものという。平安時代の歌合は記録にのこるだけでも約四百七十度におよび、種類も多岐にわたるが、主流は宮廷で行われた晴儀《せいぎ》の歌合で、十一世紀まで整備・発展した。中でも歌合史上もっとも代表的な晴儀歌合は、天徳四年（九六〇）に村上天皇（九二六―九六七）が主催した内裏女房の歌合、これに倣《なら》って開催された藤原頼通による長元八年（一〇三五）高陽院《かやのいん》での水閣《すいかく》歌合である。

天徳四年の歌合では、清涼殿《せいりょうでん》の西面、清涼殿の西方にたつ後涼殿《こうりょうでん》の東面、両者をむすぶ中渡殿、南北の小庭といった屋内外の空間が広範囲にわたって一体的に用いられた（図65参照）。そこでは主催者の天皇を中心に左右の座席が明確に分けられ（左方は南、右方は北）、各々の方人の位置は天皇からみた実際の方向とまったく一致していた。また身分差によって座席の位置も厳格に分けられていた。上位から順に長押《なげし》より上、長押より下、簀《す》子縁《のこえん》、さらに庭上（地面）といった具合である（『殿上日記』『村上天皇御記』）。

長元八年の歌合で主会場になったのは、高陽院の南池に浮かぶ中島上の水閣、とくにその東面であった。ただし行事の舞台は水閣だけに留まらず、屋外空間を含むより広範囲におよんでいて、水閣の南廊や屋敷北方の文殿《ふどの》（書庫）、釣台《つりだい》といった池周辺の施設や遣《や》り水《みず》、池など屋内外の全体が用いられた（『真名日記』）。左右の方人の座の配置や身分差にもとづく序列は天徳四年の歌合と同様で、それが晴儀歌合の空間的な特徴であった。

時代は下がって、『新古今和歌集』の編纂を目指して後鳥羽上皇は多くの歌合を開催し、歌合はもっとも盛況したという。しかし歌合の場の様相は一変している。会場にあてられたのは弘御所《ひろごしょ》や釣殿廊《つりどのろう》、二棟廊《ふたむねろう》である。

弘御所は後白河院政期以降にみられる建物で、弘《ひろ》（広）庇《ひさし》をもつ御所の意である。弘庇とは壁や建具がない吹き放ちの庇のことである。庇に取り付く孫庇を弘庇にするのが通例だが、弘御所では母屋に弘庇が直接する。ここに弘御所の特徴があり、しかも上皇や天皇の「御所」であったから「弘（広）」御所と呼ばれた。

院御所における国政の舞台に殿上廊（院殿上）があったが（本章一七五ページ参照）、後鳥羽院政期の後半には、弘御所が新たな政務の場になっており、後嵯峨院政期以降は院御所での評定《ひょうじょう》・伝奏《てんそう》の場として、弘御所は用いられている。勅撰集である『新古今和歌集』編纂のための歌合は、撰歌作業の一環であり、単なる文学的行為ではなく重要な国家的事業であった。したがって建仁元年（一二〇一）七月に事業遂行のための和歌所《わかどころ》が弘御所に設けられ、そこで歌合が開催されたのは、弘御所がもつ機能・役割に照らして順当な建物の割り当てであった。

その弘御所は細長い廊状の建物であった。図71は、後嵯峨院御所の冷泉万里小路殿《れいぜいまりのこうじ》の弘御所である。正月の院御薬の会場に弘御所があてられた際の室礼《しつらい》を描いたものだが、全長（桁行《けたゆき》）柱間九間におよぶ細長い建物で、南面東端（左上）に弘庇がみえる。

歌合の会場となった釣殿廊《つりどのろう》や二棟廊《ふたむねろう》もまた、その名の通り廊状の建物である。釣殿廊での歌合の事例として図72を挙げた。この図は建仁元年（一二〇一）三月に開催された、後鳥羽院御所の二条殿での歌合会場を描いたもので、藤原定家《さだいえ》の日記『明月記《めいげつき》』に収められている。釣殿へいたる廊の内部で歌合は開催された。

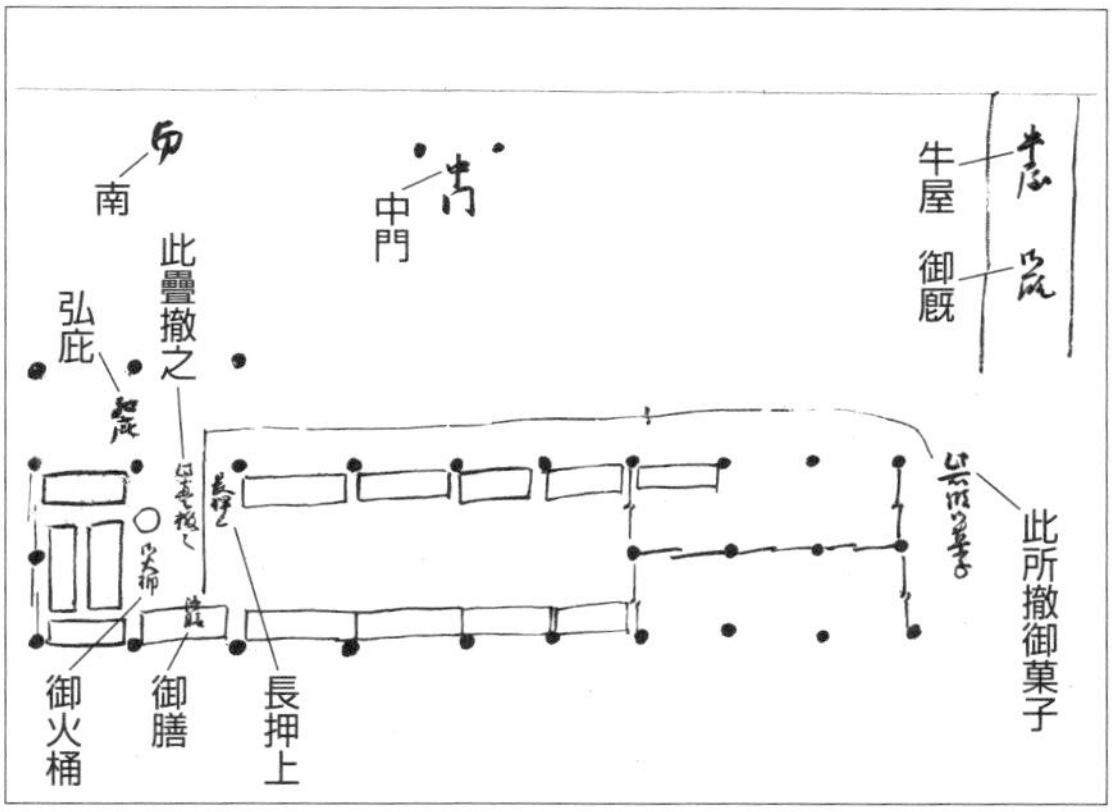

図71　冷泉万里小路殿の弘御所（『葉黄記』宝治２年正月１日の指図に一部加筆，宮内庁書陵部蔵）

図中に記される都合十二名のうち、「御所」とあるのは後鳥羽上皇である。左大臣は藤原良経《よしつね》、内大臣は藤原通親《みちちか》、入道殿とは出家した藤原俊成《としなり》（記主定家《さだいえ》の父で『千載和歌《せんざいわか》集《しゅう》』の撰者、法名は釈阿《しゃくあ》）で判者《はんじゃ》をつとめている。「座主《ざす》」とあるのは天台座主《てんだいざす》の前《さきの》権僧正《ごんのそうじょう》慈円《じえん》で、僧侶の寂連《じゃくれん》（俗名は藤原定《さだ》長《なが》）もみえる。また上総介《かずさすけ》藤原家隆と左近衛中将源通具《みちとも》、記主の左近衛権中将藤原定家、左近衛権少将飛鳥井雅経《まさつね》は殿上人である（『明月記』『新宮撰歌合』）。図では、藤原雅経から上（南）が右方、下（北）が左方であるが、座席は整然とした配置ではなく、また身

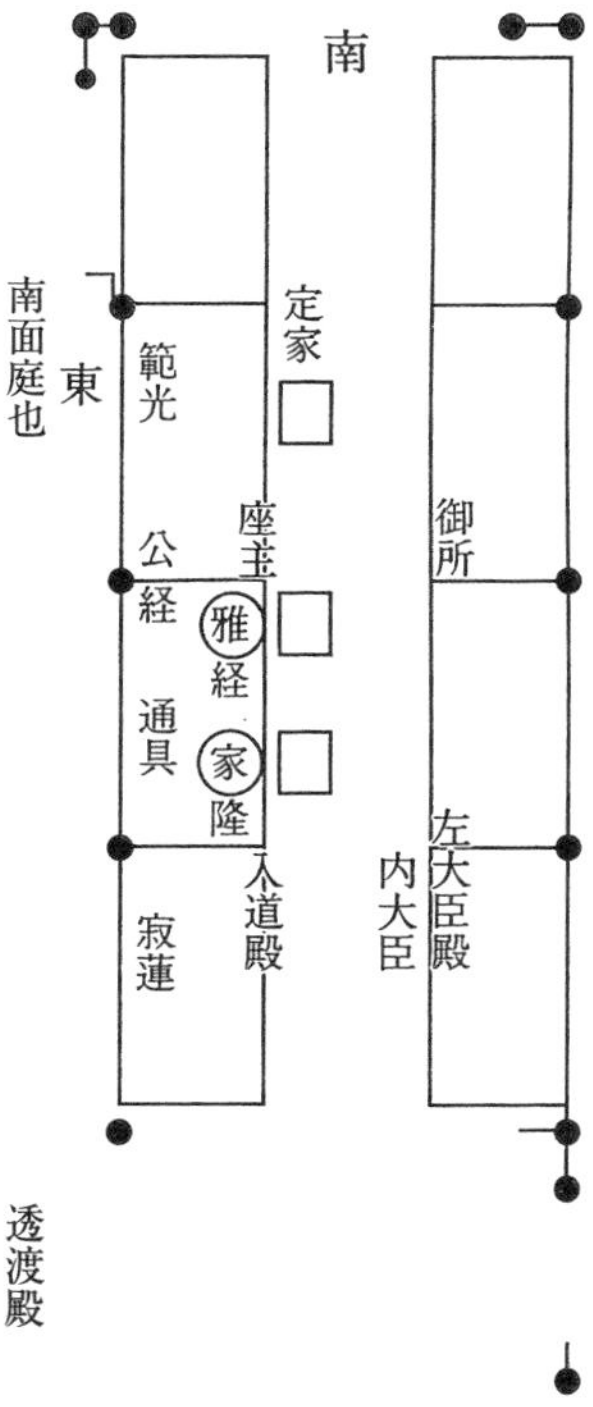

図72　後鳥羽院御所の二条殿の南釣殿廊（『明月記』建仁元年３月29日，『冷泉家時雨亭叢書 別巻二 翻刻 明月記 一』朝日新聞社，2012年）

分差による区別も特段なされていない。釣殿《つりどの》へいたる廊の南北四ヵ間という決して広いとはいえない内部空間を、上皇を中心に歌合のために集められたメンバーが共有しているのである。

管弦をともなう遊宴性の強い晴儀の歌合とは異なり、後鳥羽院政期の歌合は文芸的な色彩の濃いものであった。しかも和歌所《わかどころ》には撰歌作業という明確な目的があった。したがって会場には屋内外を開放した大空間ではなく、屋内の閉鎖的な一室空間が適していた。あるいは参加人数も限られていたから、屋内で十分事足りたともいえる。晴儀の歌合のように、方人の座の配置、参加者の身分差による空間の序列にこだわることもない。そうした歌合の会場にふさわしいのは、寝殿や対ではなく、建物と庭による一体的な空間でもなく、建物内部だけで完結する廊状の空間であった。

歌合から会所へ

後鳥羽院政期の歌合会場では、座の配置に上下の厳密な身分差は認められない。図72では、上皇、公卿、殿上人、それに出家した僧寂連や天台座主慈円さらに藤原俊成（入道殿）もみえる。こうしたあり方は、鳥羽城南寺《じょうなんじ》の二《ふた》棟廊《むねろう》など後鳥羽上皇による他の歌合会場でも確認できる（『明月記』建仁二年五月二十六日条）。また弘御所は「御所」の名が付くように本来は身分秩序が遵守《じゅんしゅ》されるべき場であり、和歌所になってもその性格が変わることはない。しかし殿上人や地下人《じげにん》が恒常的に出入りし、また彼らが上皇や公卿らとともに同じ空間で撰歌作業を円滑に進められるよう、便宜的にではあるものの、床（の高さ）に改造が施されることがあった（『明月記』建仁元年七月二十七日条）。このように身分秩序に必ずしもとらわれないというのも、晴儀の歌合会場とは決定的に異なる点である。

時代は下がって、室町時代の将軍御所や院御所、門跡住房《もんぜきじゅうぼう》など支配者層の住宅の庭間《にわま》に営まれた建物に会所《かいしょ》がある（次章の「会所・座敷飾り・書院造」の節参照）。貴賤《きせん》の別なく上下の者が一堂に会する、いわば世俗の身分秩序に拘束されない空間を内包したところに、会所の大きな特質がある。「寄合性《よりあいせい》」とも呼ばれる会所のこの空間的特質は、貴賤同座を原則とする連歌の会において象徴的に示されるという（伊藤毅『都市の空間史』吉川弘文館、二〇〇三年)。和歌会の発展形として生まれたのが歌合、さらに歌合が寄合性を一層高めたのが連歌《れんが》とされる。会所の「寄合性」は歌合の空間、廊状の小空間にさかのぼるともいえ、廊状の空間の重要性がここでも確認できるのである。

さらに見逃せない点がある。歌合の空間は寝殿の一郭から離れた周辺の建物にあった。室町時代、とくに応仁の乱以前の支配者層の住宅に頻出《ひんしゅつ》する会所の建物は、そうした周辺の建物に起源するということになる。新たな建物の萌芽《ほうが》は、屋敷の中心部ではなく周辺部にある。次章で詳しく見てみたい。

変容は周辺部にはじまる

会所・座敷飾り・書院造

院政期の変容が意味するもの

前章でみた、平安貴族の住宅が大きく変容した平安末にはじまる院政期の実態について、あらためてまとめるとこうなる。

第一に、私的な生活空間の充実があった。寝殿とは別に小寝殿《こしんでん》が登場し、萱葺《かやぶ》きを特徴とする萱御所《かやごしょ》や織戸《おりど》・織戸中門《ちゅうもん》があらわれた。萱御所は萱葺きを遊興・数寄的な手法とする意識の定着によるもので、網代組《あじろぐみ》の織戸・織戸中門もまた同じ時代の傾向を示し、いずれも背景には平安京の都市化があった。

公的な南半に対して、北半は私的な領域で、北対《きたのたい》は後者における居住空間としての色彩が濃厚であった。北対の機能・役割の変化、それにともなう建築形態の変化は、住宅に普遍的な雑舎《ぞうしゃ》への接近を意味し、北対は中世以降も雑舎的な性格をもつ対屋《たいのや》へと継承された。対屋の成立を象徴するのは、「対」ではなく「対屋」という呼称が院政期以降、広く用いられたことで、消滅する東・西対とは対照的に、北対は対屋として存続したのであった。

第二に、廊状の空間が重要性を増した。侍廊《さぶらいろう》が政務の場として活用された。後鳥羽《ごとば》上皇の時代、歌合《うたあわせ》の会場が廊状の空間で、和歌所《わかどころ》にあてられた弘御所《ひろごしょ》は政務の場にも用いられた。宮中の祭祀施設となる内侍所《ないしどころ》（賢所《かしこどころ》）の建物は、中門の南廊という廊状の空間から生まれたものであった。また歌合の空間には身分秩序にとらわれない傾向があり、中世、室町時代に多くたてられた連歌会場としての会所《かいしょ》の建物へと継承された。

注目されるのは、このような変容の現場がいずれも周辺部の建物、付属的な建物であって、中心的な位置を占めたはずの、南半の儀礼空間ではなかったということである。寝殿でもなければ、その脇殿である東対《ひがしのたい》や西対《にしのたい》でもなかったのである。ただし平安貴族住宅におけるこうした変容のあり方は、実は院政期だけに特異な現象ではない。変容の初発点は周辺部にあるという事実がより普遍性をもつことを、以下、本章でみてみたい。

会所の位置

歌合の空間でも取り上げた会所の建物は（前章一八七―一八八ページ参照）、中世とくに室町時代の住宅を特色づける存在である（本書一一〇ページ川上前掲書）。会所は支配者層の住宅の中で大きな位置を占める足利将軍御所をはじめ、院

表2　専用会所をもつ屋敷一覧（およそ上から年次順，太字は足利将軍御所）

14世紀末	**足利義満の室町殿**	
	足利義満の北山殿	奥御会所・天鏡閣
	裏松日野殿	
	醍醐寺三宝院門跡満済准后の住房法身院	
	後小松院仙洞御所	
	足利義持・義教の三条坊門殿	東御会所・義教新造の奥御会所
	満済准后の鷹司万里小路の里坊金剛輪院	
	足利義教の室町殿	南向会所・会所泉殿・新会所
	足利義政の烏丸殿	
	足利義政の室町殿	
	奈良の禅定院	
	奈良の成就院	
15世紀後半	**足利義政の東山殿**	

御所や門跡《もんぜき》の住房などでも営まれた建物で、室町幕府の六代将軍義教《よしのり》の室町殿では三棟もの会所が設けられていたほどである（表2）。

室町殿は、室町小路の東、北小路（現在の今出川通り）の北方、今出川（烏丸《からすまる》小路の北末）の西に位置し、東西は一町、南北は一町半の規模をもっていた。西面の室町小路に正門の四足門を開き、寝殿一郭をはじめとする表向きの建物群を敷地の西寄りに配置していた。これについては本書一一九—一二〇ページでみた通りである（図50）。

いっぽうその北方には、対屋や台所などの建物群があった。また西面の北寄りに開く唐門《からもん》は、邸内西寄り北方にたつ将軍夫人の居所である小御所に通じるなど、内向きの領域を形成していた。このように屋敷の西寄りには、寝殿を中心に表向きの建物群と日常生活のための内向きの建物群が、南北に各々の領域を占めていた。また八代将軍義政《よしまさ》の時代であるが、邸内南方では東西六〇メートル以上、南北約四五メートルという広大な池や、二メートルを超える巨石を含む景石《けいせき》群の存在が発掘調査によって近年明らかにされている（京都市埋蔵文化財研究所『室町殿跡・上京遺跡発掘調査広報発表資料』、二〇二〇年四月）。

　ここまでは平安貴族の住宅ととくに異なるものではない。しかし室町殿では、寝殿の東方に常御所《つねのごしょ》があり、さらに東方には会所や観音殿といった建物群が庭間《にわま》に点在しつつ各々が渡廊で結ばれるなどして、奥向きの領域を形成していた。しかもこの領域では身分秩序による空間の序列が比較的緩《ゆる》やかであった。院政期の貴族住宅にも歌合の空間や弘御所にそうした傾向はみられたが（前章の「廊状の空間が重要性を増す」の節参照）、建物群を形成するまでにはいたっていなかった。義政が将軍隠退後に営んだ東山の山荘、東山殿では、寝殿一郭の表向きの建物群はなかったが、内向きの建物群に加えて奥向きの建物群は設けられていた。

　要するに中世、室町時代の住宅、足利将軍御所では、会所をはじめとする奥向きの建物群が庭間に新たに営まれた。そしてそれらは、歌合の空間や弘御所がそうであったように、寝殿造にもとづく寝殿一郭の建物群が占める屋敷の中心部にはなかった。西の室町小路に正門を開くことから室町殿と呼ばれ、それは室町幕府の名称の由来ともなっているが、新たな建物群の登場は正反対の東方、今出川（烏丸小路の北末）の側、すなわち中心部ではなく周辺部にみられるのである。

会所と座敷飾り

トコ（床の間、押板《おしいた》）、タナ（違棚《ちがいだな》）、ショイン（付書院《つけしょいん》）など造り付けの室内装置を座敷飾《ざしきかざ》りと呼ぶ。書院造の様式は、外回りの建具に舞良戸《まいらど》（細い桟《さん》を細かく平行に取り付けた板戸）や明障子《あかりしょうじ》、雨戸を用い、内部は引き違いの襖《ふすま》や板戸などで間仕切って部屋を多くつくり、畳を敷き詰め、角柱を用い、天井を張り、座敷飾りを備えるなどの特徴によって説明されるが、中でも座敷飾りは書院造の大きな要素であって、書院造成立の指標ともされる。その初期の姿が会所の中に確認できる。しかも確認できる場所が、建物の中心部ではなく周辺の諸室なのである。

平安中期に、念仏と仏典研究の会として勧学会《かんがくえ》が結成されたとき、慶滋保胤《よししげのやすたね》（?—一〇〇二）が受領《ずりよう》にその提供を求めたのが会所の早い例とされる（『本朝文粋《ほんちようもんずい》』）。その後、詩歌《しいか》の会場としてあらわれ、室町時代の会所は、私的な対面あるいは、闘茶《とうちゃ》や連歌といった会合が催される場所であった。闘茶とは茶の産地を判別し、品種・質などの優劣を競う茶会で、茶の産地では、臨済宗《りんざいしゅう》の開祖栄西《えいさい》（一一四一—一二一五）が宋より持ち帰った茶

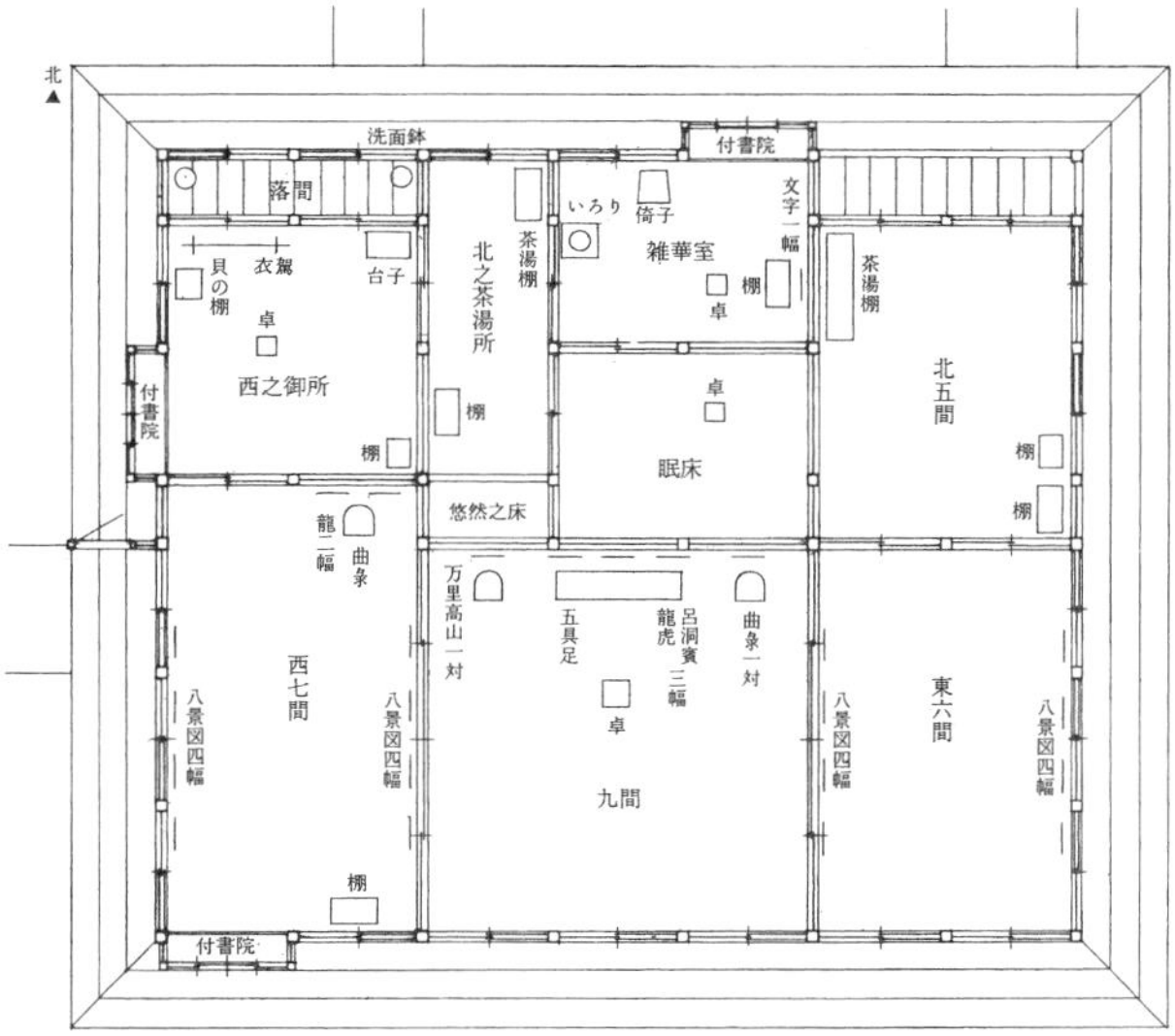

図73　足利義教の室町殿の南向会所平面図（宮上茂隆復元案，『日本名建築写真選集11』新潮社，1992年）

の種を、明恵上人《みようえしようにん》（一一七三―一二三二）が栽培して良質の茶を生じたと伝えられる栂尾《とがのお》（京都市右京区梅ヶ畑）の茶を本茶とし、それ以外の産地の茶は非茶とされた（後には本非に関係なく茶の味の異同をあてる形式となった）。また連歌とは多数の人たちが和歌の上句《かみのく》と下句《しものく》を交互に詠《よ》み連ね、ひとつの詩歌になるように競い合うもので、最初の句は発句《ほつく》、最後の句は挙句《あげく》といい、挙句は転じておわりの意となり、挙げ句の果《は》てになどといわれる。ともあれ和歌や詩とはことなり、一座に会して行う座の文学であるのが特色とされ、したがってその場となった会所

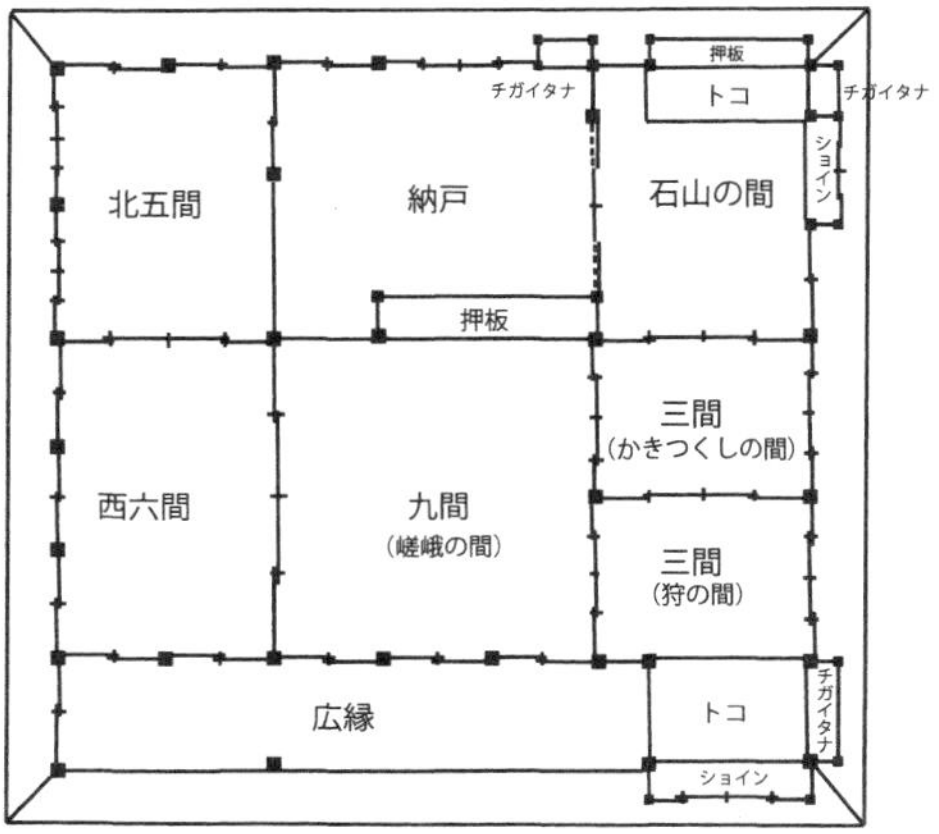

図74　足利義政の東山殿の会所平面図
（川上貢復元案，川上貢『日本中世住宅の研究〔新訂〕』中央公論美術出版，2002年より筆者作図）

には遊興的な性格があり、貴賤同座《きせんどうざ》の寄合性をもっていた（本書一八七ページ参照）。

図73は義教の室町殿の南向会所、図74は義政の東山殿の会所の推定復元平面図である。会合が催されたのは主座敷である。主座敷は会所の建物の中心に位置し、部屋の大きさは「九間《ここのま》」である。九間の「間《ま》」とは面積をあらわし、一間＝一坪＝二畳である。すなわち二畳×九間＝一八畳大の、間口奥行きともに等しい正方形の空間である。正方形ということは求心的で方向性がないから、貴賤同座の寄り合いにふさわしい。しかも什器《じゅうき》や家具・調度を固定的に置かないオープンスペースである。この主座敷の周囲に諸室が配置されている。会所はパーティ会場としての主座敷と複数の周辺諸室によって構成されていたことがわかる（本書一八七ページ伊藤前掲書）。

会合に招かれた客は周辺諸室に案内された。なぜか。唐物《からもの》（日明貿易によってもたらされた陶磁器など当時の舶来品）を鑑賞してもらう（見せびらかす？）ためで、それらの陳列の場に座敷飾りはあった。座敷飾りが生まれたのは主座敷ではなく周辺の諸室なのである。

会所の建物は現存しない。しかし会所と同じく、足利将軍御所の庭間に配置された奥向きの施設で、現存する建物がある。義政の将軍隠退後の山荘、東山殿は、義政の死後、慈《じ》照《しょうじ》寺となった。奥向きの庭間施設のうち会所や泉殿などは遺《のこ》らないが、義政の東山殿時

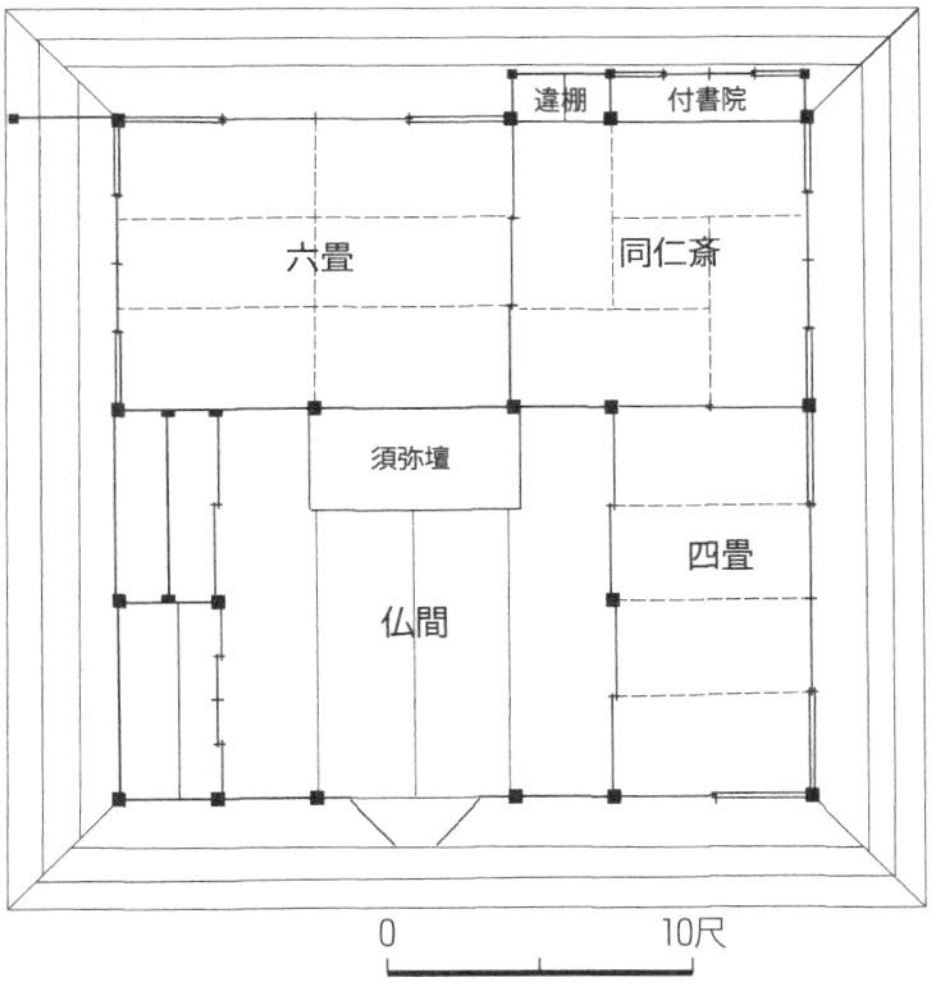

図75a　慈照寺東求堂平面図（『日本建築史基礎資料集成16　書院１』中央公論美術出版，1971年より筆者作図）

図75b　慈照寺東求堂同仁斎の座敷飾り（『国史大辞典第６巻』吉川弘文館，1985年）

代の建物二棟、持仏堂の東求堂《とうぐどう》（図75）と観音殿が現存する（いずれも国宝）。観音殿は通称「銀閣」としてよく知られ、慈照寺は「銀閣寺」とも呼ばれる。

東求堂に座敷飾りが確認できる（図75）。東求堂は義政の持仏堂である。持仏堂であるから、主室にあたるのは阿弥陀如来像を祀る仏間である。仏間の右手奥、建物の東北角に同仁斎《どうじんさい》と呼ばれる四畳半の部屋がある。義政の書斎とされる部屋である。その北面、むかって右手にショイン（付書院）、左手にタナ（違棚）がある。つまり座敷飾りが設けられたのは、周辺の一室ということになる。

かように座敷飾りの初期の姿は、屋敷の奥にたつ庭間の建物であり、さらに建物の中心部ではなく周辺の部屋に見られるのである。

座敷飾りの登場時期

その初期の姿が会所の建物内に見いだせることから、座敷飾りの登場時期は、会所が登場した頃に推定される。

会所の建物、いわゆる専用会所が足利将軍御所にあらわれたのは、十四世紀末、三代義満の室町殿である。下がって十五世紀後半、八代将軍義政の将軍隠退後の山荘、東山殿の会所が専用会所としては最後となる（表2）。

義満の室町殿は花の御所とも呼ばれ、以後の将軍御所の規範になったことでも知られている（本書一一九―一二二ページ参照）。六代義教の室町殿は義満の室町殿と同じ場所に営まれた御所で、八代義政はここから寝殿一郭の建物群を烏丸殿《からすまるでん》に移築・再建するが、さらに烏丸殿から再移築して室町殿を営む。この室町殿以外にも、義満の北山殿、四代義持《よしもち》の三条坊門殿など、足利将軍御所では会所が頻出《ひんしゅつ》し、前記したように義教の室町殿では三棟もの会所がならびたっていた。さらに足利将軍御所以外でも、院御所や貴族の住宅、

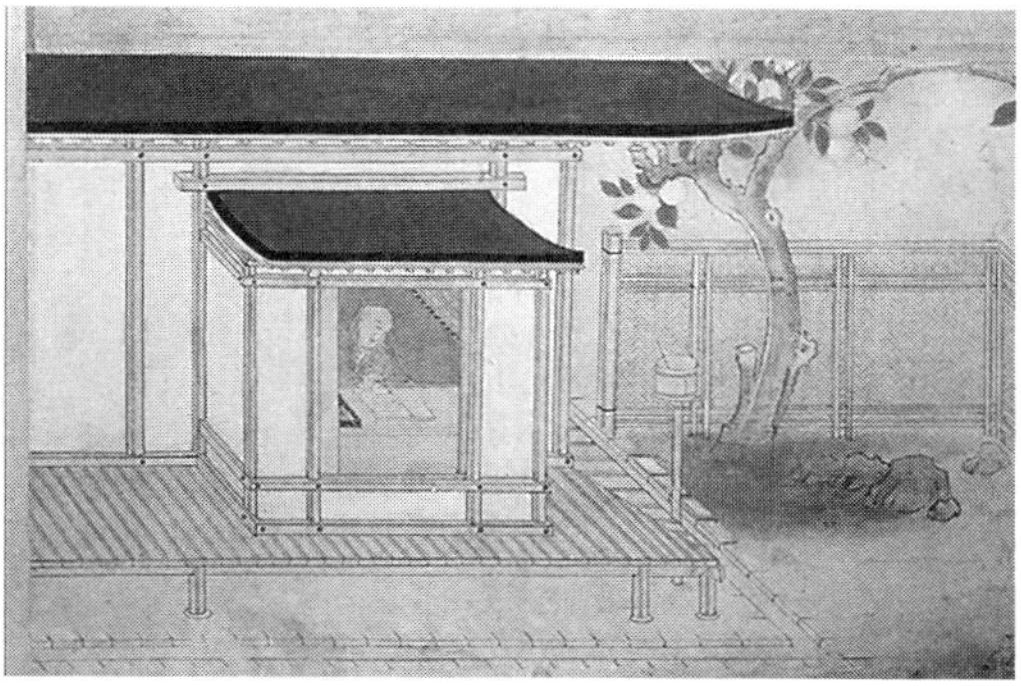

図76　『法然上人絵伝』巻17に描かれる付書院
（知恩院蔵）

門跡住房にその存在が確認できる。十四世紀末から十五世紀後半は、まさしく会所の時代であった。

さて、座敷飾りのうち、トコ（床の間、押板《おしいた》）の登場については、本願寺の僧覚如《かくによ》（一二七〇―一三五一）の伝記を描いた『慕帰絵詞《ぼきえことば》』が参考になる。壁面に絵をかけ、前に机を置いて三具足《みつぐそく》（香炉《こうろ》・燭台《しょくだい》・花瓶《かびん》）をならべる描写が巻一〇にある。この絵巻は観応《かんのう》二年（一三五一）の作品だが、文明十四年（一四八二）に補筆されている。補筆されたのは巻一と巻七で、巻一には、机ではなく造り付けのトコ（床の間、押板《おしいた》）が描かれているのである。トコの定着が、観応二年から文明十四年の間であるこ

とを示唆するものである（太田博太郎『新訂　図説日本住宅史』彰国社、一九七一年）。はたしてそれは、右記の会所が頻繁にあらわれた時期ともよく一致する。座敷飾りの一つ、トコが生まれたのは、十四世紀から十五世紀後半頃とみられる。またタナ（違棚）やショイン（付書院）は、十四世紀頃の成立とされる『法然《ほうねん》上人《しょうにん》絵伝《えでん》』に確認できる（図76）。

座敷飾りの成立と書院造

会所を通して見ると、座敷飾りの登場は住宅の周辺部であり、建物内の周辺部であった。時期は十四世紀から十五世紀に推定された。しかし以後、座敷飾りはそのままの形で定着したわけではない。

十七世紀初頭、徳川家康は二条城二の丸御殿を営む。江戸幕府による京都の居館《きょかん》である。式台、遠侍《とおさぶらい》、大広間、黒書院、白書院の建物が雁行形《がんこうけい》に連なる（図77a）。大広間は公的な対面を行うための建物で、御殿群の中でもっとも重要な儀礼空間である。その背後に私的な対面を行う黒書院（小広間）、将軍の日常の御座所にあてられる白書院とつづく。各建物が担う役割や性格はそれぞれ異なる。しかしどの建物でも主室は一の間（上段の間）である。そして座敷飾りがその最奥に例外なく設置されている。

大広間の一の間（上段の間）を二の間より見てみよう（図77b）。正面向かって右手にタナ（違棚）、左手にトコ（大床）があり、遠くで見にくいが、その左側面にショイン（付書院）、右側面には帳台構《ちょうだいかまえ》がある。このように座敷飾りはもっとも主要な部屋の、最奥部

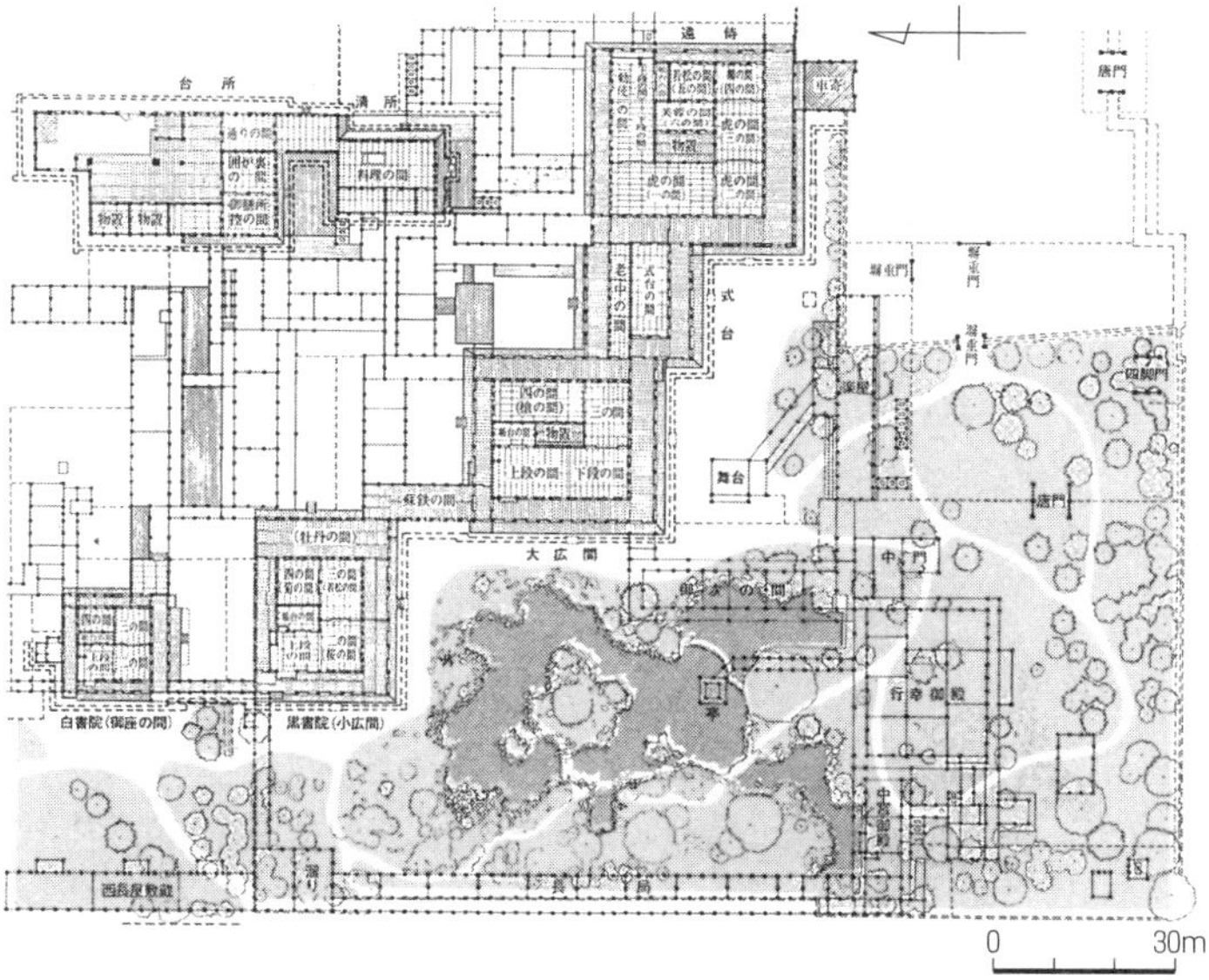

図77a　二条城二の丸御殿の建物配置図（日本建築学会編『新訂版 日本建築史図集』彰国社，1978年）

図77b　二条城二の丸御殿の大広間 一の間の内観写真（元離宮二条城事務所提供）

に揃えて設けられていることがわかる。周辺部に登場した座敷飾りが、ここでは周辺部ではなく中心部を占め、建物の主室を荘厳《そうごん》化し、空間を（さらにはそれらを背にして着座する人を）権威づけるための重要な室内装置となっている。実用的な装置から、座敷の文字通り「飾り」へと転化したのである。

座敷飾りを書院造の指標とするなら、書院造が成立した姿をここに見ることができる。二条城二の丸御殿が書院造のもっとも代表的な遺構の一つとされるゆえんである。座敷飾りは書院造にとって、とても大切な存在で、中心部に欠かせない要素として設けられた。ただしさかのぼって成立の経緯をたどってみると、最初の出発点は実は周辺部にあったということなのである。

さて、高校生が学ぶ日本史の教科書やこれに準拠した用語集（たとえば『詳説日本史B』『日本史用語集』山川出版社、『日本史B』『改訂必携日本史用語』実教出版）などによると、東求堂の同仁斎には書院造がみられるとし、同仁斎は書院造の典型例と説かれ、書院造の代表的遺構とされることさえある（したがって大学入試問題も例外ではない）。座敷飾りのタナ（違棚）とショイン（付書院）を備えていることが大きいのであろうか（図75）。いずれも現存最古ではある。しかしそれらは右記した通り、後に定着する座敷飾りの初期の姿を示すものである。座敷飾りはその後、中心部へと移行し、書院造が成立する。座敷飾りのほかにも、すべてではないにせよ畳敷きの部屋があるなど、書院造的な要素が見いだせることから、同仁斎を書院造の先駆けとする程度であれば理解できなくもない。しかし座敷飾り（の一部）が「ある」ことを過大に評価し、書院造という様式は東求堂（の同仁斎）においてすでに成立しており、東求堂は書院造の代表的な建物である、といった一部の教科書などにあるような見方には、筆者は疑問である。

時代はさかのぼって十三世紀の鎌倉時代、後鳥羽上皇の離宮、水無瀬殿《みなせどの》（本書一六五ページ参照）の馬場殿《うまばどの》には、「イリタナ」と称する造り付けのタナがみられる（森蘊『寝殿造系庭園の立地的考察（奈良国立文化財研究所十周年記念学報）』、一九六二年）。同じものとの確証はないものの、座敷飾りの最初期の事例とすることもできる。かといって、その存在をもってこの時期まで書院造の「成立」をさかのぼらせることはむずかしいだろう。なお、この馬場殿は母屋に弘庇が直接する建物で、しかも貴賤同座の寄合性をもっていたから、前章一八二―一八七ページでみた弘御所と共通するところがある。座敷飾りを通して、弘御所と会所はここでもつながるのである。

禅宗寺院建築における変容の実態

禅宗寺院と禅宗様

変容が周辺部にはじまるというのは、明治以降も例外ではない。住宅のいわゆる「近代化」(≒洋風化)がそうである。明治にはいって玄関近くの客間に一部導入された洋風の空間が、大正には生活様式の洋風化とともに居間や食事室におよび、戦後は全体が洋風化して寝室だけに畳敷きをのこす。日常の生活空間は和から洋へ、接客のための非日常の空間は洋から和へと完全に反転したことになる(図78)。こうした洋風の空間の導入と成長の過程、和洋逆転の現象はすでによく知られるところであろう(本書四二ページ足達前掲書)。近ごろは客間や居間など一部の部屋を和風っぽく演出するにとどまり、いわゆる和室をもたない住宅さえある。

本書のテーマ、住宅史からやや逸脱してしまい、まことに恐縮だが、変容が周辺部にはじまるというのが実は住宅だけに限った話でもないことを確認しておきたい。禅宗寺院をめぐる建築空間がそうなのである（永井規男「禅宗建築の再考」、『日本美術全集11　禅宗寺院と庭園』講談社、一九九三年）。

鎌倉時代にはじまる新しい仏教に臨済宗《りんざいしゅう》や曹洞宗《そうとうしゅう》がある。臨済宗は栄西《えいさい》（一一四一―一二一五）、曹洞宗は道元《どうげん》（一二〇〇―五三）によってもたらされた教えで、江戸時代に伝えられた黄檗宗《おうばくしゅう》もあわせて禅宗《ぜんしゅう》と総称している。禅宗の寺院建築には、これまでとは異なる様式が採用された。「禅宗様《ぜんしゅうよう》」である。寺院あるいは寺院の主要な建物群を伽藍《がらん》と呼

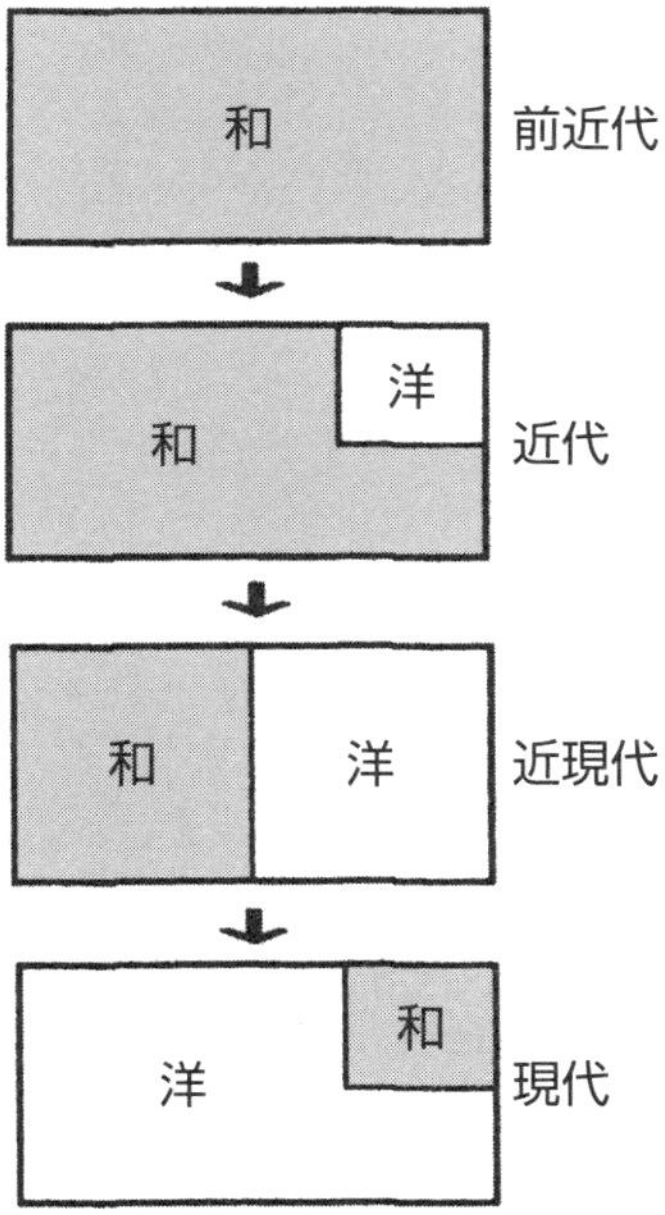

図78　和から洋への変遷過程模式図

び、とくに七堂に限定して七堂伽藍と称することがある。たとえば七堂とは一説に、奈良時代の南都六宗《なんとろくしゅう》では塔・金堂・講堂・僧房・経蔵《きょうぞう》・鐘楼《しょうろう》・食堂《じきどう》、禅宗では三門《さんもん》・仏《ぶつ》殿《でん》・法堂《はっとう》・僧堂《そうどう》・庫院《くいん》・浴室《よくしつ》・東司《とうす》とされるが、禅宗の七堂はあまねく禅宗様の建築なのである。また三門や仏殿、法堂《はっとう》などが南北中軸線上に沿って一直線に配置される伽藍配置のあり方そのものも、禅宗様という建築様式の大きな特徴とされている。

図79　善福院釈迦堂（国宝　筆者撮影）

さて、南宋および元代の大陸から本格的に禅宗が日本にもたらされ定着したのは鎌倉時代、十三世紀から十四世紀の初頭である。その後、十四世紀中頃から十五世紀中頃の、南北朝から室町時代前期には、室町幕府による五山十刹制《ござんじっさつせい》という官寺制度によって、禅寺の運営は幕府統制下で整然と行われるようになる。禅宗様のデザインもまたこの制度を背景に定型化する。たとえば善福院釈《ぜんふくいんしゃ》迦堂《かどう》（一三二七年、和歌山県、国宝、図79）や功山寺《こうざんじ》仏殿（一三二〇年、山口県、国宝）は禅宗導入期の遺構、正《しょう》福寺地蔵堂《ふくじじぞうどう》（一四〇七年、東京都、国宝、図80）や円覚寺《えんがくじ》舎利殿《しゃりでん》（室町時代中期、旧太平寺仏殿、神奈川県、国宝）

図80　正福寺地蔵堂（国宝　筆者撮影）

などは五山の制度が確立した時期の典型例とされる遺構で、いずれも禅宗様の名《な》にし負《お》う建築である。しかしその後、五山十刹制は形骸化《けいがいか》し、室町幕府の凋落《ちょうらく》によって禅宗寺院は変質する。七堂伽藍を保持できなくなった禅寺では、禅僧の活動の舞台はもはや中心伽藍ではなくなる。では、活動の場はどこに移ったのか。

塔頭による境内の拡張

それが塔頭《たっちゅう》と呼ばれる施設である。塔頭とは高僧の墓（塔所《たっしょ》）を弟子がそのほとり（頭）に祀った小院で、やがて住《じゅう》持《じ》引退後の隠居所となったものである。この塔頭が立地したのが、伽藍の周辺部であった。図81は京都の禅寺、大徳寺の境内が拡張する過程を示したものである。図の右端（東端）に、三門や仏殿、法《はっ》堂《とう》といった七堂伽藍がある。大徳寺という寺域の本来の中心部である。いっぽうその南北西の三方を取り囲むように多くの塔頭がたちならんでいる。十六世紀にはいって以降近世にいたるまで、とくに西方に向かって寺地を増やし、塔頭が漸次《ぜんじ》、新設されたことで、境内は大幅に拡張したことがわかる。寺域の中心的位置にあったはずの三門や仏殿、法堂な

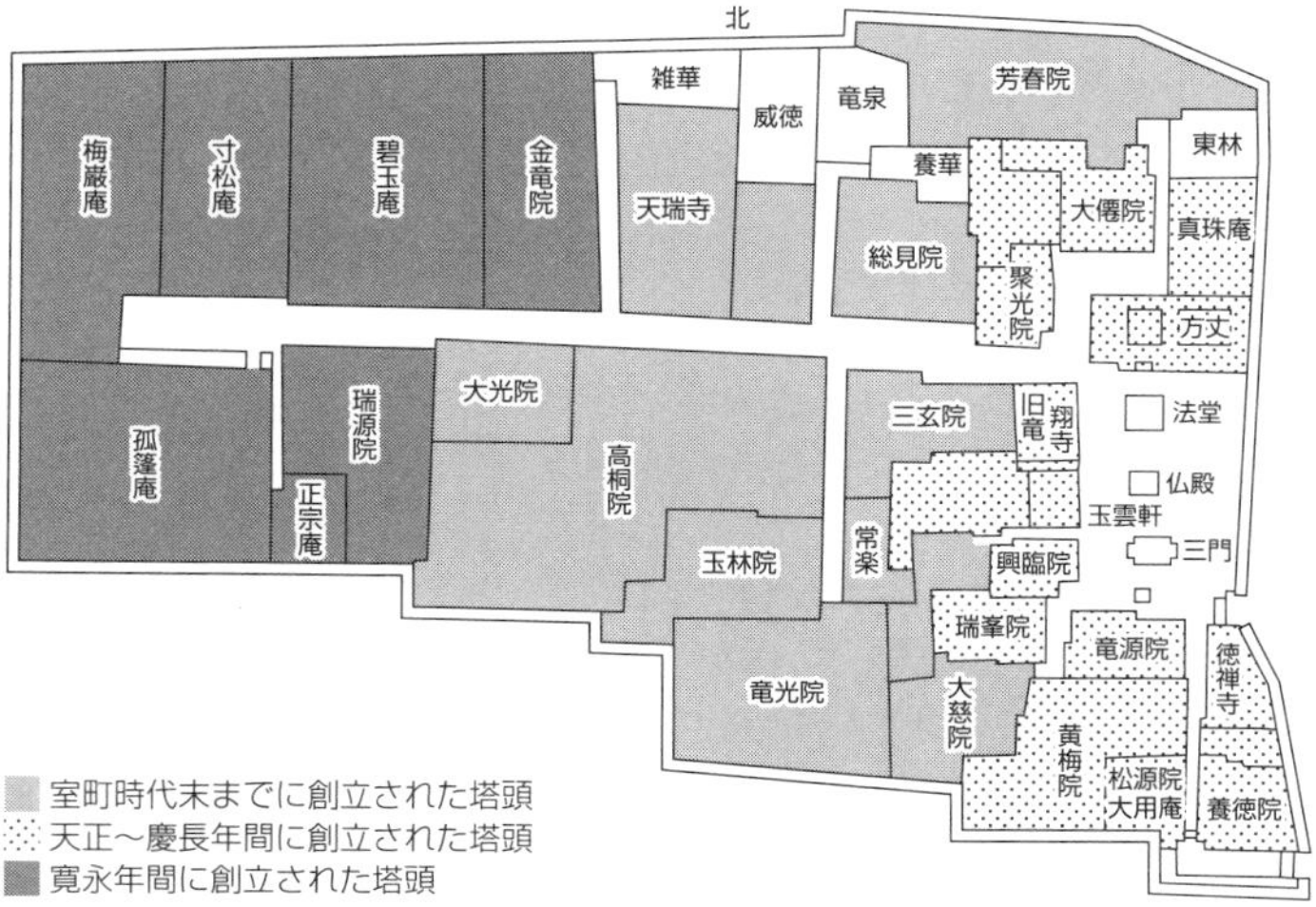

図81　大徳寺境内の拡張過程（川上貢『禅院の建築〔新訂〕』中央公論美術出版，2005年）

ど、いわゆる中心伽藍は中心になく、東端に追いやられたかのようである（「東端伽藍」などとは呼ばないが）。それらが完全に無くなってしまうことはもちろんない。しかし禅宗寺院であることを示す目印にしかもはや過ぎず、名実ともに主役を担ったのは塔頭の方であった。

そうした塔頭における中心的な建物が、住持の住まいで接客や仏事・修行に用いられた方丈《ほうじょう》である。私たちが思い浮かべる禅文化なるものは、中心伽藍ではなく塔頭の方丈あるいはこれにつづく書院の建物にある。方丈や書院の内部を飾る襖《ふすま》絵《え》を鑑賞し、建物周辺に整備された枯山水《かれさんすい》など禅の庭を方丈から眺め愉《たの》しむという、禅寺を訪れた際の実体験を思い出してもらえれば、そのことはおそらく容易に理解していただけるだろう（図82）。禅宗様という建築様式が展開したのは三門や仏殿、法堂といった中心伽藍を構成する建物であることに、微塵《みじん》も疑いはない。しかし禅寺での新たな主役は塔頭であり、方丈であって、禅文化はそこに開花した。新しく建築文化が育まれたのは、中心部ではなく、周辺部であったということである。

図82　大徳寺塔頭大仙院方丈（国宝）東側の書院を囲む庭園・廊橋

方丈から本堂へ

方丈の建物の一例として、竜吟庵《りょうぎんあん》方丈（一三八七年、京都府、国宝、図83 a・b）を見てみよう。竜吟庵は東福寺の第三世住持、無関普門《むかんふもん》が正応四年（一二九一）に入寂《にゅうじゃく》して以降に営まれた塔頭で、東福寺塔頭の第一位に置かれている。この建物は禅宗寺院における方丈として、応仁の乱より以前にさかのぼる現存最古の遺構である。平面図（図83 b）にあるように、方丈の建物は南北二列・東西三列の六室からなる六間取りで、南側全体に広縁を設けた平面構成を基本とし、

図83a　竜吟庵方丈（国宝『国史大辞典第12巻』吉川弘文館，1991年）

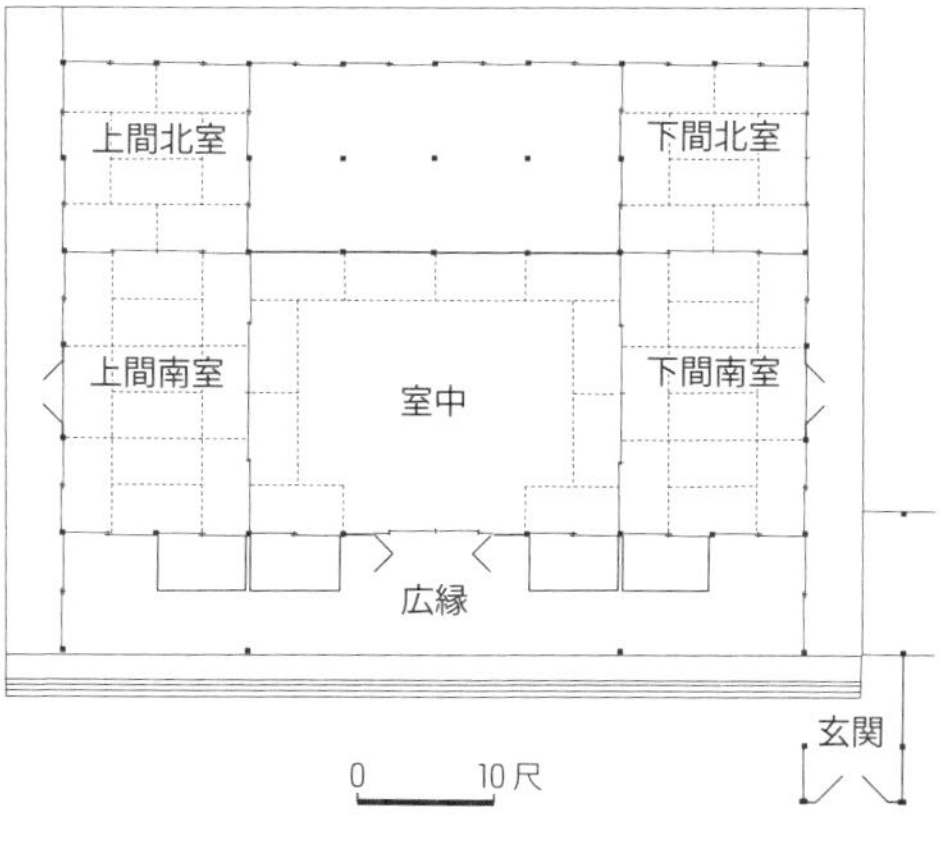

図83b　竜吟庵方丈平面図（『日本建築史基礎資料集成16 書院１』中央公論美術出版，1971年より筆者作図）

「方丈型」と呼ばれたりする。

つぎに、図84は宮城県の松島にある、仙台藩主伊達《だて》政宗《まさむね》によってたてられた瑞巌寺《ずいがんじ》の本堂（一六〇九年、宮城県、国宝）の平面図である。政宗が京都や和歌山から名工を集め、木曽や熊野から木材を運んでつくったという、庫裏とともに大規模な建物で、伊達氏の威光

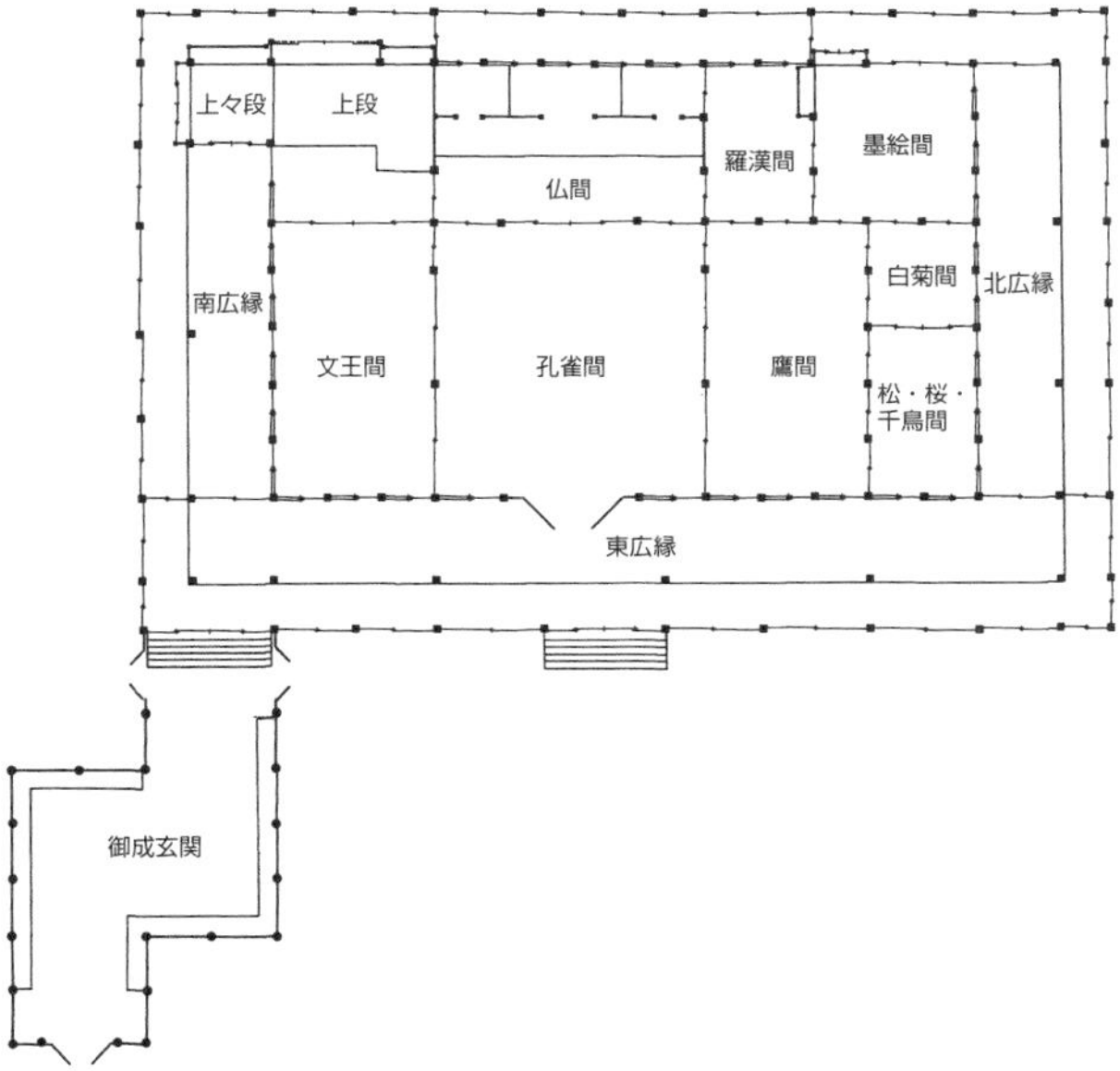

図84　瑞巌寺本堂平面図（『日本建築史基礎資料集成 16 書院1』中央公論美術出版，1971年より筆者作図）

をよく示す。竜吟庵方丈に比べて部屋数も見ての通り多いが、基本は六間取りの方丈型の平面である。ただしこの建物は方丈ではない。本堂である。

とくに地方の禅寺では、本堂とされるのはこうした方丈型の建物であることが普通であり、方丈型式の建物の仏堂化は江戸時代に進行し、他の宗派でもみられるという。伽藍の周辺部に生まれたのが塔頭の方丈であった。しかし同様の平面形式をもつ建物が本堂として中心伽藍を担う存在になる。方丈型の本堂もまた周辺部から生まれた建物なのである。方丈は禅宗寺院の建物である。しかし禅宗様の建物ではない。少々ややこしいが、事実である。それは方丈が禅宗の施設という以上に、住持の住まいでもある建物だからであろう。禅宗寺院における禅宗様の建物と、そうではない住宅的な建物の併存。よくよく振り返って考えてみれば、現代の我々の住まいのあり方にもそれは相通じるのではないだろうか。

現代日本の住宅は、我々日本人が生活する住宅である。しかし日本の伝統的な生活様式にもとづくものでは必ずしもない。少々ややこしいが、これもまた事実であるのは、我々の住宅が日本人の伝統文化を反映する住宅という以上に、本節の冒頭でみたように生活文化の洋風化に強く影響を受けて形づくられたものだからであろう。禅宗寺院において、禅宗様の建物とそうではない住宅的な建物が併存する。同様に、我が国日本の住宅において、伝統的な和風の空間とそうではない近代以降の洋風の空間は併存する、ということである。禅宗寺院でも、現代の住宅でも、変容は周辺部にはじまっている。単なる偶然とは筆者には思えない。生活文化の洋風化はより先鋭化《せんえいか》し、我が国の長い歴史と伝統に裏打ちされた住空間、和の空間など早晩《そうばん》、消え去ってしまうのだろうか。あるいは、禅宗寺院から中心伽藍がなくなってしまうことがないように、絶滅することなど今後もあり得ないのだろうか。周辺部での変容が偶然ではなく必然であるなら、思い半ばに過ぎよう。

様式の共存と不変性——エピローグ

新旧二つの異なる様式が同時に併存する状況を、いま一度、本書の主要なテーマである貴族の住まいに立ち戻ってみてみたい。

近世摂家の本宅

江戸時代前期の九条家には、内裏の東南方に上屋敷、内裏の南方に下屋敷というように、複数の屋敷があった。正保四年（一六四七）当主の道房《みちふさ》（一六〇九—四七）が亡くなった後、九条家を嗣《つ》いだのは、鷹司教平《のりひら》の息子で道房の婿養子となった兼晴《かねはる》（一六四一—七七）であった。万治四年（一六六一）、二条光平邸からの出火で上屋敷は類焼したが、下屋敷は火災を免れたため、兼晴は下屋敷を本宅とした。図85は、寛文年間（一六六一—七三）頃の下屋敷を描いた図である。

屋敷の西側（図の右方）は道房の妻、廉貞院《れんていいん》（一六一八—七一）の御殿群、全体のおよそ

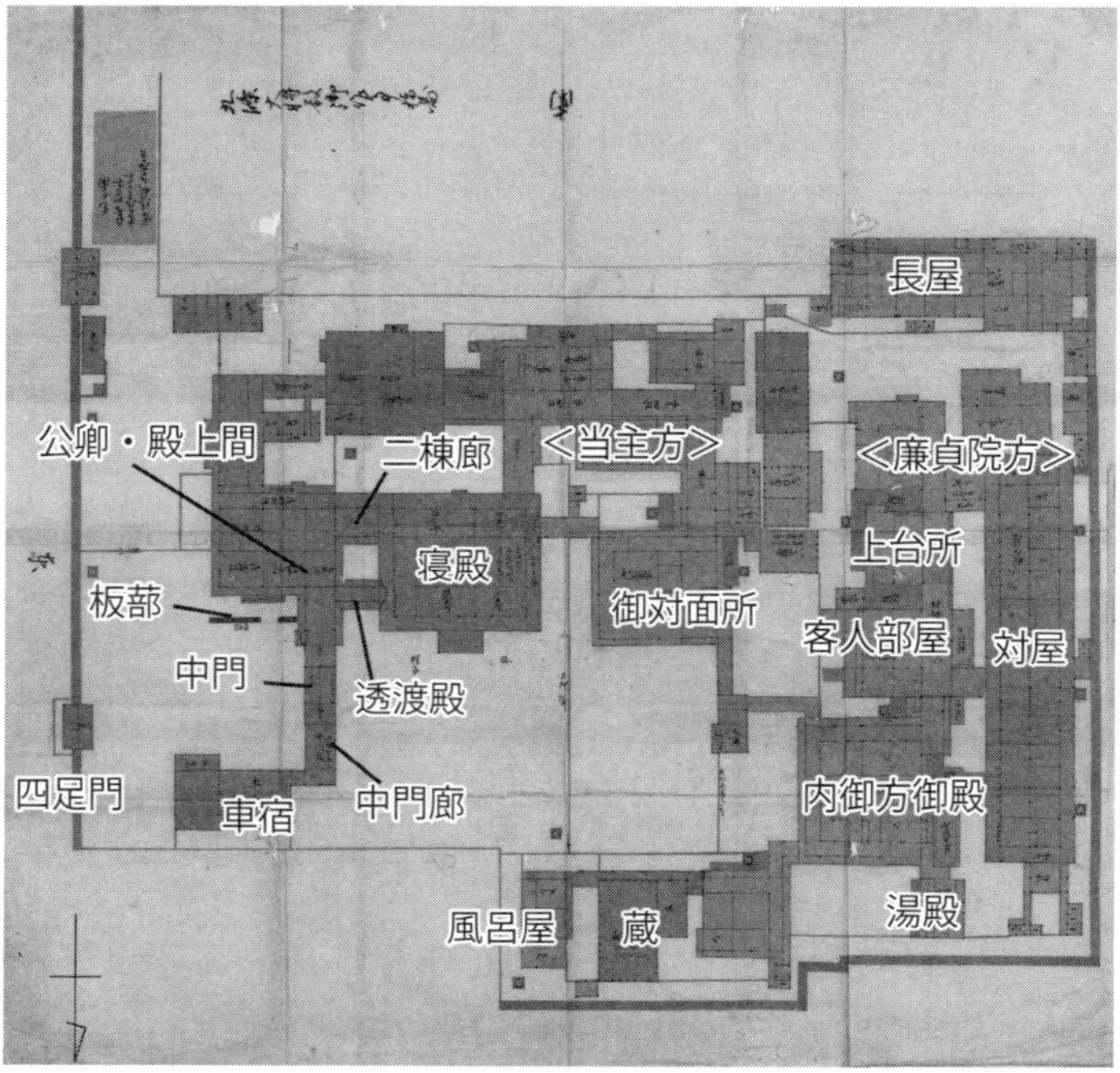

図85　九条家本宅の屋敷図（寛文年間頃『九条大将殿御屋敷指図』に一部加筆，京都府立京都学・歴彩館蔵）

三分の二を占める東側は当主兼晴の御殿群であり、その中心に位置するのは北向きにたつ寝殿である。寝殿の東には透渡殿と二棟廊が接続し、中門廊から侍廊《さぶらいろう》に相当する建物（「公卿間」「殿上間」を含む）へとつづく。その前は立蔀（目隠し屏、図では「板蔀」）がたち、中門廊は中門を介して北にのび、車宿《くるまやどり》にいたる。北面する寝殿の前方には広大な庭がひろがる。寝殿の正面向かって右手（西）に梅、左手（東）に柑子《こうじ》（みかん科の常緑低木）を植えている。中門に相対して敷地東面を画する築地塀《ついじべい》に四足門《よつあしもん》を開く。このように寝殿とその東方の建物群からなる一郭は、寝殿造《しんでんづくり》の様式にもとづくものである。

寝殿と東方の一部については、やや時期をさかのぼって道房の日記『道房公記』の正保四年（一六四七）正月五日の条に図がある（図86）。道房の摂政宣下《せんげ》にともなう寝殿一郭での室礼《しつらい》を描いたものである。図に「寝殿」とある室を含む中央の二室が母屋で、母屋をとりまく前後（北南）する各二室（計四室）と左手の奥行きの長い一室が庇であることが、日記本文からわかる（自筆本の図86にはないが、明治期の写本では各室に「母屋」「庇」と明記する）。母屋と庇による空間の序列は健在である。間仕切りが増えてはいるものの、寝殿造の内部空間を強く意識したものであることがわかる。なお道房が亡くなったのはこのわずか五日後、正月十日であった。

図85に戻って当主の御殿群では、寝殿以外に、寝殿西方にたつ御対面所が主要な建物で

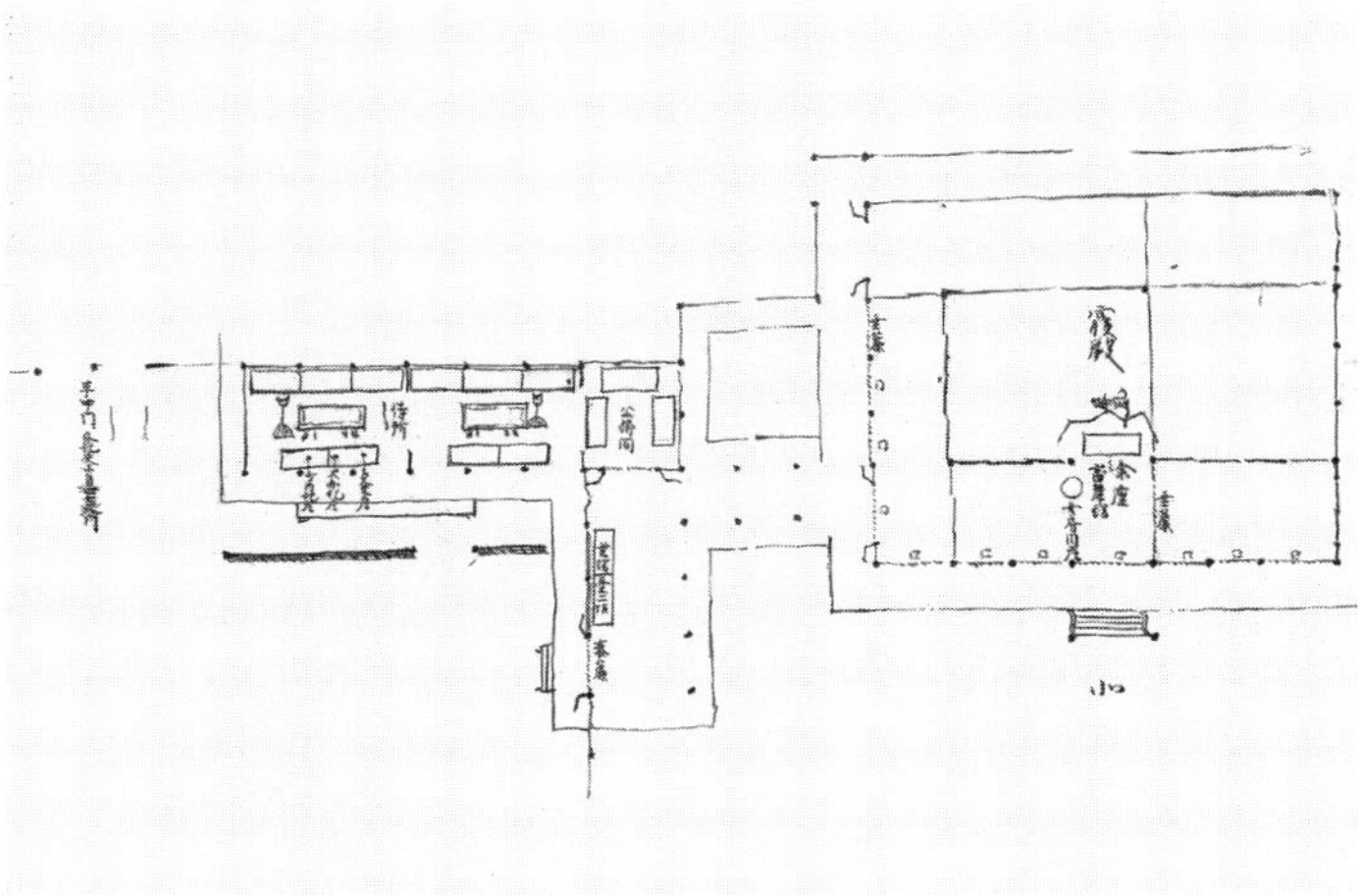

図86　九条家本宅の寝殿一郭（『道房公記』正保4年正月5日，宮内庁書陵部蔵）

ある。また廉貞院の方では「内御方御殿」とある建物が表向きで、そこから北東につながる建物が廉貞院の私的な生活空間である。それらの建物にはトコ（床）やタナ（違棚）の存在が読み取れ、また御対面所には「床」の記載があることからもわかるように、いずれも書院《しょいん》造《づくり》による建物群である。

こうして江戸時代の摂家、九条家の本宅の全体を俯瞰《ふかん》すると、寝殿を中心とする一郭は寝殿造、それ以外の建物群は書院造の領域である。前者は伝統的な公家の儀礼空間、後者は江戸時代の諸儀礼そして日常の生活のための空間である。敷地全体の中で建物群の多くを占めるのは後者すなわち書院造の方である。しかし旧来の寝殿造が完全に消滅し、新しい書院造がすべてこれにとって代わったわけではない。それどころか実際には、当主の御殿群だけをみるなら、全体の半分近くを占めるのは寝殿一郭である。両者の様式は見事に共存していたことになる。こうした状況は九条家に限らず、他の摂家の本宅でも同様に確認できる（本書一三四―一四六ページ参照）。付け加えて、廉貞院の建物群の西端にあり、南北にきわめて細く長い建物は、対屋《たいのや》である。平安貴族の住宅の東対《ひがしのたい》でも西対《にしのたい》でもなく、それが寝殿北脇にたつ北対《きたのたい》の院政期以降における変容の帰結であることは前述した通りである（本書一五九―一六三ページ参照）。

寝殿造からみえる日本住宅史の原理

寝殿造。その呼び方からわかるように、とくに寝殿を中心とする一郭において特徴付けられる様式概念である。そして「平安貴族の住宅の変容」の章で詳述し、「変容は周辺部にはじまる」の章の冒頭でもまとめたように、平安貴族住宅の院政期における変容と展開の現場は、「寝殿造」以外の領域であった。変容は主として「寝殿造」ではないというこの事実は、本書六五ページでも触れたように、「寝殿造は変容する」という見方が必ずしも自明ではないことを示唆する。寝殿造の特徴として定義付けられる要素に個別の変化は認められるにしても、様式の本質は変化しないということである。

寝殿造の屋敷の中で、新たな様式（書院造）への胎動が周辺部でおこる。やがて成立した新しい様式の一郭が、旧来の様式（寝殿造）による領域は温存しつつ、中心的な位置を占めるにいたる。かといって新旧がそっくり入れ替わるわけではない。寝殿造はその本質を変化させることなく存続する。寝殿造という様式は、それが様式である以上、不変である。求められる限り生き続けたということである。

寝殿造が変容して書院造になったという通説では、寝殿造の変容の結果として書院造が生まれた、あるいは後者が前者にまるごと取って代わってしまったかのように誤解されてしまう。しかしそれは寝殿造という様式の本質を踏まえない見方であり、寝殿が消滅し、寝殿造を保持しなくなった武家の住宅に矮小化《わいしょうか》した見方であり、貴族住宅の表層だけを辿《たど》った見方である。

寝殿造を成立させたのは上位の貴族層である。そして彼らは日本の住宅史に大きな役割を果たした。寝殿造はしっかりたてつつ、新たな様式を周辺部に生み、育み、成長させた。武家勢力の台頭とともに成立した書院造がそうであり、数寄屋《すきや》や茶室もそうであろう。通説にあえて寄り添って言い替えるなら、寝殿造から書院造へと主役は交代した、あるいは後者の方が前者に比べてより支配的になった、ということである。なんども繰り返しになってしまうが、寝殿造が変容して書院造になったという通説は、住宅の全体像をみることなく、主役の動勢だけに特化した局所的な説明に過ぎない。

変容は周辺の建物・空間からはじまる。平安貴族の住宅、寝殿造という様式が私たちに教えてくれている、それが日本住宅史の原理であると、筆者は考える。注目すべきは周辺部にある。周辺部を決して侮《あなど》ってはならないのである。

あとがき

京都市生涯学習総合センター（京都アスニー）で「平安時代の建築」と題する市民向けの講演をさせていただいたのは平成二十九年の三月であった。それが縁《えにし》で、同センターの地上階にあり平安京の復元模型などを常設展示する平安京創生館において、同年十二月より開催予定の企画展の監修を依頼された。平安貴族の住宅様式である寝殿造について、画像と文章による展示パネルを用いてその特徴をわかりやすく示すというのが企画の原案だったのだが、内容のすべては筆者に一任された。通説に批判的な立場をとっていたことに、多少なりとも関心をもっていただいていたからであろうか。いわゆる「教科書」的な従来の説明やありきたりの紹介が、本場京都の、しかも「平安京」と銘打つ施設でいまさら求められているわけでもなかろうと、著作などで筆者がこれまで公表してきた研究の成果の一端を、大判の展示パネル一三枚の中に織り込むことにした。「寝殿造の虚像と実像」と題する企画展は、平成三十年六月までの約半年間、開催された。

わかりやすく伝えることには、折に触れて微力ながら心を砕いてきたつもりである。しかし京都市中央図書館に隣り合う施設ということもあり、課外学習などで訪れる小学生たちにとってもわかりやすいというのがここでの本意であった。いわずもがな筆者の力量をはるかに超える難題である。漢字に読み仮名をあたう限りつけてはみたものの、ただそれだけでこの難題に応《こた》えられるわけがないのはよくよく承知の上であったが、それでも筆者らしい展示内容との身に余る感想を、平安京創生館を管理する京都市生涯学習振興財団の長宗繁一専門主事から笑顔とともにいただけたのは、これまでの主張をある程度は反映できたからではないかと思う。

開催期間中の平成三十年三月三十一日、西山良平先生が主催される「平安京の〈居住と住宅〉研究会」において、この企画展の内容を監修者自身が展示会場で口頭発表するという僥倖《ぎょうこう》に恵まれ、懇篤《こんとく》なご意見・ご質問に与《あずか》り、さらにパネルの中身をそのまま冊子にまとめて欲しいとのご要望まで参会者から頂戴した。期間限定の企画展なので冊子発行の予定はない旨の、いま思い返しても素《そ》っ気ない返事をその時はしてしまい、しかしとついつ気にかかりながら季節の移ろいに任せていたところ、はしなくも本書執筆の機会をいただいた。

そのようなわけで、本書は企画展の内容をもとにあらためて史料にあたるなどして一書にまとめたものである。プロローグの表題が企画展のタイトルと同じなのはそれゆえである。また本書の骨子《こつし》は、西山良平・藤田勝也編『平安京と貴族の住まい』（京都大学学術出版会、平成二十四年六月）の第二章「「寝殿造」とはなにか」によるものである。寝殿造についての見解はここに述べた通りで、企画展をへて今回さらに文章を大幅に加筆・修訂し、一般の読者向けに再構成した。小学生にもわかりやすいものとまで相変《あいか》わらずいえないのは一目《いちもく》して明らかだが、筆者なりに孜孜《しし》として倦《う》まず平易《へいい》な叙述に心がけたつもりではある。

掲載写真もこれを機に撮り直した。たとえば歴史公園えさし藤原の郷《さと》（岩手県奥州市）や紫式部公園（福井県越前市）には、市町村合併以前の江刺市や武生《たけふ》市だった頃に訪れていて、撮りためた写真が少なからず手元にあったのだが、このさい最新のものをと思いたち再訪した。以前とは異なる気づきや感慨もあり、一度ならず足を運び実見することの大切さについて、身をもって再認識できた。むろん寝殿造の舞台となったのは平安京、現在の京都である。地中に埋もれた埋蔵文化財が発掘によって姿をあらわし、データは更新されつつある。しかし地中ならぬ市中をただ散策するだけでは、地上のまちなみにその痕跡はもとより気配をうかがうことさえ難しいといわれるかもしれない。それでも東西・南北方向の格子状の街路と街区による都市の骨格はいまなお健在で、地形の微妙な高低差を感じつつ邸址の石碑などを手がかりに往時をしのぶだけでも、現地に身をおくことの意義はやはり大きい。

本書で書き綴った、変容が周辺にはじまるという現象は、洋の東西、古今《ここん》を問わず、おしなべて普遍性をもつのではないかと考えている。いましばらくはこの妄想にひとり耽《ふけ》りながら、ぽつぽつと事例の収集に愉しみ、いずれ時宜《じぎ》を得て一書にまとめる機会にめぐり逢えれば幸いである。そして本書をご覧になって下さった読者の方々には、すでにお気づきのことであろう。平安貴族住宅の変容の実態を素描《そびょう》してはいるものの、しかし変容の結果として新たな空間、新たな建物、新たな様式が生まれるそのプロセスについても、詳細をもっと具体的に語る必要があるのではないのかと。本書のテーマ、時代の範囲をはるかに超えるこの課題にも、今後、向き合うことになるのだろう。

いつもそうであるように、多くの著作から教えをうけている。参考にした文献や典拠とした史料については、入手しやすいものを優先的に、また煩雑《はんざつ》にならない程度におさえて本文中に記したつもりである。しかし脱漏《だつろう》もあるだろうし、あまつさえ誤読による筆者の見当違いから、先学にご迷惑をおかけしているかもしれない。浅学非才《せんがくひさい》の身ゆえ、不行き届きの点にはご海容《かいよう》をただただ請い願うばかりである。

疫病ＣＯＶＩＤ－19という悪天候下で遅延・中断を余儀なくされつつ、起筆してすでに二年近くにおよぶ漂流をへて、なんとか刊行まで漕ぎつけることができそうです。末筆になりましたが、吉川弘文館ならびにご協力いただいた関係者・機関各位に感謝いたします。岡庭由佳氏には本書の執筆にお誘いいただき、製作では若山嘉秀氏にたいへんお世話になっています。勤務校のゼミ学生たちのお手をわずらわせた挿図では、割り付けなどの再調整で多大のご助力を編集部より賜りました。皆様にご厚情を深謝し、心より御礼を申し上げます。

令和二年十二月十四日

藤田勝也

著者紹介

一九五八年　大阪市に生まれる
一九八二年　京都大学工学部建築学科卒業
一九八八年　京都大学大学院工学研究科博士後期課程修了、工学博士
現在、関西大学環境都市工学部教授

〔主要著書・論文〕

『日本古代中世住宅史論』（中央公論美術出版、二〇〇二年）
『平安京の地域形成』（共編著、京都大学学術出版会、二〇一六年）
『裏松固禅「宮室図」詳解』（中央公論美術出版、二〇一八年）
「平安京の変容と寝殿造・町屋の成立」（『シリーズ 都市・建築・歴史2 古代社会の崩壊』東京大学出版会、二〇〇五年）

歴史文化ライブラリー
520

平安貴族の住まい
寝殿造から読み直す日本住宅史

二〇二一年（令和三）四月一日　第一刷発行
二〇二三年（令和五）十二月一日　第二刷発行

著　者　藤《ふじ》田《た》勝《まさ》也《や》
発行者　吉川道郎
発行所　株式会社　吉川弘文館
東京都文京区本郷七丁目二番八号
郵便番号一一三―〇〇三三
電話〇三―三八一三―九一五一〈代表〉
振替口座〇〇一〇〇―五―二四四
http://www.yoshikawa-k.co.jp/

印刷＝株式会社 平文社
製本＝ナショナル製本協同組合
装幀＝清水良洋・宮崎萌美

ISBN978-4-642-05920-6

歴史文化ライブラリー

1996. 10

刊行のことば

現今の日本および国際社会は、さまざまな面で大変動の時代を迎えておりますが、近づきつつある二十一世紀は人類史の到達点として、物質的な繁栄のみならず文化や自然・社会環境を謳歌できる平和な社会でなければなりません。しかしながら高度成長・技術革新にともなう急激な変貌は「自己本位な刹那主義」の風潮を生みだし、先人が築いてきた歴史や文化に学ぶ余裕もなく、いまだ明るい人類の将来が展望できていないようにも見えます。

このような状況を踏まえ、よりよい二十一世紀社会を築くために、人類誕生から現在に至る「人類の遺産・教訓」としてのあらゆる分野の歴史と文化を「歴史文化ライブラリー」として刊行することといたしました。

小社は、安政四年（一八五七）の創業以来、一貫して歴史学を中心とした専門出版社として書籍を刊行しつづけてまいりました。その経験を生かし、学問成果にもとづいた本叢書を刊行し社会的要請に応えて行きたいと考えております。

現代は、マスメディアが発達した高度情報化社会といわれますが、私どもはあくまでも活字を主体とした出版こそ、ものの本質を考える基礎と信じ、本叢書をとおして社会に訴えてまいりたいと思います。これから生まれでる一冊一冊が、それぞれの読者を知的冒険の旅へと誘い、希望に満ちた人類の未来を構築する糧となれば幸いです。

吉川弘文館

歴史文化ライブラリー

〈謀反〉の古代史 平安朝の政治改革――春名宏昭
皇位継承と藤原氏 摂政・関白はなぜ必要だったのか――神谷正昌
王朝貴族と外交 国際社会のなかの平安日本――渡邊 誠
源氏物語を楽しむための王朝貴族入門――繁田信一
平安貴族の仕事と昇進 どこまで出世できるのか――井上幸治
平安朝 女性のライフサイクル――服藤早苗
平安貴族の住まい 寝殿造から読み直す日本住宅史――藤田勝也
平安京のニオイ――安田政彦
平安京の災害史 都市の危機と再生――北村優季
平安京はいらなかった 古代の夢を喰らう中世――桃崎有一郎
天神様の正体 菅原道真の生涯――森 公章
平将門の乱を読み解く――木村茂光
平安時代の死刑 なぜ避けられたのか――戸川 点
古代の神社と神職 神をまつる人びと――加瀬直弥
古代の食生活 食べる・働く・暮らす――吉野秋二
古代の刀剣 日本刀の源流――小池伸彦
大地の古代史 土地の生命力を信じた人びと――三谷芳幸
時間の古代史 霊鬼の夜、秩序の昼――三宅和朗

中世史

列島を翔ける平安武士 九州・京都・東国――野口 実
源氏と坂東武士――野口 実
敗者たちの中世争乱 年号から読み解く――関 幸彦
戦死者たちの源平合戦 生への執着、死者への祈り――田辺 旬
平氏が語る源平争乱――永井 晋
熊谷直実 中世武士の生き方――高橋 修
中世武士 畠山重忠 秩父平氏の嫡流――清水 亮
頼朝と街道 鎌倉政権の東国支配――木村茂光
もう一つの平泉 奥州藤原氏第二の都市・比爪――羽柴直人
源頼家とその時代 二代目鎌倉殿と宿老たち――藤本頼人
六波羅探題 京を治めた北条一門――森 幸夫
大道 鎌倉時代の幹線道路――岡 陽一郎
仏都鎌倉の一五〇年――今井雅晴
鎌倉北条氏の興亡――奥富敬之
鎌倉幕府はなぜ滅びたのか――永井 晋
武田一族の中世――西川広平
三浦一族の中世――高橋秀樹
伊達一族の中世 「独眼龍」以前――伊藤喜良

歴史文化ライブラリー

弓矢と刀剣 中世合戦の実像 —— 近藤好和
その後の東国武士団 源平合戦以後 —— 関 幸彦
荒ぶるスサノヲ、七変化〈中世神話〉の世界 —— 斎藤英喜
曽我物語の史実と虚構 —— 坂井孝一
鎌倉浄土教の先駆者 法然 —— 中井真孝
親 鸞 —— 平松令三
親鸞と歎異抄 —— 今井雅晴
畜生・餓鬼・地獄の中世仏教史 因果応報と悪道 —— 生駒哲郎
神や仏に出会う時 中世びとの信仰と絆 —— 大喜直彦
神仏と中世人 宗教をめぐるホンネとタテマエ —— 衣川 仁
神風の武士像 蒙古合戦の真実 —— 関 幸彦
鎌倉幕府の滅亡 —— 細川重男
足利尊氏と直義 京の夢、鎌倉の夢 —— 峰岸純夫
高 師直 室町新秩序の創造者 —— 亀田俊和
新田一族の中世「武家の棟梁」への道 —— 田中大喜
皇位継承の中世史 血統をめぐる政治と内乱 —— 佐伯智広
地獄を二度も見た天皇 光厳院 —— 飯倉晴武
南朝の真実 忠臣という幻想 —— 亀田俊和
信濃国の南北朝内乱 悪党と八〇年のカオス —— 櫻井 彦

中世の巨大地震 —— 矢田俊文
大飢饉、室町社会を襲う！ —— 清水克行
中世の富と権力 寄進する人びと —— 湯浅治久
中世は核家族だったのか 民衆の暮らしと生き方 —— 西谷正浩
出雲の中世 地域と国家のはざま —— 佐伯徳哉
中世武士の城 —— 齋藤慎一
戦国の城の一生 つくる・壊す・蘇る —— 竹井英文
九州戦国城郭史 大名・国衆たちの築城記 —— 岡寺 良
徳川家康と武田氏 信玄・勝頼との十四年戦争 —— 本多隆成
戦国大名毛利家の英才教育 元就・隆元・輝元と妻たち —— 五條小枝子
戦国大名の兵粮事情 —— 久保健一郎
戦国時代の足利将軍 —— 山田康弘
足利将軍と御三家 吉良・石橋・渋川氏 —— 谷口雄太
〈武家の王〉足利氏 戦国大名と足利的秩序 —— 谷口雄太
室町将軍の御台所 日野康子・重子・富子 —— 田端泰子
名前と権力の中世史 室町将軍の朝廷戦略 —— 水野智之
摂関家の中世 藤原道長から豊臣秀吉まで —— 樋口健太郎
戦国貴族の生き残り戦略 —— 岡野友彦
鉄砲と戦国合戦 —— 宇田川武久